社会科学

一本通

翟文明 编著

THE SOCIAL SCIENCE BOOK

光明日报出版社

图书在版编目（CIP）数据

社会科学一本通 / 翟文明编著 . –– 北京：光明日报出版社，2011.6（2025.4 重印）

ISBN 978-7-5112-1118-7

Ⅰ . ①社… Ⅱ . ①翟… Ⅲ . ①社会科学—通俗读物 Ⅳ . ① C49

中国国家版本馆 CIP 数据核字 (2011) 第 066108 号

社会科学一本通

SHEHUI KEXUE YIBEN TONG

编　　著：翟文明	
责任编辑：温　梦	责任校对：米　菲
封面设计：玥婷设计	责任印制：曹　净

出版发行：光明日报出版社

地　　址：北京市西城区永安路 106 号，100050

电　　话：010-63169890（咨询），010-63131930（邮购）

传　　真：010-63131930

网　　址：http://book.gmw.cn

E－mail：gmrbcbs@gmw.cn

法律顾问：北京市兰台律师事务所龚柳方律师

印　　刷：三河市嵩川印刷有限公司

装　　订：三河市嵩川印刷有限公司

本书如有破损、缺页、装订错误，请与本社联系调换，电话：010-63131930

开　本：170mm × 240mm	
字　数：208 千字	印　张：15
版　次：2011 年 6 月第 1 版	印　次：2025 年 4 月第 4 次印刷
书　号：ISBN 978-7-5112-1118-7-02	

定　价：49.80 元

前言

PREFACE

社会科学是以各种各样的社会现象为研究对象的科学，其任务是研究与阐述各种社会现象及其发展规律。社会科学所涵盖的内容非常广泛，包括经济学、哲学、政治学、法学、管理学、社会学、军事学、心理学、新闻学、传播学、艺术学、文学、美学、教育学、逻辑学、史学、人类学、考古学、语言学、伦理学、地理学、民俗学等。在现代社会进步与科学发展的进程中，人类收获了前所未有的物质与精神成果，但也遇到了越来越多的新的社会现象与社会问题。这不仅为社会科学的发展提供了新的契机，也给社会科学的研究带来了巨大的挑战。

有人曾说，21世纪将是社会科学与自然科学并举的时代。从一定程度上说，人类在现代化进程中所遇到的诸多文化问题以及人们在现实生活中所遇到的诸多社会问题等的解决，都将有赖于社会科学的发展。社会科学的研究成果将是托起人类精神世界的重要文化载体，并将为自然科学的发展提供文化动力与智力支持。事实上，越来越多的人也意识到了这一点，开始学点社会科学，并有意学习一些社会科学的知识。经济学、法学、心理学、管理学等一时成为显学就是很好的明证。但是，对于大多数人来说，社会科学似乎是可望而不可即的。一直以来，社会科学都是高等院校研究的对象，它那高高在上的学术令普通人对之望而却步。

本书致力于社会科学的"世俗化"，希望能够通过本书使大多数读者可以很好地了解、学习和研究社会科学。本书为读者带来了大量的有关社会科学的知识信息，读者完全可以从中找到自己的所爱或所需。

为了使读者能够实现对所有社会科学的快速学习，而又不至于遗漏必要的知识点，本书设置了科学合理的体系结构。在介绍每一门社会科学的同时，都首先向读者展示该学科的知识结构与学科分支构成，使读者对每一门学科都能有一个整体的把握。随后，介绍每一门学科的基本要义与发展简史，读者可以清晰地了解所有学科的定义以及每一门学科的历史状况。

本书的"基本理论"栏目涵盖了每一门学科的整体理论体系，介绍了每一门学科的所有重大理论内容。"关键词"栏目则涵盖了每一门学科的所有具有代表性以及能够体现该学科的时代特色与发展趋势的术语与词汇。通过这两个栏目，读者可以完整地把握每一门学科的所有基本知识与重大理论学说。

为了给读者的学习与研究提供方法论方面的指导，本书还安排了"学习和研究的方法"栏目。在学习方法中，本书通过总结介绍了每一门学科的具体学习方法；在研究方法中，则介绍了每一门学科在其发展过程中积累的所有基本研究方法。因此，读者可以通过本栏目各取所需，以较好地促进自己的学习与研究。

为了对读者的学习提供全面而深入的指导，本书还介绍了每一门学科的入门读本与提高读本，使读者在阅读过程中免去了诸多找书的烦恼。读者通过本书的推荐进行有选择的阅读，不仅达到了学习的目的，还节省了大量的时间，可谓一举两得。

在每章的最后，本书还列举了各学科的重要人物及其对该学科的主要贡献等，这可以很好地扩展读者的知识面，并增强对该学科的进一步了解。

本书在写作过程中采用了通俗易懂的语言，从而避免了社会科学理论的抽象性，使大多数读者都能够享有了解、学习和研究社会科学的机会。希望本书能够为读者的社会科学学习与研究带来帮助。

目录 □

CONTETS

6. 心理学

121

在经济迅速发展的当今社会，心理学已经成为大家耳熟能详的名词。人们再也不像以前那样把心理学想象成神秘莫测、难以琢磨的科学。作为一门探索个人内心世界、精神活动以及维护心理健康的重要学科，心理学离我们越来越近了。

7. 教育学

143

教育学是专门研究教育学问的科学。基于其与"教育"的密切关系，它也具有了一定的"培养人才"的功能。了解一些该门学科的知识，你不仅能够更加科学、客观地看待和分析现实生活中的种种教育现象，还能更加知性，更加深刻。

8. 文 学

165

文学是研究人类历史以及现实生活中的一切文学现象的科学。构成文学的要素、文学的发展规律以及文学界出现的各种思潮和运动等均在其研究范围之内。你通过学习这门科学，不仅能有效地提高写作水平，还能具备一定的文学欣赏甚至文学批评能力。

9. 史 学

189

史学即研究人类认识历史的活动，尤其是历史学家认识历史的活动的科学。经过数千年的发展，这门社会科学已经形成了涵盖历史科学、历史文献学、历史编纂学、史学方法论、史学认识论等众多内容完整的科学体系。

10. 地理学

213

地球是人类的家园，是人类赖以生存的物质载体。随着地球与环境问题的日益恶化，人类对地理越来越关注。从功能上看，地理学尤其是人文地理学能够为人类的可持续发展提供理论动力，并能促进人类与地球的和谐相处。

哲 学

哲学的知识结构

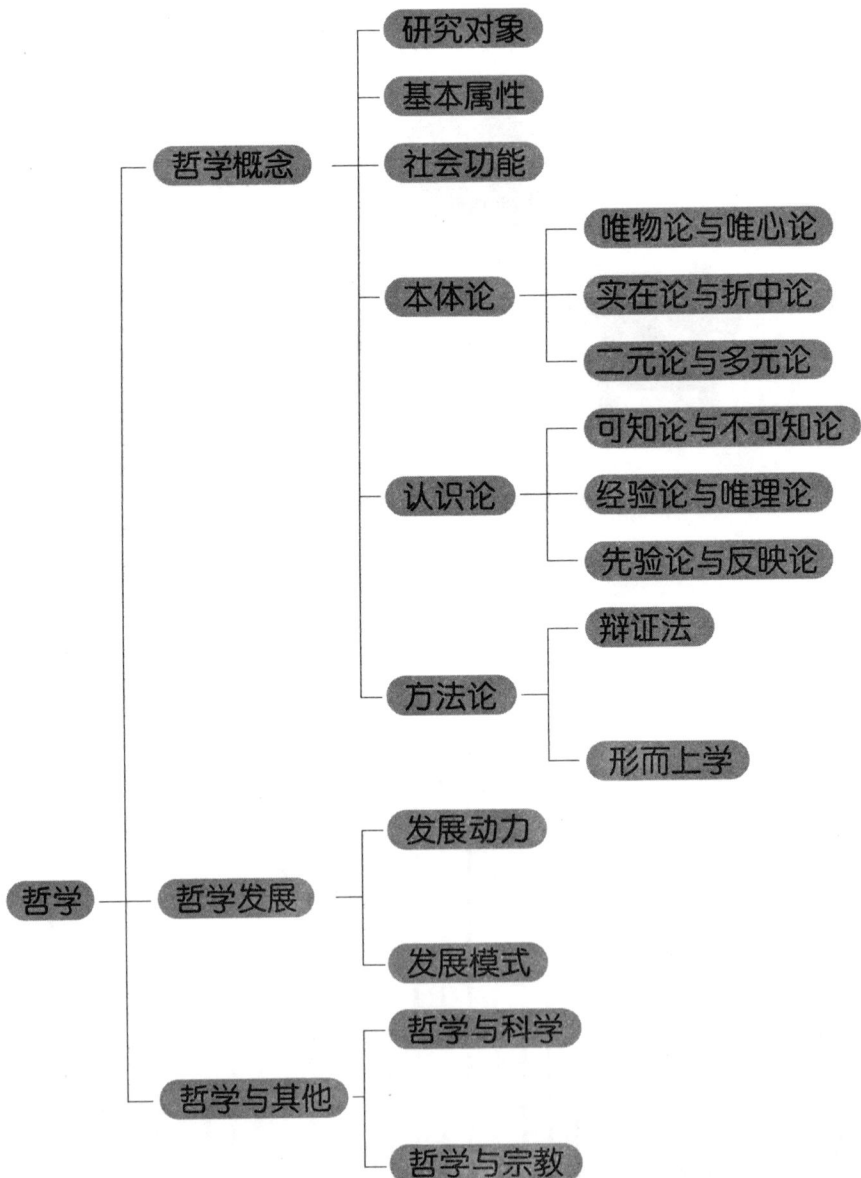

```
哲学 ─┬─ 哲学概念 ─┬─ 研究对象
      │            ├─ 基本属性
      │            ├─ 社会功能
      │            ├─ 本体论 ─┬─ 唯物论与唯心论
      │            │          ├─ 实在论与折中论
      │            │          └─ 二元论与多元论
      │            ├─ 认识论 ─┬─ 可知论与不可知论
      │            │          ├─ 经验论与唯理论
      │            │          └─ 先验论与反映论
      │            └─ 方法论 ─┬─ 辩证法
      │                       └─ 形而上学
      ├─ 哲学发展 ─┬─ 发展动力
      │            └─ 发展模式
      └─ 哲学与其他 ─┬─ 哲学与科学
                     └─ 哲学与宗教
```

哲学学科分支

哲学　哲学史学
　　　基础哲学：本体论、认识论、方法论、人生观、价值观、
　　　　　　　　世界观、自然观
　　　应用哲学：历史哲学、美学哲学、伦理哲学、逻辑哲学、
　　　　　　　　语言哲学、文化哲学、宗教哲学、社会哲学、
　　　　　　　　政治哲学、经济哲学、法哲学、科学哲学、
　　　　　　　　技术哲学

什么是哲学

　　哲学是一门古老而常新的科学。对于哲学是什么这一问题的回答，古今中外可谓是众说纷纭。有的是从神学与科学的相互比较中总结哲学的定义，如罗素认为，哲学就是某种介乎神学与科学之间的东西，这是一种外延性的定义方法；有的则是从世界观的角度给哲学作内涵性的定义，如马克思认为哲学是关于世界观的学问，是系统化和理论化的世界观问题。应当指出的是，无论是内涵性定义，还是外延性定义，对我们理解什么是哲学都多有助益。

　　由于理解角度的不同，古今中外的哲学家们给哲学下了不同的定义。同样，对于哲学的研究对象问题，无论是从宏观角度还是微观角度，也是众说纷纭、无有定论。纵观哲学发展历史，比较有代表性的哲学研究对象理论有：智慧说，毕达哥拉斯、赫拉克里特、亚里士多德等人就认为哲学是研究智慧的问题；本质说，柏拉图认为哲学研究的是事物的本质问题；形而上学说，亚里士多德就有此倾向；辩证法说，这是恩格斯的哲学观点；普遍规律说，这是马克思主义哲学对哲学的研究对象所做的理论界定；语言分析说，这是 20 世纪欧美分析哲学对哲学研究对象所做的理论界定；等等。其中，比较有影响的有世界观说、本体论说、认识论说、存在意义说、精神境界说、人文精神说、人文学说等等。至今为止，关于哲学的研究对

象这一元哲学问题，仍是未有定论。

虽然哲学的具体研究对象至今仍未有定论，但对于哲学的基本问题却是相对有定论的。所谓哲学的基本问题，就是思维与存在的关系问题。哲学关于思维与存在的基本问题包括哲学基本问题的第一方面、哲学基本问题的第二方面以及与哲学基本问题相关的问题。哲学基本问题的第一方面就是关于思维与存在谁为第一性的问题，属于本体论的探讨；哲学基本问题的第二方面就是关于思维与存在的同一性问题，属于哲学的认识论；与哲学基本问题相关的问题是哲学的方法论问题，包括对辩证法与形而上学的探讨。

哲学的基本属性问题，至今也是未有定论。从属与性相结合的角度来看，哲学的基本属性包括以下内容：首先，哲学的意识形态属性，即哲学与政治、法律、宗教等一样，也是意识形态中的一种形态；其次，哲学的人文社会科学属性，即哲学与艺术学、历史学、文学等一样，也是一门人文社会科学；再次，哲学的思维科学属性，即哲学也是一门研究人类的认识和思维的科学；最后，哲学的形而上学属性，即从本质上来说，哲学是形而上学的。

哲学作为一门古老的科学体系，有其自身的社会功能。关于哲学的社会功能问题，曾存在着哲学万能论与哲学无用论的争论。毫无疑问，这两种哲学功能主张都具有极端化倾向，要么过分夸大了哲学的社会功能，要么过分贬低了哲学的社会功能。从整体的角度看，哲学具有正面与负面的双重功能，主要体现在世界观的建构与导向功能、价值规范的建构与导向功能、思维方式的建构与导向功能以及精神境界的建构与导向功能等方面。

哲学发展史

哲学的发展经历了数千年的历史。纵观哲学发展历史，其发展历程可以分为古代哲学、中世纪哲学、近代哲学以及现当代哲学四个历史阶段。

古代哲学时期又称为古希腊罗马哲学时期，是哲学兴起与发展的历史起点。古希腊哲学是西方哲学的历史起点。公元前 7 世纪末至公元前 6 世纪初，米利都学派的创始人泰勒斯所创建的哲学是古希腊哲学的历史源头。

正如黑格尔所说："从泰勒斯起，我们才真正开始了我们的哲学史。"古希腊哲学的发展可以分为三个历史阶段：从泰勒斯哲学兴起到亚里士多德时期是第一发展阶段；从斯多葛派哲学到怀疑派哲学的兴起是第二发展阶段；新柏拉图哲学流派的出现则标志着哲学进入了第三个发展阶段。

从公元 5 世纪末到 15 世纪文艺复兴，是西方中世纪哲学的发展时期。基督教在西方社会的兴起与衰落是该时期哲学发展的文化背景，封建社会的兴衰则是这一时期哲学发展的社会背景。中世纪哲学可以分为两个历史发展时期，包括前期的教父哲学与后期的经院哲学。教父哲学实质上就是基督教神学，其主要代表人物有奥古斯丁和伊里吉纳。奥古斯丁的神学哲学的基本问题是神人关系，其教义基础包括基督教的创世说、原罪说、救赎说、天启说等，三位一体是其理论核心。伊里吉纳的神学哲学是以四重自然论为核心的泛神论的神学体系，包含了一定的哲学理性。10 世纪到 15 世纪的中世纪后期是经院哲学的发展时期，其中实在论与唯名论是当时两种主要的哲学流派。这两种哲学流派进行了广泛的理论论战，如安瑟伦的极端实在论、托马斯·阿奎那的温和实在论、贝伦伽尔和阿拉贝德的唯名论等，都是在这一论战中产生的哲学思想。

16 世纪初期至 19 世纪中期是西方近代哲学的发展时期。这一时期，西方哲学的发展呈现出四个阶段。16 世纪，意大利成为文艺复兴的中心，人文主义的兴起促使哲学对象从神转向人，从天国转向自然。这两大转向蕴含了丰富的人生价值观和自然价值观，拉开了近代哲学的序幕。17 世纪，英国哲学成为哲学发展的中心，英国的经验论和欧洲大陆的唯理论是这一时期哲学的主导思想。如培根的经验论以及笛卡儿的唯理论等都是这一时期的主要哲学成就。18 世纪之后，法国取代英国成了西方近代哲学的发展中心。这一时期西方哲学的主要进展表现为法国思想启蒙运动和唯物主义哲学的兴起与发展。18 世纪 80 年代至 19 世纪 40 年代，德国古典哲学迅速兴起和发展，德国取代法国成了西方近代哲学的发展中心。康德、费希特、谢林、黑格尔、费尔巴哈等主要代表人物的哲学思想就是该时期的主要哲学成就。

19 世纪中叶以后，西方哲学进入了现当代发展时期。这一时期哲学发展的背景是以蒸汽机为标志的第一次工业革命的基本完成和以辩证自然观为思想核心的第二次科学革命的深入发展。这一时期西方哲学的发展呈现错综复杂的局面，以某个国家为发展中心的哲学发展格局已经不复存在。19世纪的后50年是西方现代哲学发展的前期，以马克思主义哲学和实证主义哲学的兴起与发展为主要标志。马克思主义哲学是关于自然、社会和思维发展一般规律的科学，是唯物论和辩证法的统一、唯物论自然观和历史观的统一。20世纪的前50年是西方现代哲学发展的后期，其主要标志是科学主义与人本主义两大思潮的兴起与发展。20世纪50年代以后，西方哲学进入了当代发展时期，包括50年代到70年代的发展阶段和从70年代初至今的发展阶段两个历史时期。后现代主义是西方现代哲学近期的一大发展。

哲学基本理论

哲学概念

1. 唯物论与唯心论

唯物论即唯物主义是一种哲学本体论，它认为在存在与思维的关系中，存在是第一性的，思维是第二性的，存在决定思维，思维反映存在。这是唯物论的本体论论纲。

唯物论关于存在第一性、思维第二性的本体论论纲是一切类别的唯物主义哲学思想的根本性论纲。这一根本论纲是一切唯物主义的自然观、历史观、认识论和方法论的基础。例如，马克思主义哲学的唯物论思想的自然存在第一性、自然观念第二性的自然观就是根据唯物论的总论纲推导出来的。

虽然这一根本论纲构成了一切唯物论的基础性论纲，但由于其立足点与历史条件的不同，各种唯物主义思想也就难免会呈现出理论上的差异性。从纵向的发展角度看，唯物论有三种具体的表现形态，即朴素唯物论、机械唯物论和辩证唯物论。朴素唯物论是把一种或几种具体的物质作为世界的本原的一种本体论。如中外哲学史上出现的"元气论"、"五行说"、"四根说"、"水本原说"等，都属于朴素唯物论的范畴。机械唯物论即形而上学唯物论，它的本体论属于唯物论，认识论属于被动的反映论，方法论则是形而上学。18世纪的法国唯物主义是最具代表性的机械唯物论，拉美特利的"人是机器"是机械唯物论最具代表性的哲学口号。辩证唯物论就是马克思主义哲学的辩证唯物主义理论，它融合了黑格尔的辩证法和费尔巴哈的唯物论，并扩展了自然观、历史观和认识论等论题。列宁对物质观的进一步界定克服了以往唯物论的物质观的局限性，奠定了更加科学的辩证唯物论的本体论基础。

唯心论即唯心主义是与唯物主义相对的一种哲学本体论。它认为在存在与思维的关系中，思维是第一性的，存在是第二性的，思维决定存在，存在是思维的反映。这是一切唯心主义的本体论论纲，

所有形态的唯心主义的自然观论纲、历史观论纲、认识论论纲、方法论论纲等的得出都是以唯心论的思维第一性、存在第二性的总论纲为基础的。例如，黑格尔唯心辩证法哲学的"绝对精神"的本体论，就是以唯心论的根本论纲为基础，建构了其宏大的唯心主义辩证法的哲学体系。

同唯物主义一样，虽然各种形式的唯心主义哲学都有着共同的根本性的本体论论纲，但由于其思维出发点的不同以及历史背景的差异，其形式就出现了各种各样的状况。从纵向和横向两个角度看，唯心论主要表现为主观唯心主义和客观唯心主义两种形式。主观唯心主义认为，人的精神是第一性的，自然和人类社会是第二性的，人的精神对自然与人类社会具有决定作用。主观唯心主义在中西方哲学史上都有着重要的地位。孟子的"万物皆备于我"命题、王阳明的"心外无物"和"心外无理"命题、贝克莱的"存在就是被感知"命题、马赫的"物是感觉的复合"命题、杜威的"世界是我的观念"命题等，都是主观唯心主义的经典代表。客观唯心主义认为，独立于人类之外的某种体现人类思维属性的精神存在是第一性的，自然、人类社会以及人类自身等都是第二性的，独立于人类之外的精神实体对自然、人类社会以及人类本身具有决定作用。柏拉图的"理念论"、神学哲学的"神创论"、黑格尔的"绝对精神论"等都是比较经典的客观唯心主义的本体论。

2. 真理观

所谓真理观，就是对真理的根本观点和总的看法。真理观的首要问题就是真理是否客观的问题，即是否承认客观真理。根据对这个问题的不同回答，就形成了唯物主义真理观和唯心主义真理观两种基本的真理观。唯

物主义认为物质第一性，意识第二性，物质决定意识，所以唯物主义真理观认为客观物质世界是认识的来源，即承认客观真理。唯心主义认为意识第一性，物质第二性，意识决定物质，其认识路线是从感觉和思想到客观物质，所以唯心主义真理观否认认识的客观内容，否认客观真理，认为真理是主观自生的东西是主观唯心主义的真理观，认为有用就是真理是实用主义的真理观，认为真理是主观意识对先于物质世界而独立存在的"绝对精神"、"理念"的认识是客观唯心主义的真理观。马克思主义真理观是科学的真理观，它把实践的观点引入认识论，将辩证法和唯物主义予以有机结合，在人类认识史上第一次科学地阐明了真理观问题。具体而言，唯物主义真理观认为，真理是人脑对客观事物及其规律的正确反映，客观性是真理的根本属性，实践是检验真理的唯一标准。可见，唯物主义真理观与唯心主义真理观、形而上学真理观等有着明显的界限。

3. 怀疑论与实证论

怀疑论就是对客观世界和客观真理是否存在以及能否为人类所认识表示怀疑的哲学观点。怀疑论在其历史发展中，其怀疑的具体对象是不断变化的。古希腊怀疑论的创立者皮浪认为，由于所有事物都存在两种相互排斥的意见，故而事物是不可认识的，是不能确定的。欧洲文艺复兴时期的怀疑论者所怀疑的对象则是各种宗教教条。英国哲学家休谟的怀疑论认为知觉是由外物引起的。德国哲学家康德的怀疑论则认为人能够认识物自体。现代西方的怀疑论者继承并发展了休谟和康德的怀疑论思想，认为哲学只应当研究感觉，而将其之外的实在排除在外。

实证论即实证哲学，它强调感觉经验，并排斥形而上学。实证哲学产生于 19 世纪 30～40 年代的法国和英国，法国哲学家、社会学始祖孔德是实证哲学的创始人。实证主义认为，现象研究是哲学的主要任务，人们完全可以通过对现象的归纳来把握科学规律。实证主义对现象的研究，主要是以现象论观点为出发点，并拒绝通过运用理性来分析感觉材料。哲学与科学的关系是实证主义理论的中心问题，它试图将哲学融合于科学范畴之中。

4. 科学主义与人本主义

科学主义与人本主义是两种不同的唯物主义哲学观点。科学主义是极力强调自然科学技术的功能的哲学观点，在现代西方社会比较盛行。科学主义认为自然科学技术是哲学的基础并能够解决所有问题。因此,科学主义将自然科学视为哲学的标准,总是习惯于将自然科学的方法论和研究成果简单地类推施用于社会生活。在现实中,科学主义受到了两种人的攻击,一种是坚信世界万事万物皆由上帝创造的原教旨基督徒,另一种就是宣扬特异现象的伪科学者。

人本主义也被称为人本学,通常是指人本学唯物主义,是一种将人生物化的形而上学唯物主义观点。19世纪德国的费尔巴哈和俄国的车尔尼雪夫斯基是人本主义哲学的典型代表。人本主义认为将灵魂和肉体分割为两个独立实体的做法是不对的,灵魂并非第一性的。虽然如此,人本主义视角下的人,仍然只是生物学角度的自然个体,具有抽象性和一般性,而不具有社会性。

5. 实在论与折中论

实在论和折中论是在哲学发展史上具有中介性、过渡性以及调和性的两种本体论形态。

实在论就是认为世界的本原乃是一种既非物质也非精神的存在的哲学本体论。实在论不同于唯心主义与唯物主义,它没有在物质与精神之间做出选择,而是回避将世界做物质或者精神的二元对立形式的划分。因此,关于思维与存在何者为第一性的问题,实在论也并没有做出回答。客观实在论是实在论的具体理论形态表现。纵观中外哲学发展史,都能发现客观实在论的踪迹。例如,在中国哲学史上,老子的"道本论"以及程朱理学的"理本论"等,都是典型的客观实在论本体观。无论是"道本论"中的"道",还是"理本论"中的"理",都难以对其做出唯物主义或唯心主义这两种绝对相反的阵营判断。在西方哲学史上,古希腊时期的毕达哥拉斯学派的"数理论"、中世纪经院哲学的"实在论"以及现代哲学中的"科学实在论"等本体论也都是实在论本体论的经典理论代表。"数理论"中的"数"是万物的本原,它既不属于存在,也不属于思维,而是一种独立于"物与心"的二元对立之外的一种客观实在。同样,对于"实在论"中的"概念实在"以及"科学实在论"中的"科学实在",也难以对其做出物质或精神的归类。应当指出的是,实在论的"实在"虽然难以做出物质与精神的二元划分,但是实在论也并非仅仅表现为客观实在论的本体论倾向,而且可能具有唯物论或者唯心论的本体论倾向。

折中论的本体论认为，世界的本原兼具物质与精神的双重属性。因此，折中论实质上也是一种调和主义的哲学本体论。在西方哲学史上，折中论的本体论也是踪迹频现，例如德国哲学家莱布尼茨的"单子论"。莱布尼茨的"单子论"中的"单子"就是一种兼具物质属性与精神属性的本原。应当说明的是，在"心物二元论"的对立中建立一种具有调和性的折中论的本体论是莱布尼茨建构"单子论"的最初意图。由于莱布尼茨赋予"单子"的物质属性中，仅有质而没有物，所以被人们称为客观唯心论，但这并没有抹杀其折中论的哲学本体论属性。

6. 二元论与多元论

无论是唯物论与唯心论，还是实在论与折中论，都是属于一元论的哲学本体论，即在对于哲学的基本问题的回答中，它们都认为世界的本原只有一个，虽然其对于这个本原的认识各不相同。在中外哲学发展史上，对于哲学基本问题的回答，除了一元论的理论类型，还存在其他的理论类型，即二元论和多元论的理论类型。

笛卡儿所建构的哲学本体论是一种比较具有代表性的二元论。笛卡儿认为，实体包括具有广延性的物质实体和不具有广延性的精神实体两种类型。物质实体不能思维但具有广延性，精神实体能够思维但不具有广延性，因此该二者是相互独立的，没有任何联系。人类世界分为物质世界和精神世界，物质实体是物质世界的本体，精神实体是精神世界的本体。故而，世界的本原就同时具有"心物"二元的属性。康德的哲学本体论也具有二元论的倾向，他认为存在包括现象世界和自在世界两种类型。康德的二元论是具有调和倾向的哲学本体论，是唯物主义和唯心主义的相互妥协。列宁曾说："当康德承认在我们之外有某种东西、某种自在之物同我们的表象相符合的时候，他是唯物主义者；当康德宣称这个自在之物是不可认识的、超验的、彼岸的时候，他是唯心主义者。"

多元主义的本体论认为，世界具有多种本原。根据多元论对本原属性的认定的不同，多元论包括心物混合多元论和朴素唯物论的多元论。笛卡儿的三元论是经典的心物混合多元论的代表。笛卡儿认为，应当有独立于心和物两种实体之外的第三种实体存在。他的解释是，精神实体和物质实体是两种彼此独立的有限实体，因此应当有一种绝对实体存在于这两种有限实体之间，即上帝。朴素唯物论的多元论认为，那些具有元素性质的物质构成了世界的本原。先秦哲学中的"五行说"、古希腊哲学中的"四根说"等，都是朴素唯物论的多元论。

7. 可知论与不可知论

关于思维和存在是否具有同一性的问题属于哲学的认识论范畴。可知论与不可知论就是一对相对的哲学认识论概念。可知论认为，思维和存在具有同一性，不可知论则认为思维和存在不具有同一性。

所谓思维与存在的同一性问题，实际上就是存在是否可知的问题。在哲学史上，大部分哲学家对这一问题都做了肯定的回答。因此，绝大多数的哲学家都认为存在是可知的，存在与思维具有同一性。

从本体论的角度来看，可知论可以分为唯物论的可知论和唯心论的可知论两种类型。唯物论的可知论认为，思维和存在的同一性是同一于存在的。可见，唯物论的可知论首先肯定存在第一性、思维第二性，进而才肯定思维对于存在的可知性。唯物论的可知论又包括朴素唯物论的可知论、机械唯物论的可知论和辩证唯物论的可知论。

唯心论的可知论认为，思维和存在的同一性是同一于思维的。根据本体论基础的不同，唯心论的可知论又可以分为客观唯心论的可知论和主观唯心论的可知论两种理论形态。黑格尔是客观唯心论的可知论的代表人物。"绝对精神"是黑格尔哲学思想的本体论基础，他认为思维与存在是同一于绝对精神的。黑格尔认为，思维与存在的这种同一性是没有物质基础的绝对精神的自我运动。主观唯心论的可知论与客观唯心论的可知论是相对的，它的主要代表人物有英国的贝克莱、中国的王阳明等。总之，主观唯心论的可知论与客观唯心论的可知论的不同之处乃是在于，前者所说的思维是一种"主观思维"，后者所说的思维则是一种"客观思维"。

不可知论就是认为思维与存在不具有同一性，存在对于思维是不可知的哲学认识论。纵观哲学发展史，主张不可知论的哲学家属于少数派，其主要代表人物有英国哲学家休谟和德国哲学家康德。休谟曾说："我们根本就不可能想象或形成与观念和印象有种类差别的任何事物的观念。"可见，休谟将贝克莱的"存在就是被感知"这一主观唯心论命题推向了极端，认为不仅物质世界不可知，而且精神世界也是不可知的。康德的不可知论是在休谟的不可知论的基础上的进一步发展。康德认为，人类只能通过自己的感觉来对客观对象的表象和现象进行感知，但这种客观对象的表象和现象并非客观对象本身。对于客观对象本身，我们是不可知的。纵观不可知论的主要观点，我们可以发现：从消极角度看，不可知论否定了思维与存在的同一性，人类思维无法对存在产生认知；从积极角度看，不可知论对人类认识的怀疑主义态度又使人类避免了独断主义的认识论和绝对主义的真理观。

8. 经验论与唯理论

哲学认识论中的经验论与唯理论的划分就是在可知论的认识论基础上，根据不同的标准将可知论分为经验论的可知论和唯理论的可知论，经验论和唯理论是其简称。

经验论的认识论认为，经验是人类认识的可靠且唯一来源。在思维与存在的关系上，经验论认为思维与存在具有同一性，它同一于既不是存在也不是思维的人类经验。经验论所谓的经验，包括两种类型，即源于存在的客观经验和源于思维的主观经验。客观经验所基于的是唯物主义的立场，主观经验所基于的是唯心主义的立场，所以经验论可以分为唯物论的经验论和唯心论的经验论两种不同的认识论理论形态。

唯物论的经验论认为，以客观存在为基础的人类客观经验才是人类认识的可靠和唯一来源。英国哲学家培根是唯物论的经验论的主要代表人物，他曾经以科学实验为例来论述客观经验对于人类科学认识的重要作用。此外，法国哲学家狄德罗、霍尔巴赫以及英国哲学家霍布斯和洛克等也都是唯物论的经验论的主要观点持有者。

与唯物论的经验论相反，唯心论的经验论认为，以主观思维为基础的人类主观经验才是人类认识的可靠和唯一来源。唯心论的经验论的主要代表人物就是英国哲学家贝克莱。

总之，唯物论的经验论与唯心论的经验论之所以在认识论形态上会大相径庭，是因为二者所依据的本体论基础有着根本的不同。

唯理论认为，人类理性是人类认识的唯一和可靠来源。唯理论对思维与存在的关系也持肯定其同一性的态度。唯理论认为，思维与存在既不是同一于思维，也不是同一于存在，而是同一于人类理性。所谓理性，就是人类固有的且属于人类天性的一种思维和认识能力。基于不同的本体论基础，唯理论也可以分为唯物论的唯理论和唯心论的唯理论。笛卡儿与斯宾诺莎等人是唯物论的唯理论的主要代表人物。笛卡儿基于心物二元论的本体论立场，其认识论也具有心物二元论的倾向。但是，从其认识论的总的观点来看，其科学认识论应当属于唯物论的唯理论。斯宾诺莎认为，自然存在一种"确定不移的秩序"，所以，斯宾诺莎的唯物论的唯理论是一种追求自然秩序的逻辑必然性的唯理论。正如罗素对斯宾诺莎的评论一样，斯宾诺莎认为一种绝对的逻辑必然性在支配着世界上的万事万物。唯心论的唯理论认为，人类理性中的天赋认识能力是人类认识的可靠和唯一来源，人类认识活动是一种纯主观的理性认识。笛卡儿的科学认识论属于唯物论的唯理论，但其在形而上学的本体论上却倾向于唯心论的唯理论。之所以存在这种分野，是因为笛卡儿在本体论上的心物二元论倾向。

9. 先验论与反映论

先验论与反映论作为一对相对的哲学认识论理论形态，其划分标准是对存在与思维的同一性究竟是先天具有还是后天形成这一问题的不同回答。

先验论的认识论的本体论是唯心论，是一种可知论的认识论。先验论认为，思维与存在具有同一性，并且这种同一性是先天性的，即思维对于存在具有先天的可知性。由于先验论的本体论有主观唯心论和客观唯心论之分，所以先验论也就相应地包括主观唯心论的先验论和客观唯心论的先验论两种不同的理论类型。

主观唯心论的先验论认为，人类认识能力是人类心智的一种天赋能力，也就是说人类具有先天的认知能力。人类的这种先验认识要早于经验认识的形成。一般而言，在西方哲学发展史上，包括在本体论上具有二元论倾向在内的所有主观唯心论的认识论都属于主观唯心论的先验论范畴。

客观唯心论的先验论认为，某种客观精神是人类认识的来源。客观唯心论的先验论在西方哲学发展史上也有很多典型代表。例如，柏拉图的理念论就认为，灵魂对理念的回忆是人的认识来源；神学认识论的天启论认为，上帝的启示是人的认识来源；黑格尔的绝对精神论认为，人类对绝对精神外化的自我认识是认识的来源；等等。

反映论的认识论认为，思维与存在具有同一性，这种同一是后天形成的同一，存在对于思维仅仅具有后天的可知性。思维对于存在的同一性仅仅是在对存在的反映和认识基础上的同一。因此，反映论就将所有形式的唯物论的认识论都包括在内了。根据唯物论的三种具体形式，反映论也相应地分为朴素唯物论的反映论、机械唯物论的反映论和辩证唯物论的反映论三种不同的理论形态。朴素唯物论的反映论与机械唯物论的反映论都属于旧的唯物论的反映论，被称为被动反映论；辩证唯物论的反映论则相应地被称为能动的反映论。所谓被动反映论，就是认为人类思维对客观存在的反映是被动的，丝毫没有人类的主动因素。洛克的"白板说"就是典型的被动反映论。所谓能动的反映论，就是马克思主义哲学的反映论，它认为人类认识是主观思维对于客观存在的体现以及对人类主观能动性的反映。首先，思维对存在的反映的能动性以人类实践为基础；其次，辩证法是能动反映论的方法论基础。因此，能动反映论被称为最具认识功能的哲学认识论。

10. 辩证法

辩证法是关于世界的联系和发展的一种哲学方法论。一切哲学的方法论都有其本体论基础，辩证法也不例外。根据不同的哲学本体论形态，辩证法也相应可以分为朴素辩证法、唯心辩证法和唯物辩证法三种不同的方法论理论形态。

朴素辩证法的本体论基础是朴素唯物主义，它是哲学史上最早出现的哲学辩证法。例如，古希腊哲学以及中国古代哲学中的辩证法都属于朴素辩证法范畴。黑格尔的唯心辩证法属于第二种辩证法形态。相对于朴素辩证法，唯心辩证法具有了比较完备的范畴、规律和形式。马克思主义的唯物辩证法是第三种辩证法形态，是唯物论基础上的辩证法。唯物辩证法是唯物论的本体论、反映论的认识论以及辩证法的方法论的有机统一体，故而是最具方法论意义的辩证法形态。

无论是朴素辩证法，还是唯心辩证法，抑或唯物辩证法，都有着辩证法的一般方法论原则。首先，辩证的矛盾观。所有辩证法形态都认为，矛盾是一切事物存在的基本法则。辩证的矛盾观包括矛盾的同一性和矛盾的斗争性两个理论方面。其次，辩证的发展观。万事万物均以发展为其存在形式是所有理论形态的辩证法的共同观点。发展就是事物在内部矛盾和外部矛盾的共同作用下所发生的新陈代谢的变化过程。

11．形而上学

形而上学是与辩证法相对的一种哲学方法论，其有着与辩证法相反的属性和特征。形而上学包括本体论意义上的形而上学和方法论意义上的形而上学。本体论意义上的形而上学就是亚里士多德所谓的"物理学之后"意义上的形而上学。我们所要阐述的主要是方法论意义上的形而上学。

形而上学的哲学方法论形成于哲学发展的早期，古希腊时期的埃利亚学派是最早的形而上学方法论的提出者。埃利亚学派认为形而上学具有两个明显特征，首先，事物之间不存在任何联系；其次，事物是静止的，没有任何变化的。中国古代哲学中的"白马之辩"命题和"天不变,道亦不变"命题等也属于具有形而上学特征的方法论。

在对待矛盾的态度上，形而上学否认矛盾或者只承认矛盾的斗争性而否定矛盾的同一性；在联系观上，形而上学认为世界是不存在联系的，事物之间是彼此孤立的；在发展观上，形而上学认为静止不变是事物的基本属性，如果具有变化和发展，也仅仅是事物在场所上的变更或数量上的变化，而不存在质的变化和发展；在因果观上，形而上学认为，即使事物存在运动、变化与发展，也是外因作用的结果，不存在内因对事物的作用。

哲学关键词

1．思维与存在

思维是人类思考问题的能力，存在就是作为客观实在的自然界中的一切物质实体。思维与存在是哲学最核心的一对基本范畴，是哲学的本体论和认识论探讨的核心。关于思维与存在何者为第一性的问题，即思维与存在孰先孰后的问题，构成了哲学的本体论范畴；关于思维与存在的同一性问题，则构成了哲学的认识论问题。可以说，没有思维与存在，也就没有了哲学问题。

2．元气论

元气是中国古代哲学中的概念，是指构成世间万事万物的原始物质，即天地万物之本原。元气说是人们认识自然的哲学世界观。元气论的最初理论形态是老子的"道"，后来东汉王充的"元气自然论"、北宋张载的"元气本体论"等都是元气论的具体形式。元气论认为元气是构成世界的本原性物质，世间万物的产生、发展、变化以及消亡等现象都可以用元气的运动变化来解释。元气论作为一种自然观，体现了对整个物质世界的总体性认识。元气论对中医学、气功学等理论的形成与发展都起到了极大的促进作用。

3. 理念论

理念是柏拉图哲学的核心概念。所谓理念，柏拉图意指"看见的东西"，即事物的形状，转义为灵魂所见的东西。"理念"有着丰富具体的内涵，是具有超越性并独立于个别事物之外的某种实在，它是事物存在的基础。因此，事物本身不会对理念产生任何影响，且理念与理念之间也不存在任何联系。理念是不可能发生异化的具有绝对性的自我存在。柏拉图对理念如何派生事物有两种说明方式。首先，分有，即对同名理念的分有是具体事物得以存在的原因所在；其次，模仿，即事物是造物主根据理念创造的，所以对理念的模仿是事物存在的根源。

4. 第一推动者

第一推动者是古希腊哲学家亚里士多德的哲学术语，是指善、理性与神。亚里士多德认为，事物的演化是需要动力的，而作为动力的本身不能是其自身形成的推动力，因此必然存在着永恒的推动力。这种自身不发生变化的永恒的推动力就是第一推动者。亚里士多德认为，形式与质料、潜能与现实都是相对的，事物的发展是质料形式化以及潜能现实化的过程。而这种位于发展的最高点的不带任何质料的纯形式以及没有任何潜能的纯现实就是第一推动者，即善、理性与神。

5. 四根说

四根说是西方哲学中探讨世界本原的重要本体论理论形态。四根说认为，火、土、气、水是组成万物的根，是世间万事万物的本原，万物皆由四根组合而成，并会随着四根的解体而消失。"爱"与"恨"是火、土、气、水四根运动的本原。在运动中，四根具有不生不灭性，它们有时从多生一，有时从一生多。因此，从一到多和从多到一的反复运动就构成了无休止的有序的循环过程。在四根中，各自在整体中的优势总是随着时间的变更而轮流交替。

6. 绝对精神

绝对精神是德国古典哲学家黑格尔的客观唯心主义哲学体系的核心概念，它是指构成宇宙间万事万物的本质和基础的精神实体。黑格尔认为，绝对精神的存在是自我演化的过程，包括自然界和人类社会产生之前的纯粹逻辑概念的演化过程、外化为自然界的过程，以及自我否定而转化为精神并返回自身的过程。绝对理念是广义的绝对精神的同义语，狭义的绝对精神仅仅是指自我认知的精神。绝对精神是一种绝对化的，独立于人和社会的社会意识形态。

7. 前定和谐

前定和谐是德国哲学家莱布尼茨的重要哲学概念。莱布尼茨认为，单子是构成万物的本原，由于单子是一个没有部分之分的单纯整体，故而单子之间无法产生互相的影响作用。那么，为什么宇宙万物却能够互相协调而构成一个和谐的整体呢？莱布尼茨认为，这是因为上帝在创造世界时就赋予了每个单子在发展中自觉遵循自身规律并相互保持协调的本性。"前定和谐"也被莱布尼茨用来说明心身关系。根据这一学说，莱布尼茨提出了"乐观主义"，认为这个世界是所有可能存在的世界中最好的世界。

8. 彼岸性

彼岸性是德国唯心主义哲学大师康德的重要哲学概念之一。康德认为，在事物的本体和现象之间，总有一条不可逾越的鸿沟存在着。因此就有知识的此岸性与知识的彼岸性之分。所谓知识的此岸性就是人只能认识处于鸿沟此岸的事物的现象；所谓知识的彼岸性就是人无法认识处于鸿沟彼岸的事物的本体。可见，康德虽然承认事物本质的存在，但却认为本质与现象是相互分离的，人类不可能认识客观事物的本质。

9. 人生观

人生观就是人对于人生目的、人生价值和人生理想的态度的根本观点。什么是人生、人生的意义是什么、怎样实现人生的价值等是人生观的核心问题。人生观是人们在后天的实际生活过程中逐步形成的，受到世界观的制约。在人类历史上，比较具有代表性的人生观有享乐主义人生观、厌世主义人生观、禁欲主义人生观、幸福主义人生观、乐观主义人生观和共产主义人生观等。

10. 价值观

价值观就是人们用来评价某种行为、某种事物以及进行某种选择的准则。人们的行为取向、对事物的评价与态度等都是反映一定价值观的载体。价值观是世界观的核心，是人们实施某种行为的内部动力，它是一切社会行为的调节和支配力量。具体的价值观总是对特定的社会存在的反映，它受到社会地位、物质生活条件等环境因素的影响和制约。社会化是价值观形成的途径，因此，价值观是一种后天现象。价值观具有相对稳定性，一旦形成就不易改变。价值观的改变是社会变革的前提，也是社会变革的必然结果。

11. 世界观

世界观是人们对外部的整个世界以及人与世界之间关系的根本观点和根本看法。社会实践是世界观形成和发展的基础。人们在实践活动中形成的对现实世界各种具体事物的看法和观点是世界观的理论雏形。在此基础上，人们才逐渐形成自己对世界的本质、人和世界关系的根本看法和根本观点，世界观最终形成。无论是否具有明显的意识性，每个人都有自己的世界观，它是人们观察问题和处理问题的根本性指导思想。

12. 矛盾

矛盾就是对立统一，是描述事物之间或事物内部各要素之间的对立与统一关系的基本哲学范畴。同一性就是矛盾双方相互联系、相互吸引的特征和趋势；斗争性就是矛盾双方相互分离、相互排斥的特征和趋势。矛盾观是一切辩证法的观点。一切辩证法都认为，同一性和斗争性是矛盾的两种基本属性，矛盾的对立面是同一性与斗争性的统一。一切事物的发展都离不开矛盾运动，整个世界就是一个矛盾无处不在的世界。应当指出的是，形而上学是否认矛盾的，或者只承认矛盾的斗争性而否认矛盾的同一性。

13. 内因与外因

内因即内部矛盾，指事物内部诸要素之间的对立统一，是事物发展变化的内部原因；外因即外部矛盾，指一事物与另一事物的对立统一，是事物发展变化的外部原因。一切辩证法都认为，内因和外因是所有事物发展都不可缺少的因素。内因是事物存在和发展的基础，对事物运动和发展的基本趋势具有规定作用；外因是事物存在和发展的外部条件，对事物的发展进程具有加速或延缓作用，但是它无法改变事物的根本性质和发展方向。在事物的发展中，内因是第一位的原因，外因是第二位的原因，外因通过内因起作用。形而上学则认为即使事物存在变化和发展，也是外因在起作用。

14. 发展观

发展观就是关于旧事物的灭亡和新事物的产生的哲学观点。发展是事物由量变到质变的飞跃过程，是事物运动变化的高级形式。发展观是一切辩证法的观念，认为万事万物无不处在永恒的变化、运动和发展之中。在事物的变化、运动和发展之中，既有量的发展，也有质的飞跃。形而上学则否认发展的观点，把发展看成是单纯的量的增加或减少，且是外力推动的结果。

15. 联系观

联系观是指一切事物或者现象之间及其内部诸要素之间都存在着相互影响、相互制约和相互作用的关系，是辩证法的主要观点。一切辩证法都认为，联系是客观存在的事物本身的固有属性，且不以人的意志为转移。联系是普遍存在的，世间的万事万物以及事物内部的诸要素之间都处于相互联系之中。联系的形式是复杂多样的。根据联系的地位，可以把联系分为主要联系和次要联系；根据联系的性质，可以把联系分为本质联系和非本质联系，以及必然联系和偶然联系；根据联系的范围，可以把联系分为内部联系和外部联系；等等。

16. 后现代主义

20世纪70年代末到80年代初，在批判现代主义哲学的基础上形成了后现代主义哲学。后现代主义是对西方传统哲学的批判，是当代哲学思维的一次重大转向。它具有鲜明的个性特征，主要包括：首先，反主客二分与反主体性。它认为人就是世界的成分，人是融化于世界之中的，它意味着人类中心主义论的破灭。其次，强调差异性，反整体性和反同一性。它认为世界是一个满是差异的世界，普遍性的世界是不存在的。再次，不确定性。它认为独立的自在世界是不存在的，世界是由语言构成的。"不是我说语言，而是语言说我"是后现代主义者们的经典话语。最后，内在性，即强调感觉的回归。内在性与传统哲学中的超越性是相对立的，它反对超越时空的形而上学的本体世界。

17. 自然哲学

自然哲学就是以哲学理论为根据，并运用哲学方法研究自然的整体图景及其内部规律的哲学。在哲学取向和科学内涵上，自然哲学兼具本体论、认识论、方法论、自然观、价值观等多个方面。自然哲学是哲学与自然科学互动的结果，在哲学与自然科学的互动中具有不可取代的双向价值。自然哲学的发展始于古希腊时期的数理论自然哲学，经历了中世纪神创论自然哲学、近代机械论自然哲学、辩证法自然哲学以及现代系统论自然哲学等多种理论形态。

18. 科学哲学

科学哲学是以自然科学为研究对象，它是在哲学与自然科学的互动中形成的哲学分支。自然科学尤其是理论自然科学所包含的本体论、认识论、方法论、自然观、价值观以及伦理观等都属于科学哲学的重要研究范畴。科学哲学拥有两种不同的类型，即普通科学哲学和学科科学哲学。普通科学哲学是以整个自然科学以及自然科学的哲学问题为主要研究对象的科学哲学；学科科学哲学是以具体自然科学以及具体自然科学的哲学问题为研究对象的科学哲学。

19. 证伪主义

证伪主义是英国著名哲学家波普尔创立的科学哲学理论。波普尔认为，逻辑实证主义关于科学理论来自于对经验的归纳的观点是行不通的，科学理论是一项普遍的哲学命题，那些有限的、个别性的经验事实是证实科学理论的重要途径，但是，这些有限的、个别的经验事实对于普遍命题的证伪也有明显效果。即根据演绎推理，如果最后得出的结论是假的，那么它的前提也必然是假的。在波普尔看来，一种理论的可证伪度和科学性程度与其所提供的经验的内容丰富性程度、精确性程度和普遍性程度是成正比的。

20. 技术哲学

技术哲学就是研究技术以及技术科学的哲学。作为技术哲学研究对象的技术与技术科学虽有不同，但二者都是人类与自然交互作用的重要纽带。技术哲学包括两种具有不同的价值取向的哲学形式，即具有工程价值取向的技术哲学和具有人文价值取向的技术哲学。随着三次工业革命的爆发，技术和技术科学对人类的生产、生活乃至生存都产生了越来越重要的影响。因此，技术哲学在哲学学科体系中的地位也越来越重要。

学习和研究的方法

1. 哲学的学习方法

哲学是一门知识体系十分庞大和复杂的学科，也是一门非常抽象的学科。因此，在很多人眼里，哲学是一门难以把握的学科。其实，作为一门独立的学科，哲学学习也有一定的规律可循，也存在一些科学有效的学习方法。

同其他学科一样，哲学也有其知识体系和理论内容。因此，学习哲学的首要环节也是对哲学的基本理论的学习。前面已经说到，哲学虽然没有形成定论的具体研究对象，但却有其自身的基本问题，即本体论、认识论以及方法论。因此，在学习哲学的基本理论，或者研读某一哲学流派的哲学理论时，一定要注意对这一基本问题的把握。通过这一线索的贯穿，对哲学的学习也就有了提纲挈领的认识，这多少也能够克服哲学的抽象性与复杂性带来的学习障碍。

哲学有着很强的思想性，它是哲学家们深入思考的结晶。因此，在学习哲学时，一定要学会追问与反思。所谓追问，就是在头脑中不断地对思维对象进行追根溯源式的提问，是一种基本的哲学思维形式和哲学学习方法。通俗来说，追问就是"是什么"、"为什么"、"为什么是为什么"等一连串的发问。所谓反思，就是对思维的思考，是对原思维的再思考以及对再思考的再思考等。反思包括对已有哲学思维的反复思考和对已有哲学思维的反向思考两种类型。将追问与反思加以统一是学习哲学的具有普遍意义的方法。

批判与继承也是学习哲学的两种必要方法。所谓批判，就是将批评与判别加以结合的思考和学习方法。在批判的立场下，对于那些科学的、正确的观点和思想，应当予以吸取和发扬；对于那些证伪的、错误的观点和思想，应当予以舍弃。批判不仅是一种具体的哲学学习方法，而且是哲学的内在本质属性。黑格尔就曾说过："康德的哲学就是批判的哲学。"所谓继承，从哲学的角度讲，就是在批判前提下的扬弃。因此，在批判与继承的关系上，可谓是没有批判就没有继承，没有继承也就没有批判，它们是两种相互关联的哲学学习方法。

历史方法与逻辑方法也是学习哲学的重要方法。所谓历史方法就是从历史发展的角度认识和学习哲学的方法。哲学思想是随着社会的发展而不断演进的，有一定的规律性。历史学习方法就是要从历史的角度把握哲学的发展规律和历史联系。逻辑方法不仅是哲学方法论的基础，也是研究哲学的发展逻辑的规律性认识。历史方法与逻辑方法是相互联系的，历史是有逻辑内涵的而非内容空洞的历史；逻辑是以历史为载体的而非自我孤立的逻辑。

无论是追问与反思的方法，还是批判与继承的方法，抑或历史与逻辑的方法，都是建立在对哲学本身的规律性认识的基础上的。读者在运用这些方法学习哲学时，一定要发挥自己的主观思维能力，锻炼自己的哲学思维能力，以不断促进自己的哲学学习。

2. 哲学的研究方法

以上提到的追问与反思方法、批判与继承方法、历史与逻辑方法等不仅是学习哲学的基本方法，还是进行哲学研究时应当遵守的基本思考和思想原则。此外，哲学研究还有专科研究法、专题研究法、实证研究法、比较研究法等具体方法。

专科研究法就是对哲学的具体分支学科，包括其下属的二级学科或者三级学科，进行独立研究的方法。现当代哲学的发展已经进入到专科研究的发展阶段，现当代已经不存在一级学科角度的哲学家了。他们不可能通晓哲学的所有二级学科，只能是对哲学的某个二级学科有着精深研究的哲学家。

专题研究法就是将哲学问题划分为一个一个的基本论题，以对之进行分别研究的一种方法。专题研究法不同于专科研究法，但它们有着一定的联系，专题研究可以说是专科内的分科。如根据哲学的内在标准，可以将哲学划分为本体论、认识论、方法论、价值观、伦理观、人生观等专题，对这些专题的分别研究就是哲学的专题研究。哲学的专题研究有着很强的灵活性和针对性，例如根据涵盖范围的宽广，专题研究可以分为大专题研究和小专题研究；根据针对对象不同，可以分为对哲学的本体论的研究和对哲学的认识论的研究；等等。

所谓实证研究法，也称为哲学的文献分析方法，它是以对著名哲学家的哲学思想的研究为主要内容的一种哲学研究方法。哲学是特定历史时期的时代精神的体现，而哲学家尤其是主要哲学家的哲学著作则是这个时代精神的结晶。因此，哲学家们尤其是对哲学发展有着重要贡献的哲学家们的哲学著作就成为后世研究哲学问题的重要资源和理论源泉。运用实证方法研究哲学问题是古希腊时期之后的哲学家们进行哲学研究的通用方法。例如，马克思和恩格斯就是黑格尔哲学与费尔巴哈哲学的专家，马克思主义哲学的创立也是建立在其对黑格尔和费尔巴哈哲学的研究成果之上的。

比较研究方法就是对具有可比性的某些哲学对象和哲学内容进行互为参照的对比分析，从而得出关于哲学的某些规律性认识的一种方法。比较研究方法是哲学研究中一种常用的具体研究方法，它可以揭露某些哲学论题的基本属性和基本特征。根据不同的标准，比较研究可以分为多种类别。根据比较范围的大小，比较研究可以分为宏观比较研究方法和微观比较分析方法，像中国哲学与西方哲学的比较即属宏观比较，黑格尔哲学与康德哲学的比较即属微观比较；根据比较方向的不同，可以分为纵向比较研究方法和横向比较研究方法，纵向比较是揭示某些具有渊源关系的哲学思想之间的继承与发展关系的常用研究方法，横向比较通常是指对同一历史时期的两种哲学思想的比较研究。

哲学是一门极其复杂和庞大的学科，无论哪一种研究方法都无法单独担负起哲学研究的重任。因此，在实际的哲学研究当中，往往要将这些方法加以结合利用。

个人阅读计划

入门阶段阅读

1. ［中］邬昆如 主编《哲学概论》

本书由多位哲学教授共同撰写，作者们站在客观主义的立场，试图给哲学初学者提供正确和清晰的哲学概念，多元化的思维以及简洁的阐述是本书的鲜明特色。通过阅读本书，读者一定能够真正进入哲学的世界，领略哲学的神秘魅力。本书对社会、人生问题的思考与探讨，对读者更深入地理解生活及社会现象中的哲学问题，进而培养自己理性思考的习惯，多有助益。本书是一本异于传统哲学教科书的上乘之作，适合作为普通初学者的入门读物。本书由中国人民大学出版社出版。

2. ［美］威尔·杜兰特 著《哲学简史》

正所谓，史论结合乃是学习的最好方法，因此这本《哲学简史》一定会对你的哲学学习有所帮助。本书全面论述了西方哲学的发展历史，从古希腊一直到当代的哲学发展状况都在探讨之列。本书并不是一本"编年体"的哲学史著作，而是采取了"纪传体"的写法。作者对苏格拉底、柏拉图、亚里士多德、弗兰西斯·培根、斯宾诺莎、伏尔泰、康德、叔本华、赫伯特·斯宾塞、尼采等众多哲学大师们的哲学思想进行了全面介绍。相信读了本书，读者一定能够对西方哲学发展史以及众多大师级哲学家们的个人情况以及哲学思想都有所把握。本书由中国友谊出版公司出版。

3. ［英］内尔·腾布尔 著《哲学》

相信每一个喜好哲学、喜欢思考的读者都曾思考过这些问题，如人类从何处来、人类究竟会走向何方等等。也许有的人经过了自己的思考给出了自己的答案，但是大多数人心中对此仍是充满困惑。本书就是旨在帮助读者解除这些困惑。本书通过对哲学发展史上不同流派的哲学的阐释，向人们展示了哲学大师们对人类生活意义的思考，从而使读者能够尽情领略并各取所需。诸如亚里士多德的《尼各马可伦理学》、阿奎那的《神学大全》、休谟的《人性论》、尼采的《查拉图斯特拉如是说》等都在本书的介绍之列。本书由三联书店出版。

4. ［美］贝斯特、凯尔纳 著《后现代理论：批判性的质疑》

本书所体现的最大特点就是态度严谨和信息量大。在本书中，从头至尾无不渗透着作者的分析批判态度。后现代主义是 20 世纪末以来的最具影响性的世界性哲学和文化思潮。对于后现代主义，有的人是盲目崇拜，认为后现代主义是引领人类发展的未来圣经；有的人则认为后现代主义是一种对人类发展没有任何意义的短暂文化现象，因而对之嗤之以鼻。

而本书则是运用一种批判的方法，试图理性地分析后现代主义，并得出客观的结论。无疑，这是一种极具挑战性和思想性的做法。这对于读者而言，更是客观地了解后现代主义的一次机会。本书由张志斌译，中央编译出版社出版。

提高阶段阅读

5.［美］杜威 著《哲学的改造》

杜威是美国实用主义哲学的创始人。在《哲学的改造》一书中，杜威试图从科学方法论的历史、自然科学的发展、科学真理与人生价值之间的矛盾等方面，实现其哲学改造的构想。所谓哲学改造，就是杜威渴望把哲学同美国工业化进程中的生活与经济加以紧密结合，实现哲学向实用主义的转化。杜威认为，哲学应当成为与自然科学及其方法论相一致的经验自然主义和工具主义，社会历史观应当成为人们应付各种特定社会历史环境的行为方法。本书被称为是影响了世界历史进程的书之一。本书由张颖译，陕西人民出版社出版。

6.［德］海德格尔 著《海德格尔存在哲学》

海德格尔是存在主义大师，其存在哲学曾令无数的人们深深为之折服，并深深向往存在主义意义上的信仰与再生。本书共分为五大部分，海德格尔分别论述了"存在与时间"、"路标"、"面向思的事情"、"人，诗意地栖居"、"林中路"等内容。作者向读者展示了其存在哲学的思想内核，论述了存在的意义，告诉人们什么是自由与真理，并展现了自己所构想的世界图景。相信阅读了本书之后，读者一定会陶醉在海德格尔的存在主义大厦中。本书由孙周兴等人合译，九州出版社出版。

7.［德］叔本华 著《悲喜人生》

本书是德国著名哲学家叔本华的唯意志哲学的代表作。叔本华的哲学强调了意志的重要性，他称："世界是我的意志和表象"。他对人类思想的伟大贡献在于，在一切伟大人物都被无情践踏的时代，他重新倡导使人崇高的英雄崇拜。悲观主义是我们对叔本华的最多评价，确实，悲观主义贯穿了他的整个思想。在本书中，叔本华发表了其对人生、社会、文学、艺术、宗教、教育等诸多问题的广泛思考，其中既有难以让人接受的惊世之谈，也有令人耳目一新的诛心之论。本书由范进等合译，陕西师范大学出版社出版。

8．[德] 尼采 著《尼采生存哲学》

每一位中国读者对于尼采这位德国著名的哲学家都不会感到陌生。尼采的思想对世人可谓产生了重大的影响。本书是尼采生存哲学的主要思想和理论。本书共包括七个部分，分别是"瞧，这个人"、"快乐的智慧"、"偶像的黄昏"、"道德的谱系"、"善恶的彼岸"、"人性的，太人性的"以及"查拉图斯特拉如是说"。通过阅读本书，相信读者一定能够深有所悟。本书由杨恒达等人合译，九州出版社出版。

9．[德] 黑格尔 著《精神哲学》

精神哲学是黑格尔哲学思想中最高和最难的部分。本书共包括主观精神、客观精神和绝对精神三大篇内容，分别阐述了：(1) 人的精神从与动物意识般的自然精神发展成为自由精神的历程；(2) 人的自由意志在人与人组成的社会关系的世界历史发展进程中的实现过程；(3) 人的精神如何在世界历史中通过艺术、宗教、哲学达到绝对自由境界。欲把握黑格尔哲学体系的内在联系、哲学实质，本书是座绕不过的大山。本书由著名学者杨祖陶译，人民出版社出版。

政治学

②

政治学的知识结构

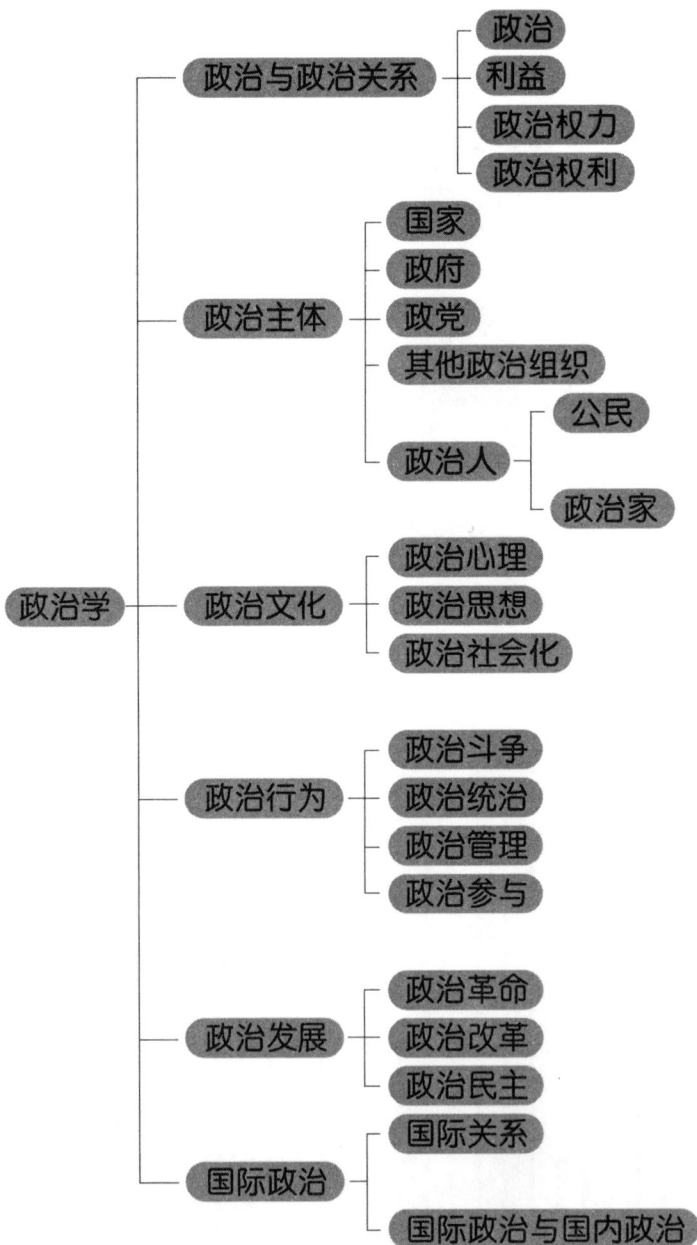

政治学

- 政治与政治关系
  - 政治
  - 利益
  - 政治权力
  - 政治权利
- 政治主体
  - 国家
  - 政府
  - 政党
  - 其他政治组织
  - 政治人
    - 公民
    - 政治家
- 政治文化
  - 政治心理
  - 政治思想
  - 政治社会化
- 政治行为
  - 政治斗争
  - 政治统治
  - 政治管理
  - 政治参与
- 政治发展
  - 政治革命
  - 政治改革
  - 政治民主
- 国际政治
  - 国际关系
  - 国际政治与国内政治

政治学学科分支

政治学　政治哲学
　　　　政治学史：政治思想史、政治制度史
　　　　实用政治学：国家行政学、地缘政治学、政治文化学、政
　　　　　　　　　　治地理学、政治人类学、政治社会学、政治
　　　　　　　　　　心理学、国际政治学

什么是政治学

　　顾名思义，政治学就是以政治现象及其发展规律为研究对象的一门科学。现代意义的政治是指建立在一定经济基础之上的上层建筑，代表了围绕着权力而产生的一切人类活动。政治学的研究主题就是在一定经济基础之上的国家公权力的活动现象及其发展规律。政治现象一般表现为政治关系，诸如政治行为、政治体系、政治制度、政治文化等，都在其外延之内。具体而言，政治学就是研究国家政权、权力分配、国家公共事务以及政府组织的学问。

　　一切的政治行为都围绕着权力而产生，因此，权力的形成与分配等权力现象也就成了政治学的重要研究内容。所谓权力的分配，是指掌握公权力的国家主体根据自己的阶级意识形态和价值观念对社会资源做出的强制性分配。通过权力的分配，各阶级之间、团体之间或者个人之间就会达成以利益为基础的相互关系。

　　从一定程度上说，政治学就是国家学。政治本身就是一种国家活动，国家政权问题是政治活动的核心。因此，在众多的政治现象中，国家政权始终占据主导地位，始终是政治学研究领域的核心问题。正如著名的政治学家珈纳所说："国家作为一种特有的现象，是政治学研究的主题。因此，政治学是研究国家现象的一门学问。"

　　政府及其公共政策也是政治学的重要研究对象。政治学从理论上对政府机构的设置、运作以及公共政治生活做出系统、全面的解释和分析。政

府的公共政策是现代政治学研究中确定政府合法性以及政府和社会良性互动的重要依据。政治学对政治运作过程的研究很大程度上就是对政府行为以及政府公共政策的制定的研究。

随着经济全球化趋势越来越明显，国际政治在政治学研究中的地位也越来越重要。政治学对世界政治的研究，目的在于对世界各种政治主体的政治行为、相互之间的政治关系以及发展规律做出学理上的解释和揭示。诸如世界政治的历史特征、世界政治主体、世界政治格局、国际政治与国内政治之间的关系等都是现代政治学的重要研究内容。

政治学是一门独立的学科，与法学、社会学、经济学等虽有联系但实质不同。政治学与相关学科虽然交叉形成了一些分支学科，但由于它们在研究对象上有着根本的不同，所以应当建立起政治学独立的学科内涵，从而真正了解什么是政治学。

政治学发展史

政治学作为一门独立学科，经历了很长的发展历史，最早可以追溯到古希腊时期。

古希腊、罗马时期是政治学的最初形成和发展时期。在这一时期，城邦政治是政治学研究的核心内容。政治学也因此被称为城邦学。该时期的政治学主要以城邦的政治组织形式、权力分配方式和原则、城邦治理的目标等为研究对象。柏拉图、亚里士多德和西塞罗是这一时期政治学研究的代表人物。柏拉图提出的正义、政体形式、政治伦理等政治命题至今对现代政治学的研究还具有深远的影响。亚里士多德和西塞罗等人的政治思想也深深影响了西方社会乃至整个世界的历史进程。该时期的政治理论研究虽然处于开创阶段，但其理论却具有跨越历史的适用性。它们不仅奠定了政治学理论的基础，而且至今仍常用常新。

公元 5 ~ 15 世纪，即中世纪时期，由于基督教神学思想在整个西方社会占据绝对统治地位，使得这一时期的政治学研究也被笼罩在浓厚的宗教神秘色彩之下。上帝、宗教、神权成了这一时期政治理论研究的逻辑起点和最终归宿，神学的绝对权威主导着上帝之城和人间之城，成为评判一切的绝对标准。奥古斯丁和阿奎那是该时期政治理论研究的主要代表人物。上帝之城和人间之城的划分是奥古斯丁政治理论的典型代表；阿奎那则试图在其研究中将基督教的神学教义与古希腊哲学结合起来。

　　欧洲文艺复兴到 18 世纪末期是政治学发展史上的近代时期，也是西方近代政治学的形成时期。这一时期是政治学发展的重要转折时期。政治学研究摆脱了宗教神学和传统封建伦理道德的束缚，理性与经验成为政治学研究的新思维。被称为"新时代的第一位政治思想家"的马基亚维利是这一时期的典型代表。他立足于现实政治斗争，从人性本身出发，考察了世俗社会的政治权力关系模式，抛弃了传统的道德和伦理经验。17、18 世纪是近代西方政治学的繁荣时期，诸如布丹、格劳秀斯、霍布斯、洛克、伏尔泰、孟德斯鸠、卢梭、麦迪逊、杰弗逊、潘恩、汉密尔顿等人都是这一时期的典型代表。他们的政治理论和制度设想奠定了资本主义国家形成和发展的基础。

　　19 世纪至今是西方政治学发展的现代时期。这一时期的政治理论研究既是对先前研究的继承，也是对原有政治学理论的创新。该时期的政治学研究者们抛弃了 17、18 世纪政治学研究中以人性的假设为前提的研究路径，开始关注政治制度和政治行为背后的事实依据。他们从理论研究的目光转向对以往政治经验的归纳研究。米尔、托克维尔、帕累托、韦伯等人就是其中比较具有代表性的人物。

　　20 世纪，政治学在美国逐渐被专业化。独立的政治学学科体系得以建立，科学主义的研究方法在政治学研究中得到了广泛的应用。

政治学基本理论

政治与政治关系

1. 权力集中与转移理论

　　该理论是民主国家权力转移的经典法则，即从议会统治向官僚机构统治的转移。在社会的稳定时期，社会成员的整体价值认同也会趋于一致。在这种情况下，官僚机构就会扩张其权力。如果社会存在多种价值冲突，而一种新的价值观念为大多数议会代表所接受，那么议会就会扩张其权力。

议会在完成权力扩张之后，会想尽办法控制政府官僚机构。一旦得偿所愿，议会就可以按照自己的标准重组官僚机构，并影响社会成员认识和接受这种标准，进而确立新的社会价值观念。这个过程就是国家权力从议会向官僚机构的转移过程。

2. 政治计量主义

政治计量主义是运用数学分析方法来分析和定量研究复杂社会政治现象和政治行为的一种政治学理论。在研究政治现象与政治行为的过程中，政治计量主义一般通过运用数学语言设立变量、常数，并建立模型，来揭示特定社会的政治系统、政治制度、政治现象内部及其彼此之间的逻辑关系。政治计量主义所使用的概念均是可以用数学方法验证的概念，因此，其理论是十分缜密和准确的。政治计量主义的分析形式主要包括数理分析和计量分析，它的分析内容一般包括因果模式和合理模式。

应当指出的是，由于人类政治活动的多样性与复杂性，纯粹利用数理分析与计量分析的方法实际上无法实现对政治现象和政治行为的全面研究。因此，政治学家在运用定量分析时，一般也会综合运用定性分析方法。

3. 新制度政治理论

新制度政治理论是在对传统制度政治的反思以及对行为主义政治的批判的基础上发展起来的，并受到了制度经济学的影响。新制度政治主义将人们的研究视角从政治行为又重新拉回到了政治制度。新制度政治主义的主要特点在于学者对制度进行了全方位、多视角的研究，其范围涵盖了制度的含义、制度的构成、制度的起源、制度的变迁、政治行为与政治制度、政治文化与政治制度等。此外，新制度政治主义还将新制度政治理论应用到公共管理、政治治理、公共政策分析、比较政治学、国际政治等领域的理论研究与实务中。

新制度政治理论虽然对政治行为主义展开了批判，却吸收了行为主义的动态化、过程化、定量化的研究方法，还十分关注政治制度在生活中的影响。因此，新制度政治理论并非将研究视角仅仅局限于政治制度，这也是新制度政治理论与传统制度政治理论相比，它的"新"之所在。

4. 政治系统论

政治系统论又称体系主义理论，是在对政治学历史主义的集中批判的基础上诞生的。政治系统论认为政治学历史主义忽视了建立关于政治行为和政治制度运转的系统理论的重要性。政治系统论认为，现实的政治价值创造是不能放弃的，只有把握住这一点，才能建立把理论研究、问题选择、结果解释均包容进去的价值框架。进而，政治系统论指出，政治价值具有多元性，多元化的价值相互关联、相互影响，就构成了一个完整的系统。

政治系统论认为，政治理论可以分为两个方面，即政治事实与政治价值。庞大而完整的政治理论的构建必须以正确区分上述两个方面为前提。此外，政治理论的构建必须以特定的纲领为指导。

5. 理性选择理论

运用经济分析方法来分析政治问题的公共选择理论是理性选择理论的理论源头。诸如公共选择模型、官僚经济学、集体行动理论、政治联盟理论等都是理性选择理论形成的理论基础。理性选择理论同行为主义一样，也坚持个体主义的方法论，认为应当从个体的角度来分析政治现象和政治行为。在分析中，理性选择理论首先假定了个体对利益最大化的追求，然后根据不同的情境来分析和计算个体在利益最大化原则指导下可能做出的选择与行动方案。在分析工具上，理性选择理论运用了形式逻辑学的规则、数学语言以及经济学的诸多分析模型。因此，理性选择理论所做出的政治分析具有严密性和准确性。其缺陷在于，它所提出的理论假设在现实中往往无法得到验证。

政治主体

6. 理想国

理想国理论是柏拉图在《理想国》一书中所论述的其所向往的一种国家政治形态。柏拉图认为，理想国应当是一个哲学王的国家，即应当是由少数拥有智慧的人统治的国家。哲学王作为国家的统治者，必须拥有治理整个国家的知识，必须拥有领导人民的智慧。

在讨论理想国时，柏拉图还论述了正义问题。柏拉图认为，理想国应当具备智慧、勇敢、自治、正义等四种德性。智慧是对作为统治者的哲学王的要求；勇敢是对保卫国家的卫士的要求；自治是统治者与被统治者之间所形成的和谐一致的状态；当一个国家同时具有了上述三种德性，那它就拥有了正义。

7. 国家主权理论

国家主权是一个国家的最高权力，是一种具有最高仲裁属性的绝对权力或权威。国家主权意味着对外部力量的独立性和对内部成员的最高权威性，它是至高无上的、绝对的、不可分割的、不受限制的和永久存在的。

首先，一切政治权力的正当性与合法性都来源于国家主权。无论是在君主主权观念还是人民主权观念下，其政治权力是否正当都取决于国家主权。在君主主权观念下，代表国家主权的国家法律和政策都源于君主的个人意志；在人民主权观念下，所有的政治权力都源于人民的共同意志。其次，国家主权具有永久存续和不可分割性。正是国家主权的这种特征，使现代国家都建立起了维持国家统一集权秩序的政治运作机制。国家目标的实现也有赖于国家主权的永久存续和不可分割性。

8. 共和政体

共和政体也称共和国，是指国家和政府具有公共性，并且是为公共利益而存续的政体形式。在共和政体下，国家各级政权机关的领导人应当通过公正的选举产生，而不能是继承产生或世袭产生，也不能是命定产生。因此，选举的公正与自由程度是判断一个国家的共和政体是否真实的一项基本准则。

现代共和制度是在混合均衡制的基础上演化形成的。与古典共和国不同的是，现代共和政体实现了由混合均衡政制向分权均衡政制的转化。在现代共和政体下，国家政制一般按照三权分立的原则设计，国家的立法权、行政权、司法权是相互独立、相互制约、相互监督的。因此，共和政体是一种可以实现权力的良性运转，并可以有效避免专制独裁的国家政体形式。

9. 政治沟通理论

政治沟通理论是一个新兴的政治学理论，其研究范围和方法论至今仍然没有得到确定。政治沟通理论主要是研究媒体与政治机构之间的关系。政治沟通一般是指反对性或对立性沟通，其特征是肯定自己，否定对方。

该理论认为，文化因素在政治沟通的过程中起着至关重要的作用。政治沟通理论指出，三种文化要素的交互作用构成了政治行为，这三种文化要素是主观性、共同主观趋向和强烈的客观趋向。在不同的文化背景中，这三种文化要素具有不同的内涵。不同内涵的文化对政治沟通的形式与过程有着不同的影响。这是因为从一定程度上看，文化乃是一种社会过滤机制，它对人们政治好恶感的形成有着重要影响。

10. 瓦格纳定律

该定律认为，国家活动具有向社会公共领域扩张的趋势。随着现代社会的发展，这种扩张趋势在经济和文化这两个国家公共发展领域表现得尤为明显。瓦格纳认为，国家公共开支的增长和支出水平可以用来衡量国家活动增加的程度，并且，对国家活动的数量分析还可以通过对一国的纵向历史分析、跨部门分析或者二者结合的方式予以进行。在国家活动向公共领域扩张的过程中，有出现财政障碍的可能性，但这种障碍会因为国家公共收入的增加而被消除。

11. 迪维尔热定律

该定律的提出者迪维尔热认为，多数票选举导致了两党制的形成。两党制实际上就是两大独立政党争夺政府权力并轮流坐庄的制度。诸如历史传统、社会与经济结构、宗教和地理分界线等都是影响政党制度发展的重要因素。一个国家政党的数量、政党的发展规模、政党联盟和代表都受到该国选举制度的影响。选举制度是两党之间形成一种新的平衡的重要决定因素。

12. 选举经济周期

该理论的出发点在于，为赢得本政党在选举中再次获胜的机会，政府会努力改善选民的经济状况。所谓选举经济周期，就是在选举之前，政府会努力降低失业率以拉拢选民；而选举结束之后，获胜方为抑制通货膨胀会将失业率再提高到一定的水平。在选举经济周期内，各种经济指标发生变化的转折点与选举时间具有高度的一致性。之所以会形成选举经济周期，是因为与货币政策等操作方法相比，在选举到来之前降低失业率是拉拢选民的最优策略。

13. "顺风车"效应与"落水狗"效应

选民的投票行为在很大程度上受到他们对选举结果的预期的影响。在选举过程中，选民对选举结果的预期会受到民意调查数据状况的影响，进而可能导致他们选举行为的变化。在选民的选举预期中，有他们预计会赢得选举的候选人和预计会失败的候选人。如果选民把选票投给他们预计会赢得选举的候选人，就称之为"顺风车"效应；如果投给他们预计会失败的候选人，则称之为"落水狗"效应。

政治文化

14. 政治文化理论

政治文化是指在特定民族背景下，一个民族经过长期的共同生活所形成的一种文化现象。它包括政治态度、政治信仰和政治情感。政治文化是政治关系在人们精神领域内的反映投射。如果说政治制度、政治组织、政治机构等是一个政治体系的"硬件"，那么政治文化则是该政治体系的"软件"。政治体系的良性运转需要政治硬件与政治软件的匹配与兼容。

一般而言，政治文化是在一定经验积累的基础上形成的一系列信念、符号和价值组合。它对政治行为具有一定的决定作用，是人们参与政治的主观意向的精神来源。政治文化具有延续性，政治社会化是其得以传播和沿袭的途径。基于此，一国文化有了世代相传的可能，也造就了不同国家、地区的政治差异性。

15. 政治社会化理论

政治社会化就是社会政治文化得以形成、维持和变化的动态过程和静态结果。从个人和社会的不同层面的角度考察，政治社会化具有不同的含义。从作为社会成员的个人角度看，政治社会化是个体所具有的政治理念、政治价值观念、政治体验以及政治信仰的培养和发育过程。社会成员的政治社会化过程使得个体属性具有了政治性。从整个社会的角度看，政治社会化是特定社会政治文化存续和传播的过程。它是占据政治主导地位的统治阶级将自己的政治价值观念和政治行为规范向广大社会成员灌输的过程。一般认为，专制主义的政治文化是社会成员处于被动地位的政治社会化的结果，民主主义的政治文化是社会成员积极参与的政治社会化的结果。

政治行为

16. 阶级斗争理论

阶级斗争是指一定社会中存在的各对抗阶级之间的对立和斗争。不同阶级之间的经济地位差异和物质利益对立是阶级斗争的根源所在。也就是说,经济利益的对立和冲突是阶级斗争发生的基础。在奴隶社会、封建社会和资本主义社会等阶级社会里,阶级斗争主要表现为两大对立阶级之间的斗争,包括奴隶阶级和奴隶主阶级的斗争,农民阶级和地主阶级的斗争,无产阶级和资产阶级斗争等。另外,在阶级社会里,代表旧生产关系与代表新生产关系的剥削阶级之间也会发生阶级斗争,如新兴地主阶级与奴隶主阶级的斗争,新兴资产阶级与地主阶级的斗争等。阶级斗争是在生产力和生产关系的矛盾的基础上发生和发展起来的,是阶级社会发展的直接动力,贯穿阶级社会发展的始终,在社会主义社会也将一定程度地存在。阶级斗争可以表现为多种形式,如经济斗争、政治斗争和思想斗争等。

17. 寡头统治铁律

寡头统治铁律理论是米歇尔斯提出来的。该理论认为,寡头统治铁律的正当性在于组织中领导与成员之间需要协调和沟通,成员也需要领导者的领导。其间,又掺杂着心理方面的原因。因为领导作为一个人类个体,具有追求领导和统帅地位的欲望。正是这种欲望推动了组织中寡头统治的形成和发展。因此,由于人本身具有做领导的欲望,而民主又必须通过一定的组织来实现,所以民主必然会导致寡头统治的出现。或者说,寡头统治是民主本身所具有的天然属性。

18. 梅氏定律

该定律的主要论点在于,政党的高层领导者与普通成员之间的关系比他们与该政党的中层领导者之间的关系要融洽得多;在政党的高层领导者、中层领导者和普通成员中,中层领导者往往才是真正的极端主义者;政党的高层领导者所持的观点往往处于中层领导者和普通成员观点的中间位置上。这说明政党中处于最高位置的政治精英的观点比中层领导者的观点更接近于普通成员。此外,政党成员对于某些问题的看法会随着其在政党中地位的变化而发生改变。

政治发展

19. 政治发展理论

政治发展理论的研究对象是政治体系从一种形态到另一种形态的转化和变迁现象。政治发展理论认为，政治发展具有不同的阶段和过程，一般包括三个基本阶段，即传统社会的政治形态、过渡社会的政治形态和现代社会的政治形态。

政治发展理论认为，传统社会是指政治结构比较清晰，社会政治形态处于原始状态的社会，如部落、部族和部落联盟等。至今，传统社会基本上已经消失。所谓的现代社会，是指政治结构十分复杂、政治意识形态高度发达、政治决策能力较高的社会。过渡社会就是处于传统社会与现代社会之间的过渡型社会形态。

政治发展理论认为，在上述三种社会形态的演进中，政治发展具有多种表现形式，主要表现为政治参与面的扩大、政治结构的分化、制定政策能力的提高等。政治发展方向，即政治发展的类型更替问题，也是政治发展理论的重要研究内容。

20. 政治改革理论

政治改革是对社会政治利益关系加以调整的行为，对社会阶级、相关利益集团之间关系的调整都属于政治改革的范畴。对政治权力关系和政治权利关系的调整是政治改革的集中表现。政治改革是在不触动现有政治统治的根基和意识形态的前提下进行的，其目的在于维护和巩固现有的政治统治。政治改革的主体和推动者是作为统治阶级的政治领导者，一般采取自上而下进行的行政主导型改革模式。在改革之前，改革的推动者往往会先制订一套完整的改革方案，分步骤地予以实施。政治改革是对利益蛋糕的重新划分，因此难免会受到既得利益者的百般阻挠。严重情况下，政治改革有可能会引发革命，导致政权更迭。

21. 戴维斯的 J 曲线理论

该理论是戴维斯提出的关于革命爆发条件的理论。戴维斯认为，当一个国家的经济水平经历了某段历史时期的持续繁荣，如果突然出现了经济萧条，进而导致人民生活水平的下降，就容易使人民对经济生活水平的预期和现实状况之间产生差距。当人民的预期与现实发展状况之间的矛盾发展到极限时，往往就会爆发政治革命。该理论综合了政治学、经济学和心理学的理论，其中心理学因素是该曲线的因变量。

22. 马克思的历史规律

马克思关于历史发展规律的理论认为，无论哪种社会形式，都以一定的物质生产力为基础。人在生产过程中结成了一定的社会生产关系，生产力决定生产关系，生产关系的发展水平必须与生产力的发展水平相一致。当生产关系适应生产力的发展水平时，就会促进生产力的发展，这是一种社会的良好状态。当生产关系不能适应生产力的发展水平时，就会阻碍生产力的发展，那么，社会革命就要到来了。根据马克思的历史规律理论，人类社会的演变会经历原始社会、奴隶社会、封建社会、资本主义社会和社会主义社会等形态。其中，资本主义生产关系是人类社会发展过程中的最后一个对抗形式。

国际政治

23. 均势理论

均势原则是指各主权国家在国际上的无政府关系。国际关系上的无政府关系与无政府主义的无政府状态并不相同，它主要是指，在国家主权之上并不存在更高的权力形成对国家主权的制约。各个主权国家可以通过行使权力来实现其在国际社会的利益，而没有更高的权力可以阻止它。从某种程度上说，均势理论就是国际关系中的自由放任理论。但是，国际社会的自由放任和无政府关系并不会必然导致国际秩序的混乱。因为每个主权国家推进自我利益的国际行为都会遭遇其他国家的相同或类似的行为，从而会形成一种制约性的平衡状态。

24. 沃勒斯坦的现代世界体系论

沃勒斯坦的现代世界体系是与政治帝国相对的世界经济体系，它以秩序为基本特征。现代世界体系的秩序包括中心、外围、半外围的不同分工和由此形成的稳定结构。这种分工主要是对地理分工的考虑，它们通过资源、食物等必需品的贸易行为而发生联系。自由劳动者和自耕农处于中心区域的位置；租地农民处于半外围区域；没有自由的劳动者则处于外围区域。国与国之间也因强弱的不同处于不同的位置。强国处在中央位置；弱国则处于外围区域；而半外围区域则集中了不同的国家，其重要性最为显著，是中心区域和外围区域的经济交换区域。

25. 联系政治理论

该理论是描述国际政治与国内政治关系的学说。它认为，国内政治对国际政治有着重要影响，国际政治也是国内政治的重要影响因素。随着经济全球化的发展，国际政治与国内政治的关系更加微妙，内政与外交也更加难以区分。在分析二者的方法上，该理论主张采取三种方法：(1) 以国家对外政策的制定为出发点考察国内政治对国际政治的影响；(2) 以国内对国际事务的应对政策为中心考察国际政治对国内政治的影响；(3) 以难以区分国际、国内界限的相互联系为中心考察国际、国内的相互作用机制。

政治学关键词

1. 国家

国家是政治活动的主要主体，它由领土、人口、主权和政府构成。国家的维持和运作，是建立在具有公共性和强制性双重特征的社会公共权威的基础之上的。维护和巩固统治阶级的利益是国家的终极目标。

2. 阶级

阶级是指在一定的社会生产中，由于自身的经济地位、生产资料的占有关系，以及在社会劳动组织中所起的作用等的不同造成的财富多寡以及社会地位差异的不同社会集团。

3. 自由

自由就是个体的一种可以不受任何束缚与拘束的状态，也是人类的终极理想之一。但是，绝对的自由又是不存在的，正所谓"人生而自由，但又无往不在枷锁中"。个人的自由总是受制于社会整体的自由和利益，即应当服从于一定的社会制度。但是，任何对个人自由的限制都必须是法律框架内的合理限制，都必须是出于社会整体利益与自由的需要。否则，任何对个人自由的限制都属非法。

4. 平等

平等所表示的是人和人之间的关系，也是人对人的一种态度。平等是一项基本的人权要求，也是人类所追求的终极理想之一。平等不是物质上的无差异，不是简单的平均，而是人与人之间在精神领域的相互理解与尊重。平等也是现代政治制度与法律制度建立的基础。没有平等的政治实际上与强权无异，没有平等的法律也就无所谓神圣。

5. 国家政权

国家政权就是统治阶级确立的国家政治权力，它总是体现统治阶级的阶级本质。国家政权的经济基础是市民社会的发育和发展。国家政权虽然是统治阶级意志和利益的代表，但它在形式上也是社会公共利益的代表，具有相对的自主性和独立性。

6. 民族主义

民族主义是指本民族人民对代表本民族的民族文化、历史和领土产生的认同感与归属感等意识。民族主义的最初形态是对某一种族的认同，并逐渐发展到对特定文化形态的认同。民族主义认为，由于每一种文化都是独立自主的，所以国家主权也就成了它在国家层次上的最终权力要求。

7. 民粹主义

民粹主义认为，一切政治活动和政治制度的合法性都有赖于平民化和大众化。平民大众对政治改革的成败具有决定性作用，社会的发展必须依靠所有平民大众的激进式改革来实现。现代民粹主义的复兴成为冷战结束之后国际社会比较明显并产生广泛影响的意识形态现象。

8. 市民社会

市民社会是与国家政权相对立的概念，是现代国家得以建立的经济基础。市民社会涵盖了社会生活领域中私人领域的全部范围，它包括社会成员之间的经济交往关系和社会交往关系。在西方政治学领域，学者们对市民社会的性质的理解不是统一的，主要存在自由主义、黑格尔主义和折中主义三种理解方式。

9. 国体与政体

国体即国家的性质，是对国家本质的体现，它表现了社会各阶级在国家政治、经济、文化等领域的相互关系和地位。所谓政体，就是国家的政权组织形式,是国家形式的重要组成部分。在二者的关系上,国体决定政体,政体反映国体。

10. 君主制与共和制

君主制与共和制是两种不同的政权组织形式。君主制是指由世袭的君主掌握国家最高权力的政权组织形式,主要有二元君主制和议会君主制两种形式。共和制是指通过选举的方式确定执掌国家最高权力者,并确定其任职期限的政权组织形式,主要有总统制、议会制、委员会制和半总统制等形式。

11. 左右共治

在半总统制国家,总统由民选产生,对全民负责,并拥有任免总理、主持内阁会议、颁布法律、统帅武装部队等权力;总理由总统任命后,对议会负责。在这种权力分配格局下,经常会出现属于某一党派的总统与受到多数议会党支持的总理共治的现象,这种现象就是左右共治。

12. 第三波

第三波是美国政治学家亨廷顿对发生于 20 世纪 70 年代以来的第三次政治民主化浪潮的概括。该浪潮以发生在 1974 年的葡萄牙“尉官运动”为标志,并迅速波及南欧、拉丁美洲、非洲和东南亚的许多国家,使世界上资本主义民主政体国家的数量倍增。该浪潮被称为世界范围内的民主革命。

13. 政府

政府是指具有合法性、权威性和公共性的国家基本职能的承担者。在狭义上,政府仅指掌握国家行政权力的国家机构;在广义上,政府是指包括行政机关、立法机关和司法机关在内的所有国家机关的总称。从横向上看,政府可以分为权力制衡式政府、议会集权式政府和元首集权式政府;从纵向上看,政府又包括单一制政府和联邦制政府。

14. 无政府主义

无政府主义倡导建立无政府社会,即排除一切形式的国家强制干预,社会成员享有极端的自由,市场规则是社会治理的主要规则。它反对国家统治,渴望彻底的自由状态,以最大限度地实现个人的能力和欲望。无政府主义者巴枯宁就曾提出“摧毁一切国家”的主张。

15. 守夜人

守夜人是对政府职能模式的表述，又称自由放任国家或最小政府，即国家只应在国家安全和维护社会秩序等基本职能领域发挥作用，而不应干预个人领域。政府充当守夜人的角色，只要做好以下几个方面就够了：首先，维护国家安全和社会秩序；其次，保障个体不受非法侵犯；最后，建立社会公共制度。

16. 新公共管理运动

新公共管理运动是 20 世纪 80 年代发生在一些主要资本主义国家和其他发达国家的政府改革浪潮。在改革过程中，这些国家以经济、效率和效能（3E）为改革标准，积极引进现代市场竞争机制和科学管理方法，改革政府结构中旧的官僚制度，试图实现由传统行政方式向现代行政方式的转变。

17. 政党

政党是以实现一定的政治目标为行动核心，体现一定的阶级性并代表特定阶级利益的政治组织。为了实现既定的政治目标，政党总是有自己的一套完整的争取或巩固国家政权的指导方针政策和行动纲领。除了最根本的利益之外，情感、价值观念、民族、种族等也是一个政党得以形成和发展的重要因素。

18. 内生党与外生党

内生党与外生党是从政党产生的角度对政党做出的划分。所谓内生党，就是由议会的议员在政治活动中为了达到一定的政治目的而组建的政党，它产生于体制之内；所谓外生党，就是代议机关之外欲争取国家政权并向代议机关主张政治权力的政治力量所建立的政党，它产生于体制之外。

19. 议会党团

议会党团是指由进入议会的各政党成员为统一本党党员在议会内部的活动而根据一定的规则和程序组成的团体机构。议会党团全体会议是议会党团的最高决策机构，它的最高负责人一般由党的领袖担任。有些国家的政党在议会内只有一个议会党团，有些国家的政党在议会内则有多个议会党团。

20. NGO

即非政府组织，它是指处于政府和私营企业之间的组织机构，是由民间力量发起成立的非官方自治性组织。非政府组织是不以赢利为目的的，一般是为了实现一定的公益性和社会性的目标而组建。为了实现其既定目标，采取有效行动，非政府组织也拥有自己完整的组织机构和领导机制。

21. 公民自治

公民自治是指随着现代民主制度的发展，公民的政治参与行为在广度和深度上都不断拓展，逐渐参与到政府的创制、复决、罢免等关键性政治环节。以现代互联网为代表的现代信息传播技术的发展解决了在统一的民族国家范围内实现公民自治的技术阻碍，使民众直接参与政治成为可能。

22. 参与内爆

在已经存在的国家政治格局中，由于既得利益者的存在，使得新的社会集团进入政治系统后不得不面对巨大的阻力。于是，就会出现社会上政治参与的需求不断高涨和既得利益集团对新的政治参与需求的积极压制之间的矛盾现象。当矛盾双方的对峙发展到僵持阶段，进而导致矛盾激化时，最终就会造成参与内爆现象的发生。

23. 意识形态

意识形态是一个社会政治文化的核心，在特定的政治系统内，总会存在与之相对应的意识形态。概括言之，政治意识形态就是一套代表政治认同并不断影响民众的政治价值观念、政治倾向和政治信仰的符号系统。政治意识形态向社会成员的渗透和灌输是通过政治的社会化过程完成的。

24. 公民文化

公民文化是产生于现代民主社会，以说服和沟通为基础的融合了传统与现代文化的多元化文化。公民文化是多样性和一致性的统一，其变革是渐进型的发展过程。公民文化认为，参与政治是合乎公民理性的行为，是每个公民实现其政治愿望的重要途径。所以，公民文化是一种融合了公民理性和政治积极性的文化模式。

25. 冷战思维

冷战思维有广义和狭义之分。广义的冷战思维是指冷战时期资本主义和社会主义两大阵营对峙过程中，美国、俄国两个超级大国形成的处理国际问题和解决国际争端的思维模式。狭义的冷战思维是指冷战结束之后，以美国为代表的西方大国试图推行单边主义，以遏止他国和谋求世界霸权地位的意识观念。

26. 全球治理

全球治理是指世界范围内的各国政府或其他组织通过各种机构和手段管理国际事务的活动。全球治理的实质不是以政府或机构权威为基础的，而是通过全球治理机制实现的。全球治理的主体呈多元化现象，包括国家政府、国际组织以及跨国公司等。诸如项目规划、伙伴关系、意见一致等是全球治理活动的关键环节。

27. 法西斯主义

法西斯主义是一种鼓吹种族主义、专制独裁和侵略扩张的政治理论，它出现于一战后，最先由意大利的独裁者和法西斯分子墨索里尼提出。法西斯主义否定自由、平等和民主思想，鼓吹人们应当绝对服从领袖和国家，宣扬"优等"民族有统治"劣等"民族的权力。可见，法西斯主义是一种将种族主义、专制主义以及暴力哲学相结合的政治思想。

28. 霸权主义

霸权主义是指世界上一些经济实力和军事实力比较强大的国家意图通过自己的意识形态甚至武力手段改造国际社会，以建立本国在世界范围内或一定区域内的绝对权威。由于其在不同历史时期的演变，霸权主义有霸权主义和新霸权主义之分。当今世界，美国是最为典型的新霸权主义的倡导者和推行者。美国的新霸权主义包括制度霸权、结盟霸权、意识形态霸权和信息霸权等。

学习和研究的方法

1. 政治学的学习方法

从某种程度上说，政治学对于大多数人而言是一门纯理论的学科。政治学发展历经数千年，有着很深的理论积淀。因此，学习政治学就是学习政治学理论。现代政治学理论有着比较完整的理论体系和知识框架。在学习政治学之初，可以从政治学概论入手，以从整体上把握政治学的概念性知识和理论框架。只有建立起政治学的整体理论系统意识，才能更好地学习政治学的经典理论。

也许有人会问，政治学所涉及的那些概念和理论那么抽象，到底怎样才能记住并理解呢？其实方法有很多种，比较常用的是总结性学习法。所谓总结性学习法，就是在通读全书之后，将其中需要记忆的基本概念和理论予以总结。比如，在学习政治主体时，可以将国家、政府、政党以及其他政治组织的本质、特征等知识一一做出总结。相信在包含自己思考的总结过程中，你对政治学理论的学习肯定会事半功倍。

在掌握了政治学的基本理论之后，要主动阅读比较经典的政治学学术著作，了解一些比较经典的政治学理论。只有通过阅读比较权威的政治学学术原著，才能使你的政治学知识储备和学术涵养有所提高。毕竟，很多经典的著作都有着很强的思想性，甚至影响了人类历史发展的进程。

与法学、经济学相比，政治学的理论性显得要强一些，但这并不意味着政治学与实践丝毫没有联系。虽然大多数人不能成为真正的政治操作者，但几乎所有人都受到政治的影响，只是你可能没有意识到这一影响的存在。所以，在学习政治学的过程中，一定要关注时事，尤其是那些在国内国际上产生巨大影响的政治事件。比如，美国"9.11"事件的发生，它的背后到底隐含着什么？如果你学了政治学，你就要懂得去分析它的原因、背景以及其他因素。只有做到这一点，你对政治学的学习才不是盲目的。

2. 政治学的研究方法

政治学作为一门有着悠久发展历史的学科，在发展过程中也形成和积累了多种具体的研究方法。具体说来，主要有以下几种：

（1）规范分析法

规范分析法是将政治学的价值和事实相分离的研究方法，主要侧重于对事实的研究。西方政治学研究者根据这种研究方法，将政治学分为传统政治学和现代政治学。在现代政治学研究中，很多学者都比较重视用科学的规范分析方法研究政治学。也有一些学者比较重视运用将事实与价值相结合的方法。

（2）制度研究法

该研究方法以立法、司法、行政等政治组织的正式机构为研究对象。这一研究方法对现实资料的依赖比较强，诸如宪法和法律等规范性文件、政府机关的议事日程和政府机关的消息报道等，都是制度研究法必须搜集的资料。该方法在对大量资料做出综合分析的基础上，按照特定社会的政治价值理念进行制度的设计。

（3）历史比较法

历史比较法就是突破制度界限或国与国之间的界限，进行制度与制度之间的纵向和横向比较研究。通过对同一国家不同历史时期的制度变迁或同一历史时期不同国家的不同制度进行比较研究，从而提炼出制度生成的普遍法则。

（4）实证研究法

实证研究法重视对政治数据的搜集和整理，并试图运用数学或现代计算机技术寻求明确的结论。该方法对数据的综合分析，是排除了价值因素的纯规范分析。它力图追求政治数据的最大化，以实现对政治现象的全面把握。诸如数学模型、模拟实验、直接调查、实地考察等是实证研究经常采用的方法。

（5）跨学科的综合方法

这主要是针对政治学与其他学科结合而成的分支学科和边缘学科而言的，如政治社会学、政治心理学、政治地理学等。对这些学科的研究需要综合运用相关学科的理论和研究方法。

个人阅读计划

入门阶段阅读

1．［英］海伍德 著《政治学》（第2版）

本书是英国著名政治学家海伍德为广大政治学的初学者奉献的上乘佳作。正是出于这样的写作动机，使得本书内容翔实、浅显易懂。在书中，作者对政治学的理论及发展脉络进行了系统而全面的论述。本书涵盖政治理论、民族与全球化、政治互动、政府机构、政策与绩效等内容。并且，作者还从历史的角度对针对不同政治现象的众多政治学理论进行了解析。对国际政治发展的关注更是增强了本书的可读性。

将本书作为政治学的入门读物，应该是一个不错的选择。本书由张立鹏译，中国人民大学出版社出版。

2. [美]莱斯利·里普森 著《政治学的重大问题：政治学导论》(第10版)

莱斯利·里普森，美国著名的政治学教授，在政治理论和比较政治学领域建树颇丰。本书是一部充满人文和伦理关怀的政治学著作。作者对政治学的分析是通过对以下五个问题的论述完成的：(1) 精英统治的结构与人类争取平等的努力之间的比较；(2) 国家在社会和经济中的作用；(3) 独裁政体与民主政体的对比；(4) 单一制与联邦制、中央集权体制与分权体制的对比；(5) 政治单位的演化。在书中，作者对诸如索马里、波斯尼亚和卢旺达的形势，男女平等运动的发展，白人统治在南非的终结，俄罗斯和中国的转型以及美国的问题等众多现实问题进行了分析。

理论性与现实性的结合使得本书成为一本不错的政治学入门读物。本书由华夏出版社出版。

3. [加] 威尔·金里卡 著《当代政治哲学》(上下册)

本书作者威尔·金里卡是加拿大著名的政治学家，该书是其政治学研究的代表作。本书凸显了作者鲜明的问题意识，表现出作者对政治和哲学问题思考的深入。在结构和语言上，本书论证严谨、语言犀利，对问题的看法独到而精辟。在内容上，本书涵盖了作者对在西方国家学术圈内占主导地位的政治哲学的探讨和对当代政治哲学的新发展的介绍，使得本书内容相当充实。

本书表现出作者对现实的关怀，鼓励那些具有实践意识的公民积极涉猎政治学，因此本书是他们最便捷的入门通道。本书由刘莘译，上海三联书店出版。

4. [德] 施米特 著《政治的概念》

本书是著名政治学大师施米特的专著合集，共收录其影响较为深远的六篇论著和三篇附录。这六篇论著分别论述了政治的神学、罗马天主教与政治形式、政治的概念、合法性与正当性、游击队理论、政治的神学续篇等理论。全面的内容与深刻的思想更能使我们站在巨人的肩膀上，眺望深邃的远方。

相信读了本书，你一定会对西方政治思想史有所感悟并深有所思。本书由刘小枫编，刘宗坤等译，上海人民出版社出版。

5. [德] 乌尔利希·贝克等 著《全球政治与全球治理——政治领域

的全球化》

书如其名,《全球政治与全球治理》这本书正是体现了作者们的全球立场和世界眼光。

作者们立足左中右三个立场对国际政治理论进行了深刻论述,显示了作者们站在不同立场对各种问题的不同看法,展示了他们深厚的理论积淀。并且,作者们还放眼全球,内容涉及世界范围内的贫富分化、意识形态在现代化信息传媒技术的武装下的空前强大、里根－撒切尔主义所代表的新自由主义、作为新右派的意识形态在全球的渗透等问题。阅读本书,可以使我们详细了解西方不同政治学流派的不同立场,从而从国际政治的角度对国际国内政治形势有一个比较准确的把握,本书由张世鹏等编译,中国国际广播出版社出版。

6. ［美］罗斯金等 著《政治科学》

本书是美国著名政治学家罗斯金的经典力作之一。这本书被多个国家的高等院校作为政治学教科书使用。本书的独特之处在于,它打破了传统政治学教科书按照系统框架进行理论叙述的模式,而是以科学、客观的态度对不同的意识形态和政治体系进行了分析。通过比较分析,作者表示出对美国民主体制的认可。但同时,作者还对美国现实政治的弊端展开了严厉的批判。因此,阅读本书可以使我们对全世界不同的意识形态和政治体系都有所了解,并深刻认识美国的政治体制、美国政府的决策过程。本书由林震等译,华夏出版社出版。

提高阶段阅读

7. ［意］马基雅维利 著《君王论》

马基雅维利被称为西方近代第一位政治思想家,其政治思想影响了整个西方历史的发展。从他开始,政治学与论理学实现了分离。

西方中世纪的历史阴云尚未完全退去,马基雅维利的《君王论》（也译作《君主论》）就像一道闪电划破了欧洲的上空。在书中,他满腔热血地发表了激烈的言论,从而使很多人都深受感染。本书对政治斗争技巧做出了精辟的论述,被称为"最独到、最精辟、最诚实的政治斗争'验尸'报告"。本书不仅有助于政治学的深入学习,对实践中的管理活动也大有裨益。本书由徐继业译，光明日报出版社出版。

8. [英] 洛克 著《政府论两篇》

本书堪称政治学经典中的经典，对资本主义制度在西方的建立和发展产生了深远的影响。本书包括上下两篇。在上篇中，洛克对君权神授和王位继承这些在传统社会占据统治地位的观点展开了严厉的批判；在下篇中，洛克对国家理论和法律理论展开了集中论述。洛克的这本书对英国资产阶级革命的发生有着重大的启蒙作用，大力推动了英国政治、经济的发展。深入学习政治学，本书不能不读。本书由赵伯英译，陕西人民出版社出版。

9. [法] 路易·阿尔都塞 著《哲学与政治》

路易·阿尔都塞是法国著名的激进主义政治学家。这本书是阿尔都塞的著作选集，基本上是以他本人对自己的反省与批评历程为线索，以对哲学和政治关系的思考为主题展开论述的。本书收录了《哲学课》、《意识形态和意识形态国家机器》和被称为"作者思想绝笔"的《马基雅维利和我们》等大部分篇目。本书的思想性向人们展示了拥有一流智力的阿尔都塞形象。本译文集的编排思路非常清晰，准确把握了阿尔都塞思想发展的脉络。本书还展示了一份详尽的阿尔都塞生平与著作年表。读完这本译文集，我们就会发现一个完整的阿尔都塞形象。本书由陈越编译，吉林人民出版社出版。

10. [美] 约翰·罗尔斯 著《政治自由主义》

本书作者约翰·罗尔斯是美国著名的哲学家与政治理论家，在哲学与政治学研究领域取得了举世瞩目的成就。本书对其在《正义论》中提出的公正观念进行了发展和修正，赋予它新的哲学阐释。比如，在本书中，作者对其在《正义论》中的"秩序良好社会"的概念进行了重新定义，人类社会基本的道德观念不再是社会的统一点，政治上的正义概念才是秩序良好社会的逻辑出发点。本书由万俊人译，译林出版社出版。

本书与《正义论》联系紧密，并且语言抽象，要求读者有广泛的阅读经历和一定的学术积淀。因此，本书适合作为提高阶段的阅读文本。但由于其要求较高，故非必读。本书由万俊人译，译林出版社出版。

3

管理学

管理学的知识结构

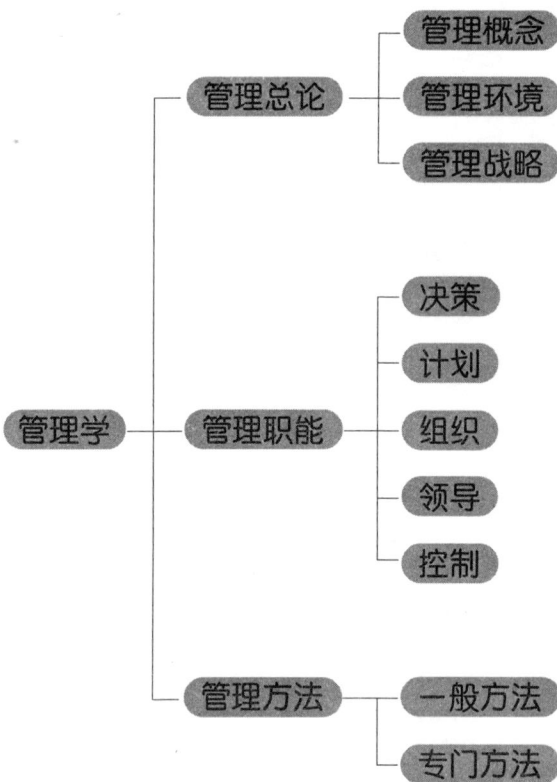

```
                    ┌─── 管理概念
         ┌─ 管理总论 ─┼─── 管理环境
         │          └─── 管理战略
         │
         │          ┌─── 决策
         │          ├─── 计划
  管理学 ─┼─ 管理职能 ─┼─── 组织
         │          ├─── 领导
         │          └─── 控制
         │
         └─ 管理方法 ─┬─── 一般方法
                    └─── 专门方法
```

管理学学科分支

管理学　理论管理学
　　　　管理思想史
　　　　专门管理学：工商管理学、会计管理学、企业管理学、财
　　　　　　　　　　务管理学、人力资源管理学、旅游管理学、经
　　　　　　　　　　济管理学、公共事业管理学、行政管理学、档
　　　　　　　　　　案管理学、教育管理学、信息管理学

什么是管理学

　　顾名思义，管理学就是以管理活动的基本规律和管理方法为研究对象的一门学科。现代管理学已经发展成为一个由管理理论、管理职能、管理业务等组成的庞大的知识体系。管理理论是极富抽象性和综合性的知识范畴，主要包括管理思想、管理分析方法、管理的比较研究等。管理职能是普通管理学关于计划、组织、领导、控制等知识的集合。管理业务则是各专门管理学的管理理论范畴。

　　管理学作为一门独立学科，有其自身的特点。

　　管理学具有综合性的特点。管理学的综合性体现在其内容上就是，管理理论和管理思想是从现实生活中的众多领域和不同类型的组织管理活动中经过高度抽象和概括而形成的。也就是说，具有普遍性的管理理论和管理思想是经过综合研究得来的。另外，管理学在研究方法上综合运用了自然科学和社会科学的多种研究方法。总之，管理活动的复杂性和影响管理活动的因素的多样性决定了管理学研究必须站在高度综合的角度。这就使得诸如政治、法律、社会以及自然等因素对管理活动的影响都成了管理学的研究内容。

　　管理学具有一般性的特点。管理学的一般性主要是指它在实践中的普遍适用性。管理学理论和思想对各层次、各领域、各组织、各专业的管理理论研究和管理实践活动都具有普遍的指导意义。管理学的一般性决定了

它与其他专门管理学科的不同。诸如行政管理学、企业管理学等都是以一定的管理活动和管理方法为研究对象的。一般管理学就是对所有专门管理学所具有的共性进行研究的基础理论学科。一般管理学的研究对各专门管理学的理论研究起到了基础性的作用。

管理学还具有实践性的特点。这主要表现在两个方面：首先，实践是管理学的理论来源。管理学得以成为一门独立学科并得到发展，有其深刻的实践渊源，它是对人们在管理实践中积累的经验和思想的总结和发展。其次，管理学理论的最终归宿还是对管理实践的指导。随着经济的发展，管理活动也日趋多元化、复杂化，这既是管理学研究的重大机遇，也是一个不小的挑战。

管理学发展史

人类管理思想是伴随着人类的出现诞生的，而管理学成为一门独立学科则是近一百多年来的事。管理学从成为一门独立学科，其发展大致经历了以下几个阶段。

20 世纪初期到 40 年代末期是科学管理理论的形成阶段，这一时期的管理理论被称为古典管理理论。古典管理理论主要针对效率问题进行研究，其立足点是管理职能、组织方式等方面。古典管理理论的产生和发展主要以泰罗、法约尔、韦伯等人的管理理论为代表。泰罗认为，谋求最高的工作效率是科学管理的根本目的。这是泰罗科学管理理论的原理与方法的基础。法约尔等人主要是以管理过程和管理组织为研究重点。

20 世纪 40 年代到 60 年代是行为科学理论的形成和发展时期。行为科学的主要研究对象是企业员工在生产过程中的各种行为产生的原因，诸如员工的需要、动机、个性、情绪、思想以及员工相互之间的关系等都属于行为科学的研究范围。行为科学的主要理论观点包括人的需要和动机理论、管理中的人性假设理论、组织和领导行为的理论等内容。由于行为科学所研究的人的行为具有多方面的表现，所以这种研究涉及社会学、心理学、人类学、生理学等多个学科。

20 世纪 60 年代中后期到 80 年代初，管理学的研究重点主要侧重于对战略管理的研究。这种研究趋势主要发生在美国，出现原因则是由于美国国内的经济危机以及世界范围内竞争的加剧带来了管理危机。战略管理理论的提出者和主要代表人物是安索夫。安索夫认为，所谓战略，就是管理者为了使企业保持持续的进步，对企业的外部生存环境与内部生产、管理条件做出分析，以此为根据做出指导企业经营和发展的根本规划。战略管理还认为，该管理具有前瞻性，但应随着企业的发展而不断做出调整。

20 世纪 80 年代到 90 年代初期，管理学研究领域出现了企业再造理论。在这一时期，由于经济形式的变化发展和竞争的加剧，世界各国的企业发展普遍遭遇了运营状况不佳和效率低下的阻碍。正是这一现实催生了管理学理论的变革。迈克尔·海默和詹姆斯·昌佩在其合著的《再造企业——管理革命的宣言书》一书中提出了企业再造理论。该理论认为，企业要突破所遭遇的发展瓶颈，就必须进行企业再造，即进行业务流程重组。

20 世纪 90 年代至今，经济全球化和知识经济的发展推动了组织管理理论的发展。经济的全球化促使了大量跨国公司的出现，知识经济的发展则使知识和信息成了企业发展的战略资源。于是，学习型组织和虚拟组织问题也就成了这一时期管理理论的研究核心。

管理学基本理论

管理总论

1. 科学管理理论

科学管理理论是由泰罗提出来的。泰罗认为，谋求最高的工作效率是科学管理的根本目的。这是泰罗科学管理理论的原理、方法的基础。最高的工作效率可以实现降低劳动成本和提高利润率的作用，对工厂主和工人的利益都有保障。工厂主可以因此获得更多利润，工人也可以因此获得更高的工资。

管理是一门科学，所以必须通过科学的管理方法而不是以往的经验管理来实现最高工作效率。将管理行为科学化和制度化，诸如制定科学的规定、条例、标准等，都是提高工作效率的重要管理手段。在科学管理理论中，泰罗着重强调管理人员和普通工人在思想和精神上必须有一个根本性的转变，即管理人员和工人必须重点关注工厂盈利的增加而不是盈利的分配。这也是泰罗科学管理理论的核心问题。

2. 一般管理理论

一般管理理论是由著名的管理学大师法约尔提出来的。该理论的一般性在于，法约尔强调管理理论不仅仅适用于大企业，还适用于行政和事业组织。法约尔认为，任何企业都存在着管理活动、商业活动、技术活动、财务活动、会计活动和安全活动六大基本活动，而任何企业的管理活动又都具有计划、组织、指挥、协调和控制五大职能。该理论还总结出管理的14条原则，即分工、职权与职责、纪律、统一指挥、统一领导、个人利益服从组织利益、个人薪酬、集中化、等级链、秩序、公正、人员稳定、创新精神和团结精神。法约尔强调以上14条原则在实际管理活动中不是绝对的，而应当结合具体情况灵活运用。

3. 理想行政组织体系

行政组织体系理论是由德国著名的社会学家韦伯提出来的，区分组织管理活动中职务与个人之间的区别是该理论的核心。它认为管理主要是通过职务而不是个人完成的。所谓理想行政组织体系，并不是指最完美的组织形式，而是指现代社会最有效、最科学、最合理的组织形式，诸如分工明确、等级体系严密、人员任用严格、管理人员职业化、遵守规则和纪律、组织关系良好等，都是理想行政组织体系应当具备的特点。韦伯认为，理想行政组织体系的严密结构和非人格化特征使它成为最有效的组织形式和进行强制控制的合理手段，并且可以广泛适用于企业、政府、军队、教会和其他各种性质的团体。

4. 战略管理理论

战略管理是20世纪80年代兴起的一种新的管理思想和管理模式。战略管理一般有广义和狭义之分，所谓广义的战略管理，是指将战略计划运用到对整个企业的管理上的管理；所谓狭义的战略管理，仅仅是指对企业战略的形成、实施和控制进行的管理。这里的战略管理理论是从狭义上讲的，它包括战略制订、战略实施和战略控制三个方面的内容。

战略制订是指企业的管理者对企业生存和发展的外部环境和内部因素

加以综合考虑，以制订出对企业具有根本指导意义的总体规划和蓝图。战略实施是指将已经制订好的战略方案按照一定步骤运用到企业发展的管理上去。战略控制是在战略实施中对战略方案的动态调整，它的依据在于企业外部环境和内部情况的变化。

管理职能

5. 有限理性决策理论

有限理性决策理论是由西蒙提出来的。西蒙认为，在关于人类行为的理性方面存在着两个极端。一个极端是由弗洛伊德开始的，认为人类所有的认知活动都是情感支配的结果。另一个极端是经济学家的"经济人"假设，认为人类拥有无所不知的理性。西蒙对这两种极端展开了批评，认为人类行为是理性的，但这种理性不是绝对理性，而是有限理性。

西蒙认为，人类的理性之所以是有限的，是因为它受到了诸多限制。首先，知识的不完备性是限制人类理性的首要因素。每个人对环境的认识都是片面性的和局部性的，因此所谓的规律性认识只能是粗浅的洞察。其次，渴望预期与真实体验之间总是存在着一定的差距。这是因为，人类大脑对事物的掌握是有限的，价值要素总是随着结果偏好的转移而转移。最后，人类行为的可行性范围总是受到诸多限制。在众多备选管理方案中，总会有一些方案难以进入决策者的评价范围。

6. 贡献与诱因理论

贡献与诱因理论是巴纳德的主要理论。巴纳德认为，组织存在必须具备三个基本条件，即明确的共同目标、协作的意愿以及良好的沟通。所谓明确的共同目标，就是组织的目标必须为全体成员所理解和接受，这种理解和接受必须是基于整体利益的客观理解与基于个人立场的主观理解的结合。可见，组织目标有组织整体目标与成员个人目标之分。协作的意愿就是成员必须进行自我克制，将自己的个人行为控制权交给组织，实现个人行为的非个人化。协作意愿的强度取决于贡献与诱因之间的对比，这种强度随着人与时间的变化而变化，对达成组织目标有着至关重要的作用。增加组织成员的协作意愿一般可以采取通过多种渠道增加诱因的方式完成。良好的沟通就是组织成员必须进行良好的信息交流，它是将组织的共同目标与个人的协作意愿联系起来的桥梁。

从贡献与诱因相互平衡的角度，巴纳德重点论述了组织成员在组织活动中的决策方式。巴纳德认为，准组织成员在做出是否要加入某个组织的选择时，会对自己对组织的贡献与组织对自己的满足之间（诱因）的平衡予以衡量。当贡献大体上与诱因相当时，成员就可以较好地与组织发生协作的关系，贡献也就逐渐在工作中被创造出来；当组织对成员的满足小于成员对组织的贡献时，成员就会对组织产生不满情绪，二者之间的协作关系也就存在着危机；当组织对成员的满足大大超过成员对组织的贡献时，虽然成员的主观积极性得到了激发，但组织自身的持续性发展就会遭受威胁。故而巴纳德认为，欲使组织能够持续性发展，就必须将组织行为的目标与组织成员的需要紧密结合起来，一方面要尽量满足组织成员的需要，另一方面也要积极促进组织自身的发展。

7. 学习型组织理论

学习型组织是指在由组织共同目标以及一系列不同层次的目标所构成的目标体系的引导和激励下，组织成员不断学习新知识和新技能，努力创新，以求最终实现组织的可持续发展和个人全面发展的组织。学习型组织包括个人、团队和组织三个学习层次。学习型组织是一种有机统一的、具有高度柔性的、扁平化的、符合人性的、可以持续发展的组织。学习型组织通过浓厚的学习氛围使员工的创造性思维能力和主观积极性不断得到锻炼和激发，以实现高于个人绩效总和的综合绩效。

学习型组织理论主要包括三个方面的内容：首先，学习型组织的全体成员必须具备一定的学习能力，并全身心地投入到学习活动中去。这是因为，现代企业竞争乃是组织学习力的竞争。其次，学习型组织必须让自己的员工体会到工作中所蕴含的生命真谛。也就是说，组织应当尽力满足员工各个层次的需求。最后，学习型组织必须能够通过不断的学习实现自我创造，逐渐积累、扩大自己的组织能量。与形而上学的组织相比，学习型组织强调学习向创造力的转化。

8. 领导生命周期理论

领导生命周期理论是由美国著名管理学家卡曼提出来的。该理论认为，工作行为、关系行为和被领导者的成熟度是影响领导行为的重要因素，领导行为和被领导者的成熟度是该理论的核心。

该理论强调领导者的领导行为应随着被领导者的成熟度的变化而做出调整。当被领导者处于不成熟阶段时，应采取命令式的领导行为，即加强工作行为、降低关系行为；当被领导者处于相对成熟阶段时，应采取说服式的领导行为，即工作行为和关系行为基本持平；当被领导者处于比较成熟阶段时，应采取参与式的领导行为，即加强关系行为、降低工作行为；当被领导者处于完全成熟阶段时，应采取授权式的领导行为，即工作行为和关系行为均降低。领导者的领导行为随着被领导者的成熟程度不断做出调整的过程，就形成了领导生命周期的循环。

9. 权变理论

权变理论是由美国管理学家菲德勒提出来的，包括领导环境和权变理论两个部分的内容。

领导环境包括领导与员工的关系、任务结构和领导职权三个要素。领导与员工之间的关系是指员工对领导者的评价态度，该态度有好坏之分；任务结构是指工作步骤的周密程度和任务的明确程度，据此，任务的结构性也有高低之分；领导职权是领导者的权力大小。根据以上三个因素，菲德勒把领导环境分为好（领导与员工关系）—高（任务结构）—强（领导职权）、好—高—弱、好—低—强、好—低—弱、差—高—强、差—高—弱、差—低—强、差—低—弱八种。

权变理论认为，在领导环境非常有利和非常不利时，任务导向型领导者的工作效率更高；在其他形式的领导环境中，人际关系导向型领导者的工作效率更高。在领导环境非常有利时，领导者只需负起责任，通过下达命令就能完成好工作；在领导环境较为不利时，领导者就要具有较高的权威，将任务结构明确化，处理好与员工之间的关系。

10. 领导连续统一体理论

领导连续统一体理论是关于领导行为的理论，它认为民主与独裁仅是领导行为的两种比较极端的情况，二者之间还存在着其他多种领导行为。

领导连续统一体理论认为，形成独裁的领导行为和民主的领导行为两个极端是有着多方面的原因的。首先，不同的领导者对权力的来源和人性的本质存在着不同理解。信奉独裁的领导者认为，职位是权力的来源，懒惰是人的天性使然，且个人不具有潜力。因此，他们认为领导者应当对决策行为亲力亲为。崇尚民主的领导者则认为，群体的授权和承认是权力的来源，激励可以使人做出自觉行为并积极发挥主观创造性。因此，决策可以在民主的基础上公开讨论、集体决策。其次，独裁型领导对工作比较重视，习惯于运用权力来支配下属，为下属预留的自由度很小。民主型领导则对群体关系比较重视，为下属预留的自由度较大。

因此，从民主与独裁两种极端领导行为的形成原因来看，随着领导者权力运用的逐渐减少以及下属自由度的逐渐加大，领导重心也从工作转变为群体关系。在这个转变过程中，与领导者授予下属权力的不同程度以及不同的决策方式相适应，一系列可供选择的、呈连续统一体状的领导方式也形成了。在领导行为的连续统一体中，这些领导方式没有正误之分，领导者应当根据具体情况进行选择使用。

11. X 理论与 Y 理论

该理论是由道格拉斯·麦格雷戈提出的关于人性的两种截然不同的观点。X 理论基本上是消极的，Y 理论则基本上是积极的。通过对处理员工关系的管理活动的观察，麦格雷戈发现，管理者头脑中的人性观点总是以一定的假设为基础，这些假设又是管理者塑造他们自己对下属的行为方式的前提。

X 理论的基础包括四种假设：(1) 员工具有天生厌恶工作的秉性，他们总是抓住任何机会来逃避工作；(2) 基于第一种假设，为了实现组织目标，就必须对员工采取强制措施或惩罚办法；(3) 员工还具有逃避责任与安于现状的天性；(4) 大多数员工缺乏雄心壮志，喜欢安逸的工作环境与生活。可见，X 理论是一种消极的人性观点。

与消极的人性观点相对比，麦格雷戈还提出了关于积极的人性观点的Y 理论，其主要假设包括以下四点：(1) 员工以一种轻松的观点看待工作，认为工作如同休息和娱乐一般；(2) 员工为了完成自己曾经做出过承诺的工作任务，总会想方设法地进行自我指导和自我控制；(3) 承担责任是每个人都具有的勇气，有些人还会主动要求承担责任；(4) 做出正确的决策是绝大多数人都具备的能力，管理者并不是天生的。

12. 双因素理论

双因素理论即"激励-保健因素理论",是美国心理学家赫兹伯格提出来的。赫兹伯格经过研究发现,员工感到不满的因素一般都与工作环境有关,而感到满意的因素则一般都与工作本身有关。据此,赫兹伯格提出了双因素理论。

双因素理论认为,满意与不满意的对立面分别是没有满意和没有不满意。因此,影响员工工作积极性的因素可分为保健因素和激励因素两类。这两种因素是彼此独立的,它们对员工工作行为的影响是通过不同的方式实施的。保健因素就是指那些使员工感到不满的因素,因此,对保健因素的改善可以消除员工的不满,但是却难以使员工感到满意并激发其工作积极性。也就是说,保健因素只是一种带有预防性的"维持因素"。比如,企业的政策、行政管理、工资发放、劳动保护、工作监督、人事关系处理等都属于保健因素的范畴。激励因素就是指那些使员工感到满意的因素。只有通过对激励因素进行改善,才能使员工感到满意,进而提高员工的工作积极性,从而提高企业生产效率。比如,表现机会、工作乐趣、工作成就感、对未来发展的期望、职务上的责任感等都属于激励因素。

赫兹伯格认为,满意和不满意是截然分开的,它们并不在单一的连续体中共同存在。因此,员工可以同时感到满意和不满意。

管理学关键词

1. 职业经理人

职业经理人就是在企业中专门从事高层管理的精英人才。良好的职业境界、道德修养和专业管理能力是职业经理人应当具备的职责定位。职业经理人必须善于整合,必须能够合理利用企业的资源,使企业以最小的投入获取最大的利润。职业经理人必须是一个优秀的宣传家。宣传是沟通的重要方法,包括企业内部宣传和外部宣传。除此之外,职业经理人还必须具有良好的职业道德、宽广的胸襟等特点。

2.SWOT 分析法

SWOT分析法是形成企业战略的分析方法,分析对象是企业发展的外部环境和内部条件。S（STRENGTHS）表示企业自身的发展优势；W（WEAKBESSES）表示企业自身存在的劣势；O（OPPORTUNITIES）表示外部环境对于企业发展形成的机会；T（THREATS）表示外部环境对于企业发展形成的威胁。

3. 波特模型

波特模型是战略管理中普遍应用的分析模型，主要说明了五种行业力量对一个行业的影响。这五种行业力量是指对手的竞争力量、潜在加入者的威胁、替代品的威胁、买方的砍价能力和卖方的砍价能力。这五种行业力量共同决定了行业竞争的程度和企业的获利状况。

4. 霍桑实验

1924～1932年，为了进一步研究有关工作条件、社会因素等与生产效率之间的关系，美国国家研究委员会和美国西方电气公司合作，在西方电气公司的霍桑工厂进行了著名的霍桑试验。该试验共分为四个阶段，即工厂照明试验阶段、继电器装配试验阶段、谈话研究阶段、观察试验阶段。在实验过程中，研究者发现了以下现象："合理的日工作量"在工人中存在；"树大招风"；工人中存在一些非正式团体。进而，研究人员得出了以下结论：人是社会人；正式组织与非正式组织在企业中同时存在；提高职工的满足度是新的领导能力之所在。

5. 决策

管理决策，是指在可供选择的两个或两个以上的管理方案中选出最令人满意的一个方案。管理决策与个人决定不同，它是多个人共同劳动的结果。一般来说，管理决策是由组织的领导者做出的，并且一经做出，必须予以严格执行。由于其构成要素的不同，管理决策的基本结构可以分为管理决策系统结构、管理决策动态结构和管理决策模型结构。

6. 决策支持系统

决策支持系统就是指能够为决策者解决非结构化或半结构化决策问题提供帮助的交互式信息处理系统。决策支持系统对决策的支持是以电子计算机提供的数据或模型来完成的。它可以通过人机对话创造一个良好的决策环境，帮助决策者充分利用信息资源和分析工具，以实现对问题的分析与解决。

7. 计划

管理计划有广义和狭义之分。所谓广义的管理计划，是指包括制订计划、实施计划和检查计划在内的紧密联系的整体。狭义的管理计划仅仅是指依据客观实际情况和主观执行的可能性制订将来要实现的目标和实现该目标的方法。制订计划前必须先进行科学的研究和预测，以对计划对象的客观规律有所把握；其次，要对企业的外部发展环境进行客观的考察和评价；最后，要制订出适应企业内外部特点和要求的发展目标和实现方法。实施计划就是对已经制订好的计划按照既定的步骤和方法予以执行。对计划的实施要求组织必须科学，安排必须合理。检查计划就是在实施计划的过程中对计划的执行情况予以跟踪检查，以根据现实情况的变化适时调整计划。

8. 改变航道

改变航道原理是对管理计划工作的动态灵活处理。对计划工作的安排越是详细和周密，管理者对计划执行情况的现状和预期前景的检查频率就应越高。这样做的目的是通过对计划的定期检查和外界环境的变化及时对原定计划做出动态调整。改变航道原理使计划在执行过程中具有了较强的应变能力。

9. 组织

组织就是按照一定的目标和方式，由多个成员组合而成的一种权力结构。组织的形成源于人们进行社会生活、实现个人和社会整体目标的需要。组织一般由职权分配、管理责任和权力层次等部分构成。职权分配就是组织通过特定的程序赋予员工一定的职位权力；管理责任是指有管理必有相应责任，是权责统一的体现；权力层次反映的是上下级之间的权属关系，即上级可以领导下级，下级必须服从上级。

10. 领导

领导是组织赋予个人的职位与权力，使其能够带领下属完成组织的目标。领导工作是对个体行为与群体行为进行的方向性引导，因此，领导者相当于"领头羊"的角色。领导工作一般包括以下几个方面：引导下属明确工作方向，激发下属的工作热情，与下属经常沟通等。

11. 领导艺术

领导艺术是指领导者在管理活动中所体现的高超的、具有自身特色的领导才能和技巧。领导艺术的形成是建立在领导者自身具备的知识、经验和气质的基础之上的，它对领导者的个人素质具有较高的要求。领导艺术包括授权艺术、决策艺术、人际沟通艺术、表扬和批评艺术等内容。

12. 控制

控制与计划密不可分，它是指在计划执行过程中，对各项管理活动予以严格的监督，以保证计划的顺利实施，并根据外部环境和企业内部特点的变化适时对计划加以科学调整。管理控制是对计划执行情况的动态跟踪过程，其目的在于保障组织的管理活动在计划范围内得以顺利进行。管理控制包括人员控制、财务控制、作业控制、信息控制和绩效控制五个方面的内容。

13. 现场控制

现场控制是指在某项管理计划的执行过程中，管理者的现场指导和监督行为。现场控制的实施可以保证管理计划按照既定步骤进行，以保障管理活动的程序规范。现场控制有利于问题的及时发现和解决。

14. 管理信息系统

管理信息系统是一种有效的管理控制手段，是指以管理者为主导，通过对现代计算机技术、网络通信技术，以及其他科学技术的运用，将收集得来的信息进行必要的整理、加工和储存，并不断地加以维护和更新，从而给组织的决策、控制和运作提供信息支持。

15. 绩效评价

绩效评价是指管理者根据一定的绩效评价体系对组织的总体运行效果进行的综合性评价。管理绩效评价一般是在整个管理活动进行完之后实施的。通过绩效评价，对整个管理活动以及各个管理阶段的运行效果做出客观评价，以得出规律性的结论，促进管理水平的不断提高。管理绩效评价是实现管理活动良性循环的有效措施。

16. 平衡记分卡

平衡记分卡是一种企业绩效评估方法，它认为公司应当从学习与成长、业务流程、顾客、财务四个方面考察自己的业绩状况。与传统的业绩管理方法相比，平衡记分卡不单纯是对公司过去经营成果的财务性指标的显示，学习与成长、业务流程、顾客这三方面弥补了传统方法的不足。

17. 流程再造

流程再造理论是指通过信息技术的运用和其他手段，将组织的作业流程予以整合处理，以实现组织的重要绩效衡量指标的显著改变，促使企业业绩的提高。流程再造认为，在组织为完成既定目标而实施相关活动的过程中，应做到让尽可能少的人参与。流程再造提倡的是"合工"思想，即通过运用信息技术，从重整作业流程出发，将原来因分工而遭到分割的作业流程再统一整合起来。对企业进行流程改造，可以通过以下方式进行：将若干独立的工序合并；将负责不同工序的员工以小组或团队为单位组合起来共同工作，形成新的作业流程；以同步流程取代连续式流程和平行式流程。

18. 杠杆管理

杠杆管理是一个将企业的最强大竞争对手或行业领导者作为参照物，从而使本企业的产品、服务和实践有所比较的持续流程。该理论的要点在于，通过将本企业与参照企业的比较分析，获得参照企业的运作机制的详细情况，以得出本企业与其之间的差距，从而将本公司的战略和战术做出相应的调整，进而改进本企业的作业流程，最终实现市场占有率的提高。杠杆管理包括内部杠杆管理、竞争杠杆管理、职能杠杆管理和流程杠杆管理四种类型。

19. 团队管理

与传统的垂直式功能化管理组织模式相比，团队管理是一种以团队为核心的扁平式过程化管理组织模式。团队管理就是所有员工不分部门和层次，而直接对企业总体目标负责，以相互协作产生的团体力量赢得竞争优势的组织模式。团队管理具有目标明确、界限模糊、有所分工的特征。

20. 虚拟企业

虚拟企业是指将企业的组织形式化有形为无形，企业内部没有具体的职能部门，但又不失企业的规划、生产、经营和财务等完整功能的一种经营管理模式。企业的虚拟化拓宽了企业的管理范围，将外部资源纳入了企业的配置范围之内，使企业的优势更加明显，进而形成竞争中的综合优势。

21．财务管理

财务管理是指组织企业资金活动以及处理企业其他资金关系的经济管理工作。由于会计核算的数据是财务管理的基础，而会计核算又是一项比较专业的活动，所以这就需要财务管理人员通过数据筛选和数据分析，将财务数据转化为各种管理报表和可行性报告，以方便管理决策层的查阅，最终给管理决策活动提供支持。

22．风险管理

风险管理是对企业的各种资源和活动予以科学有效的管理，以避免企业经营风险或者使风险带来的损失被控制在最低范围内。在管理内容上，风险管理包括事故发生前对损失的避免和控制及事故发生后对损失的处理。风险管理可以提高企业经营的安全系数，增强企业成员的安全感；可以缓和企业年度收益和现金流的波动。

23．变革管理

变革管理是指根据企业发展的外部环境和内部条件的变化，对企业的经营策略和管理理念与方法做出适当的调整。外部环境的变化和内部条件的改变是管理发生变革的双核驱动力。进行变革管理往往需要管理者做出前瞻性和准确性的思考。

24．项目管理

项目管理是指运用计划、组织、决策、控制等管理手段，对既定的项目实施管理活动的行为。项目管理将总体的管理目标与项目本身的目标加以结合，其管理方式也随着对象项目的调整而不断发生改变。

25．目标管理

目标管理是指将企业的任务转化成目标，通过该目标确定企业的各个部门甚至每个员工的工作任务。目标管理立足于企业的总体目标，是该总体目标的细化。实施目标管理，应当注重下级的参与，增强他们工作的积极性和主动性。目标管理追求的是企业总体目标的实现。

26．质量管理

质量管理是指在产品质量方面进行指挥、控制和协调的活动。质量管理存在于产品质量形成的全过程。在进行质量管理时，必须建立和实施质量方针与质量目标，以生产出符合市场需求的产品。质量管理包括质量保证和质量控制两个方面。质量保证贯穿整个企业以及生产的所有环节，一般被称为质量保证体系。质量控制是企业为保证产品的生产和出厂质量而实施的管理控制措施。

27.人力资源管理

人力资源管理就是运用现代科学管理方法，合理调配企业人力的管理活动。人力资源管理包括对员工的培训、组织、调配以及对员工个人的思想、心理和行为进行适当的诱导、控制和协调，目的是为了使人力、物力保持最佳比例并充分调动员工的主观积极性，使得人力价值获得充分发挥，最终促进整个企业的进步。简单而言，人力资源管理就是使人尽其才、事得其人、人事相宜的企业人事管理活动。

学习和研究的方法

1.管理学的学习方法

管理学是一门理论性和实践性都很强的学科，所以，学习管理学也要注重理论与实践的结合。当然，了解一门学科，还得先从理论入手。管理学的一些基本概念是必须掌握的，诸如决策、计划、组织、领导等，否则就建立不起来管理学理论的整体框架意识。可以通过阅读管理学原理之类的书籍来完成基本理论的掌握。

也许有人会问，管理学有那么多的理论和概念，究竟应该怎么样记忆呢？有没有什么捷径？事实上，任何学科的学习都没有所谓的捷径，但这并不意味着管理学学习没有规律可循。如果能首先把握好管理思想和管理职能这两个管理学的大脉络，则不难理解和掌握一些具体的理论和繁杂的概念。另外，对概念和理论的掌握也是有很多比较不错的具体方法的，如系统分析法和列表记忆法。系统分析法是通过对管理学理论框架的把握完成对具体理论的掌握。比如管理过程论，如果你了解了"决策—计划—组织—领导—控制"这样一个知识线索，那么就不难掌握其中的一些小概念了。所谓列表法，就是将各个概念、理论用列表的方式加以比较，以增强记忆。比如，如果你将各种管理理论按照时间线索一一列出来，那么记忆就不成问题了。应当强调的是，无论采取什么样的方法，都必须以真正理解为基础。

在学习管理学基本理论的过程中，一定要同时学习管理思想的发展历史。弄清了管理思想的发展脉络，会使你对管理学理论有一个高屋建瓴式的把握。比如，像泰罗的科学管理理论、法约尔的管理过程理论、韦伯的组织管理理论等，都需要认真掌握。否则，对管理学的学习是不完整的。

管理学具有很强的实践性，所以在学习管理学的过程中要重视管理实践活动。学习管理案例就是很好的方法。理论上的准备总是为实践服务的，将理论运用到案例分析中去，既可以锻炼实际运用能力，又可以深入理解理论知识。比如，你可以尝试着运用管理学的基本理论对微软、IBM 等大型跨国公司的组织模式进行分析，从而了解现代管理学理论中的组织理论。如果你处于一定的管理岗位，那么你就可以把学到的管理理论运用到日常工作中去，这样既能加深理论修养，又能促进工作质量的提高。当然，这里的管理岗位是很宽泛的概念，大到单位领导，小到班级干部，都可以是管理理论的用武之地。

将学习管理学与学习心理学结合起来也是一种不错的方法。因为管理学与心理学在内容上有所交叉，并且很多管理理论的产生都依赖于心理学。例如，管理学激励理论中的马斯洛需要层次理论、赫兹伯格的双因素理论、麦克利兰的成就需要理论、斯金纳的强化理论等，都是心理学的重要理论内容。理解了这些理论在心理学上的重要作用和地位，学习激励理论就不是什么难事了。

总之，学习管理学，一定要把握好学以致用这个基本原则，通过理论与实践的往返穿梭，最终使自己成为管理高手。

2. 管理学的研究方法

管理学作为一门独立学科，具有自身的独特性。所以，管理学研究也有其特定的方法，主要包括归纳演绎法、比较研究法、综合研究法和案例分析法。

归纳演绎法是在管理学研究中综合运用归纳推理和演绎推理的一种方法。管理学是一门极富实践性的学科，实践是其理论来源。从人类的管理实践到管理理论的形成，归纳推理都起到了重要作用，即大量的管理理论都是从现实的管理案例中归纳、抽象得来的。新的理论的生成依赖于新的管理案例的出现和解决，而新的案例的解决又包含了运用已有理论的内容，所以，其间又体现了演绎推理的重要性。此外，管理学一般原理是否真正具有理论上的普遍性，是否经得起实践的检验，也有赖于归纳推理和演绎推理的反复论证。故而，归纳演绎方法是管理学研究的重要方法之一。

不同国家、不同地区、不同单位、不同部门以及不同管理者的管理活动之间，都会存在着共同和不同之处，这就为比较研究法的运用提供了可能。通过比较研究，总结出研究对象之间的不同与共同之处，进而对其共同之处加以总结概括，然后运用归纳和演绎推理方式进行反复论证，最终就能得出具有普遍性和规律性的管理经验。对总结得出的管理经验加以抽象，就得出了管理的一般原理。比较管理学的诞生就是比较研究法在管理研究中得到广泛运用的结果。管理学基本原理的普遍适用性和可转移性也赋予了比较研究方法极大的现实意义。

所谓综合研究方法是指在管理学的研究中，要综合运用社会科学和自然科学的各种知识和研究方法。在管理学的发展过程中，这种综合性的研究方法也有所体现，比如被称为"组织理论之父"的韦伯就是德国著名的社会学家。综合性研究方法强调不同学科、不同领域研究者的相互合作。当然，合作方法是多种多样的。综合研究可以通过一定的研究组织进行，也可以是比较分散的，最重要的是不同学科或不同领域的研究者之间应该保持一定的学术交流。

案例分析法就是从大量的管理案例中抽象出一般的管理原理。该方法需要研究者进行大量的社会调查和科学论证。社会调查的对象应该是有选择的，一般是对经典管理案例的搜集和分析。案例分析法可以分为对实际案例的调查分析和对实验案例的调查分析。案例分析法的优点在于它体现了理论与实践的高度结合，使管理原理的形成有了实践的基础。再加上研究者的反复论证，这些理论往往是最能经得起实践的检验的。像泰罗提出的定额管理原理、计件工资原理等就是建立在对大量实际案例和实验案例的科学分析的基础之上的。

应当指出的是，以上四种研究方法并不是没有任何联系的，在现实的管理学研究过程中，应当综合运用这些研究方法。只有这样，才能保证研究理论的全面性、适用性和科学性。

个人阅读计划

入门阶段阅读

1. ［美］罗宾斯等 著《管理学》（第7版）

本书作者罗宾斯博士，既有在美国一流大学从教的经历，也有在著名跨国公司——壳牌石油公司和雷诺金属公司中从事管理工作的经历。正源于此，本书体现了其理论的全面性与实践的强烈结合，被管理学界公认为最优秀的教科书。将其作为管理学学习的入门教材，可以说是选择了一个较高的起点。全书内容十分详细，建立了以管理过程为核心的知识框架，论述了计划、组织、领导和控制四种基本管理职能。

本书既具有理论的高度，又不乏现实的实用性。本书由孙健敏等译，中国人民大学出版社出版。

2. ［美］加雷思·琼斯、珍妮弗·乔治 著《管理学基础》

加雷思·琼斯是美国著名的管理学家。作者对本书的写作乃是立足于对人们处理现实中管理问题能力的培养。与其他管理学理论书籍相比，本书在内容编排上可谓独具特色，体现了创新理念。它一改通过建立理论框架论述管理学基本理论的常规做法，通过对大量管理案例的分析来论述管理职能。此外，本书还安排了大量可供读者自己操作的案例，通过对这些案例的处理，可以使读者解决管理问题的能力和技巧大大提高。

本书的出版在世界各国都有着广泛的影响，被称为"管理学的奇迹"。本书由黄煜平译，人民邮电出版社出版。

3. ［美］理查德·L.达夫特、马西克 著《管理学原理》（第4版）

理查德·L.达夫特是美国著名的管理学家，在管理变革、组织与领导行为、商业政策、人际沟通等领域颇有建树。

本书与其他管理学原理类的书的不同之处在于，它紧紧围绕着现代社会变革、全球化、多元化和信息共享等主要特征，建立起以管理的五大职能为核心的知识框架，对当代管理的一般性与特殊性做出了详细论述。通过阅读此书，读者可以对当今社会管理理论的发展新趋势有所掌握。本书的内容不仅面向高层管理者，还适用于普通管理者。在书中，作者对中小型组织理论做出了详尽的论述，因此，本书对那些以管理为业的普通人来说，具有较强的实用性。大量的例证分析和极富趣味性的专栏安排也是本书吸引大量读者的优势所在。相信你在阅读此书时，一定会产生一鼓作气将其读完的冲动。本书由高增安等译，机械工业出版社出版。

4．[美] R.W.格里芬 著《管理学》(第8版)

R.W.格里芬是美国著名的管理学家，其著作被译成多国文字，他的管理理论在世界范围内产生了深远影响。本书是管理学书籍中概论性著作的经典代表。本书对管理学理论的论述体现了概念的准确、理论的简明，概括而不失全面。此外，本书还表现了对现实管理实践的极度关切，书中所引用的大量案例都是对最新管理活动的搜集。本书虽然是一本管理学理论的概论性书籍，但绝对不是对现有理论的简单重复，它无处不反映了作者对管理理论的思考和创新。在书中，作者运用举例分析的方法向读者展示了管理工作与管理者在当代社会中的角色定位和重要性。这对正在从事管理工作和有志于从事管理工作的人来说，无疑是一个极大的鼓舞。

通过阅读本书，既可以学好理论知识，又可以加强对管理的认识和兴趣。本书由刘伟译，中国市场出版社出版。

5．[美] 贝特曼等 著《管理学：构建竞争优势》

贝特曼是美国著名的管理学家，本书是其管理学研究的得意之作。

作者自称本书是"新一代"管理学著作，这并不是夸大其词。本书内容丰富、信息量大，其体例编排形式也十分灵活。本书作为一本管理学基本理论性的书籍，涵盖了管理学的所有基本理论，并且对当代管理实践予以高度关注。比如，CEO病、学习型组织、持久战等现代管理问题，本书都有论述。对于普通学习者来说，本书可以帮助他们掌握管理学基本理论，指导他们将理论应用到实践中去；对于管理者来说，本书可以帮助他们改进管理水平，提高工作绩效。

因此，本书是一本不错的管理学入门读本。本书由王雪莉等译，北京大学出版社出版。

提高阶段阅读

6．[美] 孔茨等 著《管理学精要》(第6版)

本书是世界著名管理学家哈罗德·孔茨的经典之作。孔茨个人的企业界、政界和大学教学经历，使得本书的理论内容更具实践意义。

本书作为原书的第6版，既继承了原书的基本理论，又吸收了管理学界最新的理论研究成果，呈现了理论的发展性和连贯性。作者站在国际视角上，对管理活动进行了独到而又精辟的论述，向人们展示了21世纪管理领域的美好前景。本书对国际环境变化的体察和把握绝不是对书面材料的借鉴，而是亲身到世界众多国家走访、调查，结合自己在教学工作中的体会予以完成的。这无疑体现了作者治学的严谨和对学术的负责。作者对管理学的学习者、教授者和实际管理者在学习和工作中遇到的一些管理困惑一一予以解答，使得本书内容更为丰富。

对于有意在管理学领域有所深入的人来说，这本《管理学精要》是个不错的选择。本书由韦福祥等译，机械工业出版社出版。

7.［美］琼斯、乔治、希尔 著《当代管理学》（第2版）

本书是三位美国国际著名管理学教授的联合力作。本书原英文版被誉为"最具时代感和实践精神的管理学专著"和"教科书出版史上最具雄心的开发计划"。此书译版面世之后，被评论界誉为"重新定义了管理学教科书的基本原理和形象"。

本书正是在原版基础上的第2版。在书中，作者对原有的经典理论予以保留，并增加了最新的管理理论的精华内容。诸如"作为个人的管理者"和"组织的冲突、政治、谈判与变革"等内容，都是在其他管理学书籍中不曾出现的。本书更加注重管理的实践性，表现了对管理实践的关注和重视。围绕着计划、领导、组织、控制这一核心主题，作者对一些真实的经典案例进行了分析，实现了理论与案例的完美结合，消解了理论的枯燥性和案例的孤立性。

本书作为管理学的提高阅读读本，是完全能够胜任的。本书由李建伟等译，人民邮电出版社出版。

4

法 学

法学的知识结构

```
                    ┌─ 法与法律
                    ├─ 法的内容
                    ├─ 法的分类
                    ├─ 法的渊源
                    ├─ 法的效力
                    ├─ 法律规则
                    ├─ 法律原则
            法学概念 ─┼─ 法律体系
                    ├─ 法制与法治
                    ├─ 法律行为
                    ├─ 法律关系
                    ├─ 权利与义务
                    ├─ 法律责任
                    ├─ 法律制裁
                    └─ 法律意识

                    ┌─ 立法                      ┌─ 法的产生
                    ├─ 司法                      ├─ 法的进化
    法学 ─┼─ 法的运行 ─┼─ 守法                      ├─ 法与经济
                    ├─ 法律解释                   ├─ 法与政治
                    ├─ 法律推理                   ├─ 法与政策
                    └─ 法律秩序                   ├─ 法与科技
                                       法与文化
            法与社会 ──────────────────────┼─ 法与道德
                                        ├─ 法与宗教
                                        └─ 法治国家
```

法学学科分支

法学　法律史学

理论法学：法理学、宪法学、比较法学

应用法学：民法学、商法学、刑法学、行政法学、经济法学、
国际法、国际经济法、国际私法、知识产权法、民
事诉讼法学、刑事诉讼法学、行政诉讼法学

什么是法学

　　法学一词来源于西方，是古罗马对人类文化的贡献之一。在拉丁语中，法学是法律、正义、权利与智慧、聪明的合成词。因而，法学从其诞生以来，就是一门担负神圣使命的科学。

　　法学，顾名思义，就是研究法律的学问。它以法律现象为研究对象。人类生活的复杂性决定了法律现象的复杂性，诸如法律制度、法律行为、法律规范、法律意识、法律关系等等，都是一些基本的法律现象。因为法律是用来调整人们生活关系的工具，所以法学的首要任务就是对各种由生活关系演变而来的法律关系进行研究。生活事实与法律规范之间的距离，法律制度对于社会制度稳定性的意义等等，都是法学研究的应有之义。

　　马克思主义法律观认为，法律是阶级社会的产物，代表统治阶级的意志和利益。同法律一样，法学也就不可避免地具有一定的阶级性。奴隶社会、封建社会和资本主义社会，都是以生产资料的私有制为基础的，法律的共同任务在于维护奴隶主阶级、地主阶级和资产阶级的利益及其剥削制度的稳定。在社会主义社会，法律则是维护建立在社会主义公有制的经济基础之上的社会主义制度和广大人民的利益的。故而，法学也不可能超越特定的社会经济基础，其客观上也是为特定的阶级和社会服务的。历史上从来都不曾存在超阶级的法学。

　　法学具有一定的政治性。从某种程度上说，一个社会的政治状况对法

学的发展起着重要的制约作用。政治的变化，直接导致了法律的变化，从而对法学研究产生巨大影响。在一个政治环境非常恶劣、人们视法律为无物的社会里，法学也就失去了其存在的土壤，就像法谚所云："战争让法学走开。"法学对政治的依赖决定了法学自身的政治性。

法学是一门务实的学问。如果把法学当作一种纯粹的知识，那么法学也就无所谓探求维护公平正义之道。对人们世俗生活予以关注与研究，从而为芸芸众生消除困惑、化解矛盾、解决冲突，始终是法学必须承担的任务。诸如法律解释、法律推理等均是法学服务实践的途径。

从某种角度看，法学反映了人们对以往生活的经验总结，是人们的经验、知识和智慧的综合体现。法学概念与原理并不是法学的全部，其真正的生命与动力是对人们现实生活中各种各样的案例的分析与解答。事实上，连很多法学概念也并不是法学家空想出来的，而是从大量的案例中总结得来的。

法学具有政治性、务实性、经验性，但这并不是绝对的。应当指出的是，法学固然应当是现实的解说者，但法学又不仅仅是一面反映人们现实生活的镜子，也不仅仅是一面国家制定法的回音壁。法学既具有规范的解说性，还具有价值的超越性；既具有现实的建设性，还具有对现实的批判性。总之，法学也是一门具有自己独立品格的学问。

同其他学科一样，法学也具有职业性，是一门非常专业的学科。诸如"紧急避险"、"无因管理"、"公序良俗"这样的法言法语，非专业人士肯定是不知所云。之所以说法官、检察官、律师等形成了法律职业共同体，就是因为他们操有共同的专业话语，担负着法律赋予他们的各种使命。而这一切，几乎都是源于他们有着法学学习的经历。

法学与物理、化学等自然科学的不同在于，它不是纯粹的对事物的客观研究。法学研究总是体现了法学家们一定的价值立场，存在一定的价值判断。宏观至国家的立法与司法，微观至个人的守法与护法，无不贯穿着国家和个人的价值立场。法学对这些法律现象的评判与研究，正体现了一种价值观念与其他价值观念的碰撞。如果说自然科学是"价值无涉"的学问，那么法学则始终有其价值立场和评判标准。

法学发展史

　　法学诞生在西方社会。根据学者的考证，法学最初应该是起源于古希腊。当时的希腊城邦并没有健全的专门法律机构和职业法学家集团，当时的法律制度是以习惯法为主体，成文法数量不多。但尽管如此，法律对城邦社会的生活还是产生了巨大影响。同时，古希腊发达的哲学也促进了法学理论的成熟和完善。苏格拉底、柏拉图、亚里士多德等先贤也在此时成了法学的开拓者，他们的法学理论对后世法学思想的发展产生了巨大影响。

　　古罗马时期的法律制度代表了古代西方世界法律制度发展的最高成就。它在古希腊的法学理论这一基础之上得到了迅速发展。在奥古斯都大帝时期，法学家官方解答权制度得以建立，法学家的声誉因此大振，也使法学获得了独立地位，一时成为显学。古罗马时期的法学成为后世法律的重要渊源。以五大法学家为代表的职业法学家集团的出现，也标志着古罗马法学的鼎盛。

　　中世纪时期，基督教在西方社会占据了绝对统治地位，西方社会最黑暗的时期到来了。这一时期也成了法学的灾难时期——宗教意识形态代替了法学思想，法学成为宗教神学的附庸。但是，托马斯·阿奎那的神学自然法思想仍不失为黑暗中的一朵法学之花。直到中世纪后期，这一局面才得以改善。由于商品经济对法学教育和法学研究产生了推动作用，终于使得法学从宗教神学中解脱出来，重获独立。此时，注释法学派出现在了法学的历史中。注释法学派以研习罗马法为己任，致力研究罗马法精神。因为它的中心在意大利北部的伦比亚大学，所以又被称为伦比亚法学派。该学派为罗马法的复兴做出了巨大贡献。

　　13 和 14 世纪，欧洲出现了文艺复兴和宗教改革。由于人文思想的复苏，法学也脱离了"上帝之城"，重回世俗世界。这一时期的法学思想家主张摈弃把上帝或神性当作世俗社会之基础的神学自然法观念，认为君主和人性才是国家和法律的基础。人文主义法学派的诞生是这个时期法学发展的最重要标志。人文主义法学派极力强调罗马法在整个西方古典文化中的重要地位。

17 世纪，西方社会进入资产阶级革命时期，资产阶级法学也随之登上了历史的舞台。这一时期的资产阶级法学思想对中世纪神权世界观造成了巨大的冲击。自由、平等、人权和法治等观念成为这个时期法学研究的主题。社会契约论、天赋人权论是自然法思想的典型代表。这一时期的法学家们为后世近代法律制度和法学思想的发展起到了开拓作用。近代资产阶级国家的民主、法制制度就是以这个时期的法学思想为理论基础的。在这个时期，还形成了法律面前人人平等、罪刑法定、契约自由等现代法律制度的基本原则。

18 世纪中期到第二次世界大战之前，由于资本主义经济发展较快，各门社会学科，如哲学、社会学等都发展迅速，西方法学的发展也随之呈现出了繁荣的局面。这主要表现在这一时期法学理论发展的多元化上。在这一时期，宪政、法治、自由主义、幸福感、民族精神成为法学研究的主题。由于资本主义经济的发展给资本主义社会带来了劳资、福利、教育、经济等诸多社会问题，法律的社会功用和时效也受到了前所未有的重视。因此，法的多元化和社会化也就顺理成章地成了当时整个西方社会的时代潮流。哲理法学派、历史法学派、分析法学派也就成了这一时期的法学代表流派。

第二次世界大战以后，西方法学发展迅速，这主要表现在学派林立、学派之间论战不断上。第二次世界大战后首先出现的三大法学流派是自然法学派、分析法学派和社会法学派。20 世纪 70 年代以后，又有一大批法学流派登上了历史的舞台，如批判法学、存在主义法学、行为主义法学、女权法学、经济法学、综合法学以及新马克思主义法学。各个学派之间的学术争论对当代法学的发展起到了巨大的推动作用。在这一时期，比较著名的论战有哈特与富勒、哈特与德沃金、哈特与德夫林、波斯纳与自然法学派学者之间的争论。当代法学发展的特点主要是法学内部分支越来越细、越来越多，如公司法、票据法、国际投资法等法学分支的出现。另外，法学与其他社会科学之间的联系、交叉与渗透也日益增强，如经济分析法学的出现就是经济学向法学渗透的一个典型代表。

法学基本理论

法学概念

1. 人权理论

所谓人权，即作为一个人的基本权利，是指在一定的社会历史条件下，每个社会成员都应该享有的、体现人的本质和尊严的基本权利。如生存权、自由权、公平权等。

生存权是人所享有的最基本人权。因为生存是人得以存在和发展的最基本条件，失去了生存权，诸如自由权、平等权等也就失去了其存在的载体，成为毫无意义的空谈。在生存权得以保证的前提下，自由和平等也就成为人权最基本的本质特征。失去了自由、平等的保障，人也就失去了人之所以为人的体现和意义。很难想象一个没有自由权利和平等权利的人会拥有人的尊严，更难想象一个失去尊严的人会具有作为人而存在的意义。

按照人权的主体划分，人权可以分为集体人权和个人人权。集体人权是指作为人类生活形式的社会共同体所享有的基本权利，如发展权、环境权、种族平等权等；个人人权是指社会成员作为一个个体所享有的基本权利，如生存权、自由权、平等权以及经济、政治、文化等权利。按照人权的内容，又可以将人权划分为公民权和社会权两部分。

总之，人权既是最基本的权利，又是范围最为广泛的权利，它涉及社会生活的每一个层次。因此，人权是代表人的基本权利的权利束，是一个复杂的现实和理论范畴。

2. 宪政理论

宪政理论就是以宪法为准则，从事对国家的治理。它认为以宪法为基础的制度设计应当以对国家公权力的限制为目标。宪政国家的实现以社会经济的高速发展、民主程度的发达为政治追求。而一个良好的宪政体制的建立，必须包括物质层面和精神层面两个方面。

从某种程度上讲，宪政是在社会多元化的基础上发展起来的。现代社会的多元化已成为一个不争的事实，多元之间的沟通以及矛盾缓和等是宪政理论的持续性研究课题。宪政理论的重要意义就在于为社会多元之间创造了相互对话以及良性互动的制度平台。此外，宪政理论的制度设计与思想资源还促进了国家与社会之间的对话和社会多元价值的平衡,有效地保障了社会正义的实现。

3. 私法自治

私法自治是指在私法领域,个人可以按照自己的意思,为或不为一定行为,从而形成一定的私法上的权利义务。私法自治是对个人的自主决定权利和人格尊严的保障。该制度又包括一些具体制度,主要有所有权自由、契约自由、遗嘱自由等。

私法是对私人关系做出调整的法律规范,其根本特征是自治。因而,私法自治与国家强制之间是相对应的,二者存在一定的界限。出于私法自治的要求,在私法领域内,只要不违反法律,不损害其他人的利益,当事人的行为就具备法律效力,国家强制就没有干预的空间。这是法律对个人自由的尊重以及对个人权利的保障。私法自治是建立在个人自由主义之上的民法原则,它适用于一切私法关系,如合同关系、买卖关系、婚姻关系等。

4. 公序良俗

公序良俗由公序和良俗两个概念组成,它是民法学的经典原则。所谓公序,就是公共秩序,是指一个国家得以存续所必需的基本社会秩序。所谓良俗,就是良好的风俗,是指一个社会内的居民由于长期共同生活而形成的、使该社会得以存续的必需和最基本的道德规范与习俗。

公序良俗要求民事主体在实施行为时,不得与社会的公共秩序相冲突,必须符合社会成员长期共同遵守的善良风俗习惯的要求。这是在法律和道德范围内对社会成员所做出的最基本要求。公序良俗理论形成初期,主要适用于契约领域,其目的是为了实现对契约自由的限制,即防止假契约自由之名行破坏公共秩序、伤害社会善良风俗行为之实现象的出现。经过发展,公序良俗理论与诚实信用等原则一样,成了私法领域的最基本原则。公序良俗与诚实信用的不同之处在于,诚信原则对行为人之间相互利益关系的调整是法律内部的调整,而公序良俗则是在法律外部对行为人的行为和权益加以限制。

公序良俗原则是消解法律规定与生活事实之间差距的重要制度。这是因为立法者在立法之时,不可能预见到所有与社会公共秩序和基本道德规范相违背的行为。正如梅因所言,任何法律相对于不断发展变化的生活事实而言,都是滞后的。故公序良俗制度的建立,作为对将来发生事实的预测,弥补了法律滞后性的不足。此外,公序良俗原则赋予了法官较大的自由裁量权,因而具有很大的灵活性。

5. 契约自由

契约自由理论经历了绝对自由主义和相对自由主义等发展阶段。现代契约自由理论是指相对自由主义的契约自由,包含着丰富的内容,简单而言,它是指行为人在契约领域所享有的自由程度。

首先,行为人享有是否缔结契约的自由权利。根据古典自由主义的契约理论,是否要缔结一定的契约是每个人都能够自由决定的,而不必受任何关于是否缔约的强制。其次,行为人在缔约时享有选择相对人的自由。它是指当存在多个缔约相对人供行为人选择时,行为人有权决定自己与何人缔约和不与何人缔约。再次,行为人享有选择契约形式的自由。对于契约究竟以何种形式订立,法律不应做出强制性的规定,而应当尊重当事人的选择权利,由当事人根据意思表示一致原则选择契约的形式。再次,当事人有对契约内容的约定自由。只要当事人对契约内容的约定不违反社会的公序良俗,不侵犯他人的合法权益,即使对其中一方存在明显的不公平,法律也应当给予尊重和保护。最后,契约当事人有变更、终止契约的自由。即在契约订立后或履行过程中,双方当事人可以合意将契约的一部分或全部予以变更或解除。

6. 过错责任

过错责任是侵权行为法的一般归责原则,它是指行为人对自己对他人造成损害的行为,因具备一定的过错条件而最终承担一定责任的归责原则。在过错责任制度下,有无过错是判断应否承担责任的标准。

适用过错责任原则并不是只要行为人具有过错就一定承担责任,而是必须同时具备违法行为、损害事实、主观过错、违法行为与损害事实之间存在因果关系四个要件,否则不能形成侵权责任。此外,过错只是行为人承担民事赔偿责任的主观前提,不能作为民事赔偿范围的判断依据。过错具有人身专属性,即行为人只对自己的过错行为承担责任。它主要体现在共同过错情况下,各个共同加害人在内部按照各自的过错程度按比例承担责任。 过错责任理论还包括举证责任的分配。在一般侵权案件中,受害人必须承担证明加害人具有主观过错的责任。否则，被害人就要承担败诉的后果。

7. 罪刑法定理论

罪刑法定是刑法的基本原则之一，又可以表述为"法无明文规定不为罪，法无明文规定不处罚"，它是指行为是否构成犯罪、构成什么样的犯罪、应当受到什么样的刑事处罚，都必须以刑法的明文规定为标准。如果刑法对某种行为没有做出明确规定，即使该行为具有社会危害性，也不得将行为人作为罪犯而给予刑事处罚。罪刑法定原则是对人权保护的表现，体现了对法官自由裁量权的限制。具体而言，公民的人身权利、财产权利、自由权利神圣不可侵犯，这就要求法律必须保护公民权利免受包括法官自由裁量行为在内的一切行为的侵犯。而欲实现这种避免，就必须对犯罪的范围予以明确的法定化。此外，罪刑法定还可以通过对犯罪行为的固定，使公民明白罪与非罪的界限，从而更好地遵守法律。因此，它具有法律教育的功能。

如前所述，罪刑法定原则是保护人权的重要法律制度。因此，它要求司法机关、司法人员在判断行为是否构成犯罪时，必须弄清行为的客观性质，把握好犯罪的法律性质与特征以及各项具体犯罪的犯罪构成要件，严格区分罪与非罪、此罪与彼罪之间的界限，做到定罪准确和量刑适当。只有这样，才能既做到有罪必究，又实现对公民权利的保护。也正是因此，"以事实为根据，以法律为准绳"才成为刑法的基本要求。

法的运行

8. 三权分立理论

三权分立理论将国家权力划分为立法权、行政权、司法权三个方面，并据此设立国家立法机关、行政机关、司法机关等部门。所谓立法权，是指国家专门机关通过法定程序制定、修改、认可或废止法律的权力，由立法机关行使。所谓行政权，是指管理国家事务的权力，由行政机关行使。所谓司法权，是指实施审判活动和监督法律执行的权力，由司法机关行使。

按照这一理论，立法权、行政权、司法权三权相互独立，相互制约。立法权是最高国家权力。立法机关通过行使国家立法权，规定行政权和司法权的活动范围，并对其实施监督。行政权独立于立法权与司法权之外，并受二者的控制和监督。司法权可以通过审判活动和违宪审查机制对立法权和行政权予以监督。三权分立的最大特点就在于，最为桀骜不驯的国家行政权力必须被置于立法权与司法权的双重监督之下。这样，三权的并行不悖就构成了国家的政治制度和稳固局面。

9. 司法独立

所谓司法独立是指国家司法权主要是法院的审判权必须独立行使，而不受其他一切人或权力的干预。司法独立理论主要分为三个层次，包括司法权独立、法院独立和法官独立。司法权独立是三权分立原则的要求和体现，主要是指司法权必须独立于行政权和立法权。法院是国家审判权利的行使者，也是国家最重要的司法机关。因此，法院独立就是司法权独立的集中体现。法院独立主要是指作为审判机构的法院应当独立于其他国家机构、组织、团体之外，以排除国家审判权行使过程中的不正当干预。法官独立，是指法官因为其职业的特殊性而必须独立于其他职业的公民，并保持法官之间的相互独立。法官的独立程度代表了司法独立的程度。

应当指出的是，司法权独立、法院独立、法官独立三者之间是相互联系、相互影响的。司法权独立是法院独立和法官独立的理论前提，法院独立是法官独立的组织前提，法官独立是法院独立的最终结果。法官独立与法院独立共同构成了司法权的独立，而三者的有机结合就形成了司法独立。

10. 违宪审查

违宪审查是宪政理论的重要内容，它是指特定机关按照法定的程序对法律或特定事实是否违反宪法实施审查，并判断其是否违宪的制度。违宪审查的范围主要包括法律和其他规范性法律文件、国家机关及其工作人员的行为。

违宪审查主要是对涉及公权力运行的事项的审查，是法治国家建设的必要制度，是实现控权的良好手段。违宪审查通过对特定事项的合宪性审查，使宪法的尊严得以维护，使宪法的实施得以保证，因而是"宪法至上"原则的体现。一般情况下，违宪性审查的对象往往涉及国家政治生活的稳定、大多数人的利益等，因而备受关注。对违宪事项的审查和处理，也因此关系到公民基本权利的保障，甚至国家的稳定。

对法律和其他规范性法律文件的审查，主要有事后审查和事前审查两种运作方式。

11. 程序正义理论

程序正义是指司法公正不仅要实现实体的公正，即对事实予以准确认定，并正确地适用法律以实现案件处理结果的公正；还要实现程序的公正，即必须坚持审理程序的公开，充分保障当事人的程序权利以实现诉讼程序的公正。现代诉讼法学理论认为，程序正义的实现要优于实体正义，因为实体正义的实现很大程度上依赖于程序的公平与公正。如果当事人的程序权利不能得到保障，使辩护、上诉等制度形同虚设，则很难想象可以保障当事人的实体权利。此外，程序正义理论还要求不能以舍弃程序正义为代价追求实体正义。

12. 自由心证

自由心证是英美法系中针对法官的一项重要法律制度。它是指在处理案件时，法律赋予法官较大的自由裁量权，而不预先通过法律规则约束法官。据此，法官面对具体的案件事实时，就可以比较自由地根据法律规则、以往的经验、自己的逻辑推理和良心来处理案件。自由心证原则有着公法上的明确保障，当事人、公诉人以及律师都没有排除适用的权利。

自由心证原则要求法官通过自己的内心确信来取舍证据和认定案件事实。所谓内心确信是指法官内心形成的对所面对的案件事实的证明标准的相信程度。这种证明标准在刑事诉讼中应当达到不能被相反事实推翻的程度，在民事诉讼和行政诉讼中应当达到高度可能性的程度。

自由心证的中的"自由"并不是指法官拥有绝对而不受约束的自由，而是指法律对法官的这种通过内心确信判断证据和认定事实的权利予以明确的法律保障。否则，将会造成法官的擅断和恣意。

法与社会

13. 社会契约论

社会契约论是资产阶级启蒙思想的代表，是资本主义制度建立和发展的理论基础。按照社会契约论的观点，社会是由全部社会成员共同缔结社会契约的产物，即为了维持人类的生存与发展，单个的社会成员将自己的一部分权利分离出来交由社会共同体行使。

社会契约论的思想主要包括以下内容：首先，社会是建立在个体的基础之上的。个人是社会和社会价值得以形成的依据，社会共同体的存在与发生作用都是以个人利益的保障和实现为目的的，个体之间的权利让渡是国家合法性的来源。除去个人的自愿和同意，一切事物都不能构成国家行为的正当性来源。其次，认为人是理性的动物，人的理性是一切行为合法与正当的根据。正因为人具有理性，才促使人对利益不断追求。再次，认为人性生来就是恶的。因此，每个社会成员都会想尽一切办法实现自己对利益的追求，甚至可以以损害他人利益为条件。最后，认为政府应当扮演消极的守夜人角色。社会成员相互让渡自己的权利而成立政府的目的是为了保障和实现每个社会成员的利益。因此，政府应当以维护社会秩序和社会成员利益为己任，而不能积极损害社会成员的个人利益。否则，人们就有权利推翻它。

14. 法治国家理论

法治国家是指国家必须驯服以行政权力为代表的国家公权力，将其置于法律的约束之下，以保障人权的不被侵害与实现，并创造公平、正义、自由、有序的社会环境。与警察国家相比，其不同主要体现在"公权力"与"私权利"的相互关系上——警察国家是公权力的象征，主要是行使公权力以限制私权利；法治国家是私权利的象征，主要是限制公权力以保障私权利。

法治国家建设是以宪法为基础的一项系统的社会工程。它要求国家应当具备一套完善的法律体系，人们具有较高的法律意识，法律遵守作为社会法治信仰的一部分而得到普遍实现。正如亚里士多德所言，所谓法治就是指已经制定的法律必须得到人们普遍的遵守，而人们所普遍遵守的法律又必须是制定的良法。

法治国家的政体形式应当是民主制度，即坚持以"少数服从多数，允许少数人表达意见"的原则实施国家管理活动，既要防止少数人的专制，又要避免多数人的暴政。法治国家的特点是权力制衡，即国家权力之间的结构形式应该是相互制约的。通过权力的制衡，使国家立法权、行政权、司法权各司其职，有序运行。运用法律治理国家是法治国家进行社会控制的基本手段。与其他社会控制方式相比，诸如政策手段、宗教手段、个人威望、行政手段等，法律治理手段是最具优势的。

现代市场经济所要求的公平交易、契约自由等原则，与法律所体现的自由、平等等观念是不谋而合的。商品经济的出现是法治理论产生的经济土壤，现代市场经济的发展是法治国家建设的经济条件。从某种程度上说，市场经济的发达程度决定着法治国家建设的水平。

社会法治信仰的形成也是法治国家建设的应有之义。社会的文化发展水平是社会成员文化素养的综合反映，它同样决定着法治国家建设的水平。只有在社会文化水平较高的情况下，社会成员的权利意识、自由意识、公平意识、公民意识才会较强，人们的正义要求才会强烈，这样才更容易形成统一的法治信仰共同体，进而促进法治国家建设的发展。

法学关键词

1. 法

法主要是指国家的法律，一般包括国家立法机关制定的成文法、法院在处理具体案件时所创制的判例法，以及国家通过特定的程序和方式认可的不成文法。不成文法主要是指习惯法。法是法理学中的核心问题，有实然法与应然法、自然法与实在法、成文法与不成文法、制定法与习惯法之分。通说认为，法具有规范性、国家意志性、国家强制性、普遍性、程序性和可诉性。

2. 法制与法治

这是一对既相互区别又相互联系的概念。法制是法律制度，一般是静态的；法治是指依法而治、通过法律治理，它不仅要防止国家权力的滥用，还要创造和维护保障个人尊严、自由的社会条件。相对于法制而言，法治具有动态的特点。实现法治，应当以法制的存在为前提；建设法制，应当坚持法治理论和原则的指导。

3. 大陆法系

大陆法系是对以欧洲大陆等国家为代表的具有相同法律传统的各国法秩序的总称。大陆法系各国具有共同的成文法传统，是在对罗马法继承的基础上发展起来的。在大陆法系国家，法官的自由裁量权受到极大的限制，法官只能在法律的规定范围内裁判案件。大陆法系的法律思维方式是三段论式的，是一种演绎推理。

4. 英美法系

英美法系是对以英国和美国为代表的具有相同法律传统的各国法秩序的总称。英美法系国家的法律主要由判例法组成，没有成文法传统，强调遵循先例原则。在英美法系国家，法官享有很大的自由裁量权，即享有法官造法的权利。英美法系在法律思维方式上是归纳推理，从具体的案例中归纳出抽象的法律原则。

5. 法的渊源

法的渊源是指具有法的效力、国家权威性或具有法律意义的，并对具体案件的裁判具有规范和裁判意义的准则来源，主要包括制定法、判例法、习惯法与法理。法的渊源有正式渊源与非正式渊源之分。前者是指那些法律效力较为明确，可以为法官在处理案件时所直接运用的准则来源。后者是指那些法律效力没有被明定，但因其具有法律意义而得以成为法官处理案件时的裁判准则的规范来源。

6. 法的溯及力

法的溯及力是指新的法律规范生效以后，对其生效之前所发生的行为和事件是否适用的问题。如果新法适用于前事，则说明新法具有溯及力，否则就说明新法没有溯及力。法的溯及力有四项原则，包括从新原则、从旧原则、从旧兼从轻原则、从新兼从轻原则。

7. 法律规则

法律规则是指具体规定人们的权利、义务以及相应的法律后果的法律规范。法律规则具有特定的逻辑结构，包括假定条件、行为模式、法律后果三个方面。依据不同的标准，可以将法律规则分为授权性规则和义务性规则，任意性规则和强行性规则，确定性规则、委任性规则和准用性规则。

8. 法律原则

法律原则是高度抽象的法律规范，是指对法律规则具有基础性、综合性和指导性作用的法律规范。法律原则往往代表了立法者的基本价值立场，是一种价值判断标准的法律化。根据不同的标准，可以将法律原则划分为基本原则和具体原则，公理性原则和政策性原则，实体性原则和程序性原则。

9. 法律体系

法律体系是指把一国全部的制定法和国家认可的现行有效法律规范按照一定的原则和标准划分成数个法律部门后，再由这些部门法组合形成的有机统一体。一国法律体系的协调统一的程度，对本国法律秩序的形成和稳定具有决定性的影响作用。如民法、刑法、经济法、诉讼法、国际法等法律部门就是法律体系的有机组成部分。

10. 权利与义务

权利与义务是相对的两个概念，是法律和法律关系的核心内容。权利是指公民享有的、法律允许公民可以为一定行为和要求他人相应地为或不为一定行为的资格。所谓义务，是指公民担负的、法律规定公民必须为或不为一定行为的职责。没有无权利的义务，也没有无义务的权利。权利可以分为公权利和私权利、对世权和对人权、基本权利和一般权利等。义务可以分为一般义务和特殊义务、第一性义务和第二性义务、个体义务和群体义务等。

11. 法律行为

法律行为指行为人实施的能发生法律效力的，并能够引起法律关系的产生、变更或消灭的合法行为。法律行为是行为人根据个人意愿形成的一种有意识的活动，是行为人做出的具有社会意义的行为，具有合法性。法律行为有其自身的逻辑结构，主要包括内在方面和外在方面，前者包括动机、目的和认知能力，后者包括行动、手段和结果。

12. 法律关系

法律关系是指法律在调整社会关系的过程中形成的人与人之间的关系，包括主体、客体和内容三个方面。法律关系的主体是指享有权利和承担义务的法律关系的参加者。法律关系的内容是指法律关系主体依法应当享有的权利和承担的义务。法律关系的客体是指权利和义务所指向的对象。根据不同标准，可以将法律关系划分为不同种类。

13. 法律责任

法律责任是指行为人由于实施了某种违法行为，而必须承担的法律规定的不利后果。法律责任主要因三种情况而产生，即违法行为、违约行为和法律规定。法律责任应当是法律明确规定的否定性后果，其追究受到国家强制力的保障。由于某种法律事实的出现而导致多种法律责任并存的现象可以导致法律责任的竞合。

14. 法律秩序

法律秩序是指通过法的实现而建立起来的一种有序的社会关系状态，是一种良性的社会秩序。法律秩序在动态上表现为主体行为、活动以及主体之间相互关系变动过程的连续性、确定性和一致性；在静态上表现为主体在社会关系中各就各位、各得其所。

15. 法律意识

法律意识是指公民对法律的认知、情感、评价、观点和信仰等内心体验，是公民对法和法律现象的反应形式。法律意识由法律观点、法律感觉、法律态度、法律信念和法律思想等几个部分构成。

16. 法律解释

法律解释是指有权机关、无权机关或组织、个人对法律规范所做出的必要说明。法律解释是法律实施过程中的一个重要环节，可以弥补法律自身的滞后性和不足，是法律从制定到实施的媒介。法律解释的方法有多种，主要包括文义解释、历史解释、目的解释和体系解释。

17. 司法

司法，即法的适用，是指国家司法机关依据法律的授权和法定的程序，具体运用法律处理案件的专门活动。司法具有主体的特定性、程序的法定性、裁判的权威性等特点。根据现代司法活动的理论，司法应当遵循平等原则、合法原则、司法独立原则以及司法责任原则。

学习和研究的方法

1. 法学的学习方法

法学具有很强的理论性和实务性，因此，学习法学就要理论与实务并重。作为一个法学的初学者，毫无疑问应当从法学的基本理论学起。学习法学的基本理论，则首先要学好法理学，因为它是最根本的法学理论，是其他部门法得以建立的基础。不学好法理学，不知道法律行为、法律关系等法学基本概念，是学不好部门法的。学习法理学，最好先系统地读一本法理学教科书。

在学好法理学从而对法学基本理论比较熟悉的前提下，下一步就要进行部门法的学习了。如果不是专业的法学学习者，只是对这门学科比较感兴趣，那么就没有必要去学习所有的部门法，直接学习自己感兴趣的就行了。如果你不知道自己的兴趣所在，你则可以学习一下那些比较重要和应用较广的部门法，诸如刑法、民商法中的合同法和公司法等，这些都是比较常用、应用也非常广泛的部门法。学习部门法，也要首先从理论学起，因为这是法学学习的一个基础性环节。

因为法学是务实的，因此在学习中还要将目光投向司法实务。如果你想对中国现行的法律有一个很好的把握，那就一定要注重对法条的学习，因为法学理论对司法实践的指导作用主要就是体现在现行的法条上。如果能够把法条根据各个部门法理论拆解开来，并且能根据法条建构起系统的知识框架，那么你就称得上优秀了。

另外，学习法学应当注重对具体案例的学习，通过大量的具体案例来加强对理论的理解与掌握。以民法为例，民法理论中的概念、制度都是相当抽象的，如果只靠死记硬背，那么你永远是民法的门外汉。例如，即使你对民法上侵权的概念、特征、构成要件可以倒背如流，但在实践中仍会不知其要义，且难以理解其中的立法旨趣，因此就会面对着具体的侵权问题而茫然不知所措。如果你能够将民法理论与法律实践联系起来，通过对案例的分析，抽丝剥茧，理清其中的法律关系，进而弄清其法律性质，再确定如何适用法律，你也就真正掌握了理论知识。因此，分析案例是学习法律不可或缺的环节。

此外，一定要走出"学习法律就是死记硬背"的认识误区。在学习过程中，应该坚持理论与案例相结合的学习方法，注重总结归纳，努力做到从理论到案例，再从案例到理论；从抽象到具体，再从具体到抽象。这样，才能收到事半功倍的效果。

2. 法学的研究方法

法学是一门社会科学，因此法学研究方法既有社会科学研究的一般方法，也有其专业的特殊研究方法。

（1）法学的一般研究方法

① 阶级分析法

阶级分析法就是用阶级和阶级斗争的观点去认识、分析现实中复杂的法律现象。阶级分析法是马克思主义的法学方法论，它认为法律是社会上层建筑的组成部分，法学研究应当坚持以上层建筑与经济基础相统一的理论为指导。阶级分析的方法主张通过对法律与政治关系的研究来揭示法的本质，并且要坚持实践是检验真理的唯一标准，坚持一切从实际出发和实事求是的原则。这一研究方法有利于对中外法律制度的根本性质和利益取向的认识。

② 价值分析法

从一定程度上看，法学研究体现了研究者对法与法律现象的价值判断。价值分析法主张根据一定的价值标准，在复杂的社会利益关系中做出一定的选择。对于那些与社会普遍道德观念和价值准则相悖的法与法律现象，应当予以废除和谴责。其经典表述是自然法学派的"恶法非法"观点。应当指出的是，对于价值分析的判断标准究竟是什么，各个法学流派有着不同的观点。如自然法学派的价值标准是人类的公平、正义与人的理性；社会法学派的价值标准是社会利益，等等。

③ 实证分析法

实证分析法是西方法学研究的常用方法之一，该方法主要是指对过去发生的大量生活事实加以分析和研究，从而构建新的理论命题并对已经存在的理论进行检验。

实证分析法的研究形式有很多种，常见的有社会调查方法、历史考察方法、逻辑分析方法、定性定量分析方法等。社会调查方法是指通过各种调查方式，如访问、调查问卷等，获得需要的研究材料并加以分析，从而得出一定的结论或者做出一定的判断。历史考察方法是指通过对历史上法律思想和法律制度的演变的研究，考察特定历史阶段的政治、经济、文化以及其他因素与法之间的相互联系，总结得出法律制度和法律思想的产生和发展规律。

④ 比较分析法

比较分析法是法学研究常用的方法之一，是指通过对相关法律制度、法律现象或法律文化加以比较，从而发现他们之间的差异，得出法的一般规律。比较分析法有纵向比较与横向比较两种基本形式。横向比较是指对不同国家、不同法系，或者同一国家、同一法系内部不同法律部门和制度加以比较研究。纵向比较是指对不同国家、不同法系，或者同一国家、同一法系内部不同历史时期的法律制度和思想加以比较研究。

（2）法学的特殊研究方法

① 规范注释方法

规范注释方法是指对法律规范加以注释，使法律规范的内容实现从抽象到具体的转化。该方法解决的是法律的实然性问题，即回答了法律实际上是什么。中世纪西方的注释法学派就是因对罗马法的注释而得名，并因此而推动了罗马法的复兴。

② 案例分析方法

案例分析方法是通过对具体案例的分析，举一反三，从而得出一般性的结论，其中既有演绎推理也有归纳推理。社会生活五彩斑斓、日趋复杂，一些现行法律无法解决的新的案例必然会不断涌现，这也为法学理论的开拓创新提供了空间。

③ 法律推理方法

法律推理方法是逻辑推理在法律上的应用，是对法律命题进行逻辑推理的过程，是指由一个或数个已知法律命题得出另一个法律命题。该方法主要包括演绎法律推理方法和类比法律推理方法，如法律逻辑学上比较有名的"三段论"就是一种演绎推理法。法律推理方法是进行案例分析研究时常用的一种方法。

总的来说，在法学研究中，无论是一般方法还是特殊方法，都是相互联系、相互补充的，不可能仅仅采用其中的一种而忽视其他。

个人阅读计划

入门阶段阅读

1. [英] 哈特 著《法律的概念》(第 2 版)

哈特是新分析实证主义法学的创始人，英国著名法理学家，也是 20 世纪最伟大的法学家之一。哈特对法律哲学和法理学的理论发展做出了无与伦比的贡献。

哈特的《法律的概念》被称为 20 世纪法律哲学领域最重要的一本书，本书是学习法学不可或缺的经典。该书自问世以来已经被翻译成多种语言版本。在本书中，哈特抱持实证主义的态度，站在自由主义的立场，利用分析主义的方法以及作为一位法学家的责任，构建了一个庞大而自治的法理学体系。本书的一大特点就是文笔优美、论证清晰，一步步地将读者引进法学的神圣殿堂。将本书作为法学的入门读物，虽然略显艰涩，但不失其宝贵价值。本书由许家馨、李冠宜译，法律出版社出版。

2. [德] 考夫曼 著《法律哲学》

考夫曼是德国著名的法学家拉德布鲁赫的得意门生，在法学领域取得了斐然的成就。他的著作已经被译成英、意、希腊、荷、西班牙、保加利亚、土耳其、乌克兰等多种文字。

《法律哲学》一书内容极为广泛，书中对最基础的法律哲学概念作了深刻而精彩的论述，对一些法学前沿问题如克隆人话题等也发表了独特的见解。此外，本书不仅仅包括法学知识，对哲学、政治学、社会学，甚至自然科学都有所涉及。考夫曼教授写作此书时似乎就将法律人与非法律人都考虑在内了，这使得本书并不难懂。因此，将本书作为法学入门读物十分适合。本书由刘幸义等译，法律出版社出版。

3. [英] 丹宁勋爵 著《法律的训诫》

丹宁勋爵是第二次世界大战以后英国最著名的法官和享有世界声誉的法学家之一。他有着近 60 年的法律从业生涯，法律实践经验极为丰富。他还参与了第二次世界大战后英国的法律改革，并为之做出了重大贡献，是英国战后法律改革史上划时代的人物。

在《法律的训诫》一书中，丹宁勋爵列举了许多经典而有趣的案例，并通过这些案例来揭示法律的实质，回答了什么才是真正的正义。本书中还对舆论自由与公共利益之间的关系等问题发表了独到见解。此外，本书还论述了财产制度等的改革与受到的阻碍等。本书既具有现实的可读性，又不失理论的深刻性，对于法学的初学者将大有裨益。本书由刘庸安等译，法律出版社出版。

提高阶段阅读

4. [法] 孟德斯鸠 著《论法的精神》

孟德斯鸠是近代资产阶级政治与法理学思想体系的奠基人之一，是18世纪上半叶欧洲最杰出的启蒙思想家之一。《论法的精神》被称为"是亚里士多德以后第一本综合性的政治学著作，是到他的时代为止的最进步的政治理论书"。

该书集中讨论了法的精神，即法律与人类理性之间的关系，而并不涉及具体的法律规范。孟氏对宗教神学和封建专制展开了严厉抨击，积极倡导法制、政治自由和三权分立思想。书中论述了法律、政体以及二者之间的关系，并以英国为例集中论述了政治自由和分权学说。书中还涉及宗教问题，对罗马法、法国法律的变革、封建法律学说做出了独到的评论。本书作为法学经典中的经典，对于法学学习的提高作用可想而知。本书由孙立坚等译，陕西人民出版社出版。

5. [美] 罗纳德·德沃金 著《认真对待权利》

罗纳德·德沃金是美国当代著名的法理学家，是一位著作等身的伟大法学家，《认真对待权利》是其成名之作。

20世纪60～70年代，美国国际、国内都遇到了诸多问题，如种族歧视、越南战争等等。这些成为美国政治的焦点。作者正是基于此而思考，写就了《认真对待权利》一书。在书中，作者对美国法律传统中的实用主义和实证主义进行了猛烈的批判，指出了政府必须尊重、关心个人权利的平等与实现。作者认为打着社会利益的借口而牺牲个人权利的做法是应当受到谴责的。本书围绕着法律的概念、法律的目的、法律的遵守、法学理论和司法实践等问题展开论述，并发表了作者自己的观点。因为本书的出版，"认真对待权利"也成为法学的经典语言。本书由信春鹰、吴玉章译，中国大百科全书出版社出版。

6．［美］罗尔斯 著《正义论》

罗尔斯是 20 世纪美国乃至整个西方最重要的哲学家、法学家之一。西方学者将《正义论》一书称为法律哲学、政治哲学、社会哲学和道德哲学的"最伟大的成就"。本书内容涉及广泛，涵盖了法学、政治学、社会学、经济学、伦理学等众多领域，分《理论》、《制度》、《目的》三大部分对正义的基本理论、正义原则对社会制度产生的作用等内容展开了论述。书中还论述了自由、宪政、非暴力反抗等重大政治体制问题以及价值、理性、目的、善良等伦理价值问题，提出了著名的"无知之幕"和"原初状态"理论。对于想提高法学认知水平的法学学习者来说，不读此书是说不过去的。本书由何怀宏等译。中国社会科学出版社出版。

7．［美］昂格尔 著《现代社会中的法律》

昂格尔，美国著名的法学家。《现代社会中的法律》一书是昂格尔法学思想的集中体现。作者立足于历史的演变和现代社会的转折两个角度，对法律秩序和法学理论的本质进行了深刻解析。此外，作者还通过将西欧法律制度与中国法律制度加以比较，得出了现代法治是如何形成的结论。本书的内容还包括法与复杂的社会之间的关系，对东西方法律体系的研究具有方法论意义。本书由吴玉章、周汉华译，译林出版社出版。

8．［德］拉德布鲁赫 著《法学导论》

拉德布鲁赫，德国著名的法学家、哲学家，被誉为当代世界法律思想史上的大师。《法学导论》是拉德布鲁赫的名著之一。

本书体现了作者对公平、正义和理性的追求，诸如形式公正与实质公正、形式理性与实质的关系等既是本书的重点内容，也是作者寻求真正的公正和理性的出发点。作为一位法学家，他的可敬之处不仅在于其著作的出色，还在于其思想的伟大，比如他在晚年对自己早期观点的改变实际上就体现了他对"公正"的思考的转折。因此，拉德布鲁赫的法学思想不仅是一笔宝贵的知识财富，还是一笔无价的精神财富。本书由米健译，中国大百科全书出版社出版。

5

社 会 学

社会学的知识结构

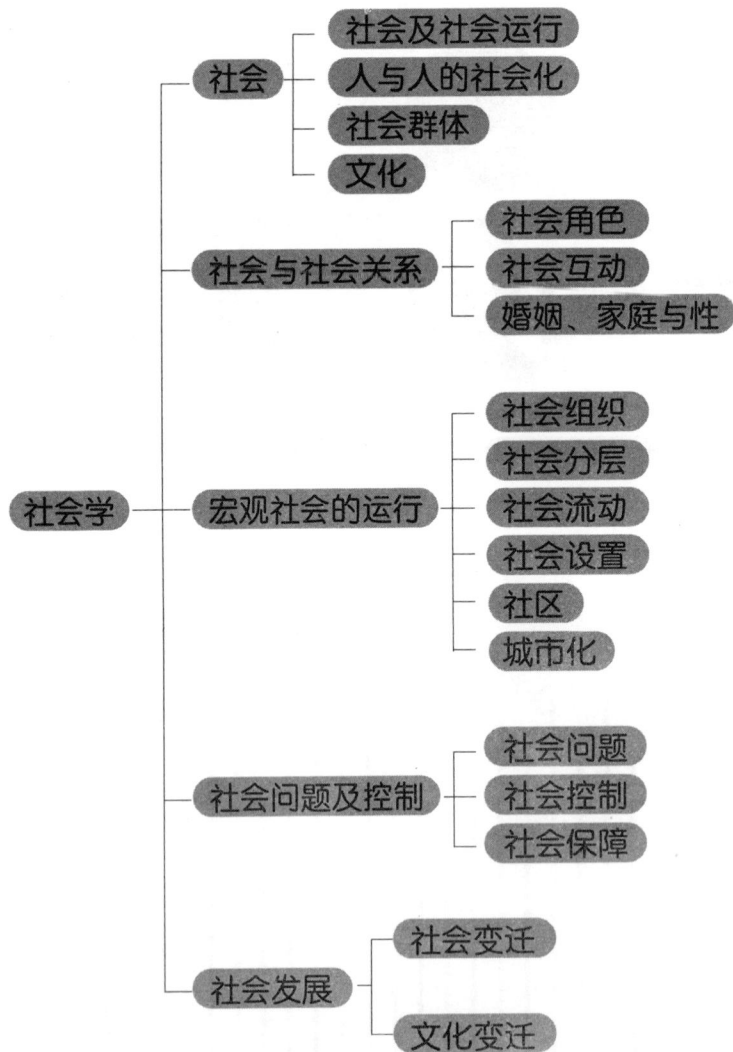

```
社会学 ┬── 社会 ──┬── 社会及社会运行
       │          ├── 人与人的社会化
       │          ├── 社会群体
       │          └── 文化
       │
       ├── 社会与社会关系 ──┬── 社会角色
       │                    ├── 社会互动
       │                    └── 婚姻、家庭与性
       │
       ├── 宏观社会的运行 ──┬── 社会组织
       │                    ├── 社会分层
       │                    ├── 社会流动
       │                    ├── 社会设置
       │                    ├── 社区
       │                    └── 城市化
       │
       ├── 社会问题及控制 ──┬── 社会问题
       │                    ├── 社会控制
       │                    └── 社会保障
       │
       └── 社会发展 ──┬── 社会变迁
                      └── 文化变迁
```

社会学学科分支

社会学　理论社会学
　　　　历史社会学
　　　　应用社会学：经济社会学、政治社会学、法律社会学、地
　　　　　　　　　　理社会学、心理社会学、生物社会学、宗教
　　　　　　　　　　社会学、教育社会学、农村社会学、城市社
　　　　　　　　　　会学、家庭社会学、老年社会学、青年社会
　　　　　　　　　　学、妇女社会学、民族社会学、知识社会学、
　　　　　　　　　　发展社会学、劳动社会学、人口社会学、社
　　　　　　　　　　会工作

什么是社会学

　　顾名思义，社会学就是以静态的社会秩序和动态的社会进步等社会现象为研究对象的一门科学。社会学学科向我们传送了这样一个信号，即人们不能只从整体的角度观察和思考社会。虽然在特定社会总会有普遍的社会价值观念存在，但这并不意味着所有的社会成员、社会群体、社会基本机构和社会发展的推动力量都有着一致的价值观念。必须看到的是，尤其是随着现代社会的发展，社会正越来越呈现多元化。而这一切的一切，正是社会学所要探讨的。

　　由于社会学研究的是为人们所熟悉的人类社会生活世界，故而难免会使有些人产生这样一种误会，即他们认为社会学是显而易见、毫无意义的。其实不然，社会学有着其自身独特的观察问题的视角和专业思维方式。以离婚这一社会现象为例，普通人所看到的也许仅仅是男女双方的分手、财产的分割以及当事人的痛苦等等，但社会学家们对离婚的思考绝不仅仅止于此。社会学家会去思考妇女的社会角色、经济地位以及社会离婚率、离婚的普遍性原因、家庭暴力等关系社会良性运转的专业性问题。因此，社会学作为一门独立学科有其存在的特定价值，而并非像人们所想象的那样

是一门没有深度、没有意义的浅显学科。

社会学与自然科学在研究方法上虽然有重叠之处，但由于二者在研究对象上有着本质的区别，所以要将它们区分开来。自然科学研究的是人类生活的物质世界，而社会学研究的则是人类社会与人类的行为。

社会学与其他社会科学在研究范围上有重合之处，如经济学、心理学、人类学、历史学、政治学等。比如，对于贫困问题，作为一种社会现象是社会学的研究对象，而作为一种经济现象又是经济学的研究对象。所以，二者之间的界限难免会有些模糊。但是，仔细思考就不难发现二者的研究侧重点有着根本的区别——社会学研究贫困问题，主要侧重于该现象产生的社会原因和造成的社会影响，并不关注经济因素；经济学研究贫困问题，主要侧重于该现象发生的经济因素和消除贫困的经济手段，却较少关注社会因素。所以，一定要清晰地认识到社会学与其他社会科学的区别所在，建立起社会学独立的学科意识。

社会学发展史

社会学在其 160 多年的发展历史中共经历了三个大的发展阶段。19 世纪 30 年代至 20 世纪 40 年代是社会学的形成和初步发展阶段；20 世纪 40 年代至 80 年代是社会学的深入发展阶段；20 世纪 80 年代以后则是社会学的进一步发展阶段。

社会学形成和发展的第一阶段是一个比较漫长的过程。1839 年，孔德出版了他的《实证哲学教程》，在第四卷中明确提出了社会学这个概念，这标志着社会学的诞生。孔德倡导建立社会学，并主张运用科学的方法研究社会。他认为社会是自然界的组成部分，社会知识同其他一切人类知识一样，必然要经过神学、形而上学和实证科学三个阶段，而社会学就是社会知识发展到实证阶段的社会"科学"。其后继者斯宾塞和涂尔干也为实证主义社会学的建立和推动社会学的发展做出了巨大的贡献。在这一阶段，还相继出现了诠释社会学和批判主义社会学两大流派。它们与实证主义社会学共同构成了这一阶段社会学研究的基本取向和理论构思。

20 世纪 40 年代～80 年代，西方社会学的发展取得了骄人的成绩。这一时期的社会学家们致力于对代表不同取向的社会学派的整合，试图构建起一套更具解释力的综合性社会学理论体系。因此，这一阶段也是社会学的整合阶段。美国社会学家帕森斯所做的尝试开启了对社会学的整合阶段。帕森斯不仅仅表现出对个体社会行动的关注，还更加关注宏观的社会结构和过程，试图通过对行动理论的研究得出社会结构和过程的真实基础。基于此，帕森斯构建起一套宏大的"结构功能主义"社会学理论。另外，经验功能主义、社会冲突理论、符号互动主义、本土方法论、社会交换理论等也都是对社会学整合研究的结果。

20 世纪 80 年代以来，西方社会学研究是以新的综合研究为特征的。与上一阶段的整合研究相比，这一时期人们对社会学的综合研究"新"的地方在于：首先，这一时期的综合研究所面临的诸多问题比上一阶段要复杂得多，任务也更加艰巨，所获得的研究成果也更多；其次，社会学研究在全社会范围内掀起了一股狂潮，参与者不仅数量多，而且包括了众多流派外的研究者。新功能主义社会学是这一时期研究成果的典型代表。虽然至今为止，西方社会学"新综合研究"才刚刚开始，成熟的研究成果也少之又少，但它毕竟开启了一个新的时代。应当强调的是，社会学的"新综合研究"值得期待。

社会学基本理论

社会

1. 社会分工论

社会分工论是涂尔干的社会学思想。该理论的现实基础是涂尔干对新出现的社会秩序的基础的探索。涂尔干认为，"人们联合成为的社会的纽带是什么"是解决社会秩序问题必须要回答的首要问题。在涂尔干（又译迪尔凯母）看来，社会分工才是创造社会整体并促进社会保持整体状况的真正力量，而不是斯宾塞所谓的各种个人利益的自由竞争，也不是孔德与腾尼斯所谓的国家。

所谓社会分工，就是社会职业的专业化。涂尔干认为，社会分工是高度发达社会的主要特征，它随着社会的发展发挥着越来越重要的作用。社会分工的日益加强，促使社会成员不得不相互交换自己的劳动，以实现相互的补充，进而被迫组成统一的整体——社会。

对于社会分工的功能问题，涂尔干认为，社会分工是与个人和社会团结的关系紧密相连的。从道德的角度看，社会分工不仅可以满足社会成员一定的物质需要，而且可以实现社会成员之间的友爱与合作，从而形成社会团结。正如涂尔干本人所说的那样，"社会分工的真正功能乃是使两个人同更多的人之间产生一种团结感"。

对于社会分工的原因，涂尔干认为，人口的增加是社会分工的主要原因，它决定着社会生活的集约化程度。随着人口的不断增加，人类的生存竞争也越来越剧烈。在这种条件下，社会分工也就成为保持和维护社会整体性的唯一手段，同时也是建立新型的社会团结以促进社会不断发展进步的唯一力量。

2. 一般系统理论

一般系统理论是卢曼提出来的关于社会系统的社会学思想。卢曼认为，行动并不是一个完整意义的事件，而是行动者与情境之间关系的体现。当几个相互关联的行动出现时，社会系统也便形成了。卢曼还认为，环境是对特定社会系统的限制，该特定社会系统与环境的关系是人们理解社会系统结构与过程的基础。一切社会系统都必须面对一个具有可能性或真实性的环境。社会系统的生存总是通过发展自己的选择机制以降低所面对环境的复杂程度，使环境处于可控制的状态。

在卢曼看来，社会系统一般具有互动系统、狭义社会系统以及组织系统三个层次。互动系统就是包含个人的相互感知的系统；狭义社会系统就是包含更高层次的互动的系统；组织系统就是处于互动系统和狭义社会系统之间的系统。卢曼认为，正是这三个层次构成了社会进化的过程。在简单社会中，这三个层次是相互统一的，其边界与自我认同也不甚清晰；在现代社会，由于受趋向世界社会运动的影响，这三个层次之间的分离较为明显。

3. 社会冲突论

社会冲突论是一个重要的社会学理论，分为传统冲突论与现代冲突论。传统冲突论重视对社会不协调方面的研究，认为均衡模式无法解释社会中出现的许多问题。传统冲突论认为，社会是动态运行的，总是处于不断变化之中。构成社会体系的每个部分都蕴含着大量的冲突因素，而整个社会体系则处于绝对不均衡中。这种冲突因素和不均衡状态就是社会变迁的直接动力。

现代冲突论在传统冲突论的基础上批判性地吸收了功能主义的一些基本观点。同传统冲突论一样，现代冲突论也认为不和谐是社会的固有特征。在此基础上，该理论进一步认为，社会冲突可以通过调解社会秩序的方式予以缓解，而社会发展正是在冲突与缓解的互动中得以进行，社会和谐是一种动态的协调与平衡。可见，现代冲突论认为冲突不仅是社会不和谐的根源，而且具有社会整合的作用。

4. 社会功能论

社会功能论即结构功能主义，是与传统的社会冲突论相对的一种社会学理论范式。它认为社会是由不同结构组合形成的系统，各组成部分是有序联结的，并各自发挥着不同的功能。帕森斯对结构功能主义的形成做出了很大的贡献，是结构功能学派的领袖人物。帕森斯认为，行动系统包括有机体系统、人格系统、文化系统和社会系统四个子系统。社会系统与行动者之间有着密切的关系，行动者之间的关系结构构成了社会系统的基本结构。社会系统的存续必须以四种功能为保证，即适应功能、目标功能、整合功能和潜在模式维系功能。作为社会系统组成部分的经济系统、政治系统、社会共同体系统和文化模式托管系统分别发挥着以上四种功能。

社会功能论的理论假设是社会制度总是保持一种均衡的状态和有条不紊的秩序，不会发生整体的社会变迁现象。这种均衡模式对社会成员的联结是通过社会规范、社会价值和社会道德等完成的，它可以解释所有的社会问题。因此，有人批评社会功能论，认为它过于忽视社会冲突，无法合理解释社会变迁。

5. 社会批判理论

社会批判理论是霍克海默的社会学观点。社会批判理论具有以下几个方面的特征：

首先，社会批判理论对现实的人以社会存在为先决条件表示怀疑。批判理论对现存世界的整体性表示认同，但其最终目的乃是在于否定这个整体。它认为，社会整体由劳动分工和阶级划分构成，由个人活动之间的盲目作用决定。因此，只要批判理论把个人活动从盲目性中解放出来，将其纳入有计划的范畴，就可以完成对社会整体结构的否定。

其次，社会批判理论与传统理论在思维主体上存在着不同之处。传统理论的思维主体与现存社会是相互统一的，并且在一定的框架中活动。批判理论则打破了既定框架的束缚，其主体主要存在于个人和群体的关系之中、阶级冲突的关系之中、社会整体与自然的关系之中。

再次，变革社会是社会批判理论的唯一功能。社会批判理论实现了对阶级利益的超越，因此不受其束缚。社会批判理论对社会矛盾的描述不仅是单纯的理论表达，而且是促进社会变革的关键力量。持批判理论观点的人的主要任务就是斗争，以通过斗争促进社会的变革。

最后，社会批判理论的目标是彻底消除非正义并达到社会的合理状态。批判理论认为，现实社会中的苦难是批判的动力和源泉，批判是追求未来社会的合理状态的正义性活动。批判理论的这一目标是通过对现实社会的超越实现的。

6. 社会现象学

社会现象学即现象学社会学，又称"现象主义社会学"或"生活世界的社会学"，是一种反自然主义的社会学理论，于20世纪60年代后在美国兴起。世界性的语言和意义问题是现象学社会学强调的重点问题。现象学社会学的主要创始人是著名的哲学家、社会学家舒茨，他的现象学社会学主要集中在对日常生活问题的研究上。舒茨认为，日常现实经验是主观共有世界中最主要的经验。人们所生活的社会与文化背景的不同促成了不同生活世界的形成，长期的群体生活造就了人们主观上的共同性。作为一种反自然主义社会学理论，现象学社会学针对传统社会学方法和程序中存在的疑点提出了人的主观意识、体验和时间等诸多问题。现象学社会学的缺陷在于，它在社会认识中片面夸大了意识、意义等主观因素的作用。

7. 沟通行为理论

哈贝马斯的沟通行为理论是近20年来西方世界的显学，涉猎范围又广又深。该理论的目的在于通过建立一个具有普遍性的规范基础来描述、分析和批判现代社会的结构。

沟通理性是沟通行为理论的核心概念，也是支持沟通行为理论的普遍性的主要论旨。基于沟通理性，哈贝马斯对科技理性展开了激烈的批判，认为科技理性是一种狭义的理性，人们应当以沟通理性代替科技理性来实现对人类的控制。为达到这一目的，哈贝马斯主要对实证论的科学主义与科学政治观展开了批判。同时，他还以共识真理论为基础来抗衡实证主义的验证程序与相对真理论，并希望据此建立具有普遍性的规范基础，进而理解并批判现代社会的结构。

哈贝马斯为了证明自己的论点，对语言的本质进行了深入的分析。他认为，人们对沟通行为的道德理念的追求是先验地存在于对语言的使用中的，没有任何制约的理想沟通情境正是被蕴含在这一目的中的。

8. 社会交换理论

社会交换理论认为社会成员之间的相互交往与社会联合是一种交互式的交换过程，它强调对作为个体的社会成员及其心理动机的研究，反对从宏观角度或者抽象的社会角色角度研究社会的社会学观点。在方法论上，社会交换理论强调个人是社会学研究的根本原则。价值、最优原则、投资、奖励、代价、公平和正义等是社会交换论的基本研究范畴和概念。

霍曼斯是社会交换理论的创始人，他提出了成功命题、刺激命题、价值命题、剥夺与满足命题、攻击与赞同命题这一组普遍性命题。霍曼斯认为，以上五个命题是一组"命题系列"，它们之间是相互联系的，它们的综合分析模式可以用来解释一切社会行为。另外他还认为，利己主义、趋利避害是人类行为的共性，这就促使人们对利益最大化的追求，从而使得交换行为成为一种相对的得与失；但对单个的社会成员而言，投资与利益的比例基本上是均衡分布的。

9. 理性选择理论

理性选择理论所解释的不是社会成员的个体行为，而是整个社会系统的行为。理性选择理论对社会系统的行为的解释主要是依据社会系统中行动者的行为来完成的，它有两个前提性要求：首先，必须解决微观—宏观的连接问题，即必须实现社会系统行为层次和个体行动者行为层次之间的转换；其次，必须建立关于个体行动者的行为动机的心理学理论或模型。

具体而言，理性选择理论强调社会学的主要任务是解释社会现象，而并非对个人行为予以解释。但是，如果要对社会系统的行动有一个充分的了解，就应当以系统层次之下的个人层次的行动作为研究的现实和理论起点。因此，个人层次的行动理论也是理性选择理论的重要内容，其核心是有目的的行动。合理性是说明有目的的行动的关键，是理性行动者的基础。这种理性一般表现为个人对利益最大化的追求。但是，这种微观的个人行为只是理性选择理论的研究起点，其最终目的乃是解释宏观的社会系统行为。该理论认为，通过对个人行动的研究，可以解释制度结构的产生原因以及制度结构孕育社会系统行为的程式，从而实现微观—宏观的连接。

10. 社会化理论

社会化是指作为自然人的社会成员在长期的社会生活中，由于社会文化和社会价值观念的影响和熏陶而形成担负一定社会角色、具有健全社会人格的社会人的过程。这是人与社会交互作用的结果。经过社会化的过程，社会成员对一定的社会文化会产生适应性，并形成对社会生活的依赖。从某种程度上说，社会化过程也是自然人在特定的社会环境中，通过与他人的交往与沟通，逐渐形成成熟的自我意识，最终发展成为一名合格的社会成员的过程。在社会化过程中，起关键作用的就是社会文化向人的意识的传递和渗透。教授基本知识技能、传授社会行为规范、建立人生奋斗目标、培养担当角色的能力等都是社会化的重要内容。社会化过程不仅发生在未成年人身上，在未成年人社会化过程完成后，还会出现成年人的继续社会化过程，这种过程的变迁叫作再社会化。个人社会化的途径主要包括家庭教育、学校教育、社会影响和自我内化等。

社会与社会关系

11. 符号互动理论

符号互动理论是研究主体社会行为的重要理论，它由三个基本原理组成：(1) 人们根据自己对外界客观事物的理解而实施行动；(2) 人们对客观事物的理解产生于社会互动；(3) 在以上两个过程中，总是存在一个个体自我交流的过程。该理论认为，人们的社会行为具有趋同性，即人们在实施一定的行为时总会考虑他人在相同情境下会采取什么样的行动，进而力求与他人行为一致。之所以如此，是因为生活在同一社会情境下的人们会受到相同的价值观念和行为规范的支配。人们对他人对符号意义的理解的认识是通过角色借用过程，即站在他人的角度思考当下情境的意义实现的。

宏观社会的运行

12. 价值累加理论

该理论认为，集合行为或者社会运动的发生必须以具备以下六个条件为前提：(1) 利导性结构的存在，即现实的社会结构形式必须对集合行为或者社会运动的发生形成有利条件；(2) 结构性紧张因素，即人们对社会环境中的问题环节有所预感；(3) 普遍意识的形成诱导人们理解他们所预感到的结构性紧张；(4) 作为导火索因素的事件的存在，它对集合行为或者社会运动的发生产生了刺激作用；(5) 参与者的行动动员在一些模糊的行为规范下，造成或推动了集合行为或社会运动的爆发；(6) 社会控制，它是确定集合行为或社会运动结果的关键。

13. 资源动员理论

该理论关注的是在社会运动过程中应当如何整合利用人力、财力，并将这些资源最大可能地运用到运动目标的实现上来。该理论认为，社会运动的发生并不是建立在人们对社会不满的基础上的，而是依靠广泛的人力和财力支持。当然，同时也应当最大限度地激发大众的不满情绪。此外，运动不应当把大量的时间花在与当局的讨价还价上，而应当想办法招募支持者、寻求资金帮助和与其他有着相似目标的组织发展关系。

社会问题及社会控制

14. 结构性紧张理论

该理论是默顿提出的关于社会越轨的产生原因的学说。默顿认为，当一个社会的文化与结构之间存在紧张或产生冲突时，就可能造成社会越轨行为的发生。由于社会不平等的存在，使得人们所掌握的社会资源和成功机会有着明显差异，所以有些人难免会无法按照既定的合规范性的行为去实现成功目标。他们成功的机会受到了社会结构的限制，于是他们对社会就形成了某种非常规的看法，进而试图通过非规范性的行为去实现成功目标，这就是越轨。

社会发展

15. 循环论

该理论主要包括斯宾格勒的循环论和汤因比的循环理论。斯宾格勒认为，社会是一个如同生命般的活的有机体，它的变迁总是要经历由生到死的过程。即社会变迁是一个由出生到迅速成长的童年到堪称黄金时代的成熟期，再到缓慢的衰落期，最后到走向死亡的瓦解期组成的过程。汤因比认为，社会变迁是一个始于某种挑战的循环过程。社会在发展之际，总会先出现一个挑战，而对每一个挑战的回应都是由这个社会最具创造力的精英做出的。如果这一回应能够成功，就会促进社会的发展，并把社会推向另一个新的挑战。如果这一回应遭遇失败，那么社会将走向崩溃。

16. 社会文化进化论

该理论认为，随着时间的推移，社会和文化也在经历着由简单形式到复杂形式、由低级到高级的不断发展。该理论还认为，社会文化的发展是不能用单一的线性发展模式来描述的，它是多线的，在不同的社会文化环境中，有着不同的文化变迁模式。当代文化进化论者则认为，技术的发展使人们控制环境的能力大大提高，社会分化越来越细，社会构成要素之间的依赖性也越来越强，这一切都大大促进了社会文化进化的速度和进化模式的多元化。

社会学关键词

1. 社会

一般而言，社会是指由具有自我繁衍能力的个体相互结合而形成的社群，它为人类所特有。社会一般存在于一定的地理空间内，社会成员在长期的共同生活中形成了其独特的文化和风俗习惯。社会有广义和狭义之分，广义的社会是指特定国族视域下的文化圈，如中国社会、西方社会等；狭义的社会是指人类群体活动和聚居的范围，如村、镇、城市、聚居点、学校等。社会还可以分为公社社会与社团社会。公社社会是指以亲属和朋友等个人关系为纽带的社会，其专门化程度较低，最基本的社会组成单位是家庭。社会关系的高度人格化是公社社会的重要特征，人们的行为在较大程度上受到社会习俗和道德的约束。社会关系具有正式性、非人格性、契约化和专门化的社会就是社团社会。在社团社会中，人们所拥有的社会角色具有专门性，家庭不再是重要的社会基本组成单位。与公社社会相比，社团社会人们的绝大多数的社会行为不再是由社会习俗和道德来规范，而是广泛受制于法律。

2. 社区

社区是社会有机体的重要组成部分，是宏观社会的一个缩影。具体而言，社区就是若干社会群体或社会组织为了共同生活，在某一空间范围内加以聚居而形成的相互关联的大集体。一个完整的社区必须包括五个要素，即聚居的成员、一定的空间领域、一定的生活服务设施、特定的文化背景与生活方式、具体的规章制度和行为规范。社区蕴藏着巨大的经济资源和精神资源，具有经济性、社会化、社会控制和社会参与、心理支持与影响等诸多功能。

3. 社会事实

社会事实是社会学所研究的一种特殊现象。根据涂尔干的观点，社会事实是指普遍存在于某一社会并具有其固有存在性的一切行为方式。社会事实具有客观性、强制性、普遍性三个基本特征。所谓客观性，是指社会事实是客观存在的，是不以个人的主观意志为转移的；所谓强制性，是指社会事实对社会成员可以产生约束力量；所谓普遍性，是指集体性所带来的存在范围的广泛性。

4. 社会结构

社会结构就是特定群体或社会的各组成要素之间相互关联的方式，它标识了在一定历史时期社会各阶级和各阶层之间的相互关系。由于人类社会存在经济领域、政治领域和文化领域的区分，所以社会结构也相应由经济结构、政治结构和文化结构构成。社会地位、社会角色、社会群体、社会组织等都是社会结构的组成单位。这些社会单位通过一定的设置方式，形成家庭、社区等能够满足人类不同需要的社会单元，进而构成宏观的社会结构。社会结构的各组成要素总是处于不断的变化之中，因此社会结构也是动态发展的。也有学者认为，随着经济全球化的发展，社会结构也逐渐突破国家和民族的界限，出现了向世界体系靠拢的趋势。

5. 镜中我

库利认为，一个人的自我认识和自我观念形成于他人对自己的观念的反映与评价以及与他人的交往过程。这种通过他人的认识形成的反射自我，就是镜中我。镜中我概念包括想象自己在他人面前形象的感觉阶段、对他人对自己判断的想象的定义阶段以及产生自我感觉的自我反映阶段三个阶段。

6. 集合行为

集合行为是指社会成员在面对某一突发性事件时所产生的反应的行为。它在发生之前并没有确定的组织程序和制度规范，并处在不断的动态发展过程中。诸如集群、骚乱、恐慌、流行时尚等都是典型的集合行为。在集合行为中，参与者们并不具备明确的目标、清晰的社会情境意识，社会对该类行为也不具备较强的控制机制。集合行为也可以称为是社会变迁的一个指示器，比如，社会上突然掀起的一场流行时尚潮流很可能发展成为一种新的社会习俗。

7. 社会群体

社会群体是重要的社会学分析单位，它是基于一定的社会关系而形成的人们共同生活的群体。如基于血缘关系形成的家庭、氏族，基于地缘关系形成的国家，基于业务关系形成的公司等都是社会群体的具体形式。社会群体有以下几个基本特征：(1) 拥有一定数量的社会成员，所谓"群"，即至少要有两个有着明确的成员关系的群体成员；(2) 群体中的社会关系具有持久性和稳定性，即群体成员的交往活动是经常、持续发生的；(3) 具有一致的生活目标，这是形成群体凝聚力的关键；(4) 具有明确的行为规范，群体规范是维护群体秩序、保障群体存在和发展的关键力量；(5) 明确、一致的群体意识，这是群体认同感的来源以及与其他群体相区别的标志。

8. 文化

文化是人们长期创造形成的一种社会现象，同时也是一种历史现象。

具体而言，文化包括特定国族视域下的历史发展、地理状况、风土人情、传统习俗、生活方式、艺术形式、社会规范、思维方式、价值观念等。文化有广义的文化和狭义的文化之分，广义的文化是指人类在社会历史发展过程中所积累的所有物质和精神财富；狭义的文化仅仅是指人类所创造的精神财富的总和。从结构上看，文化主要可以分为物态文化、制度文化、行为文化、心态文化等几个层次。

9. 亚文化

亚文化是指在一定社会中，某一群体根据自身的价值和文化观念形成的与主文化相对应的、非主流的、局部性的文化现象。形成这种文化的群体一般拥有同一种生活方式，这种方式既体现主文化的某些特征，又包含其他群体所不具备的文化要素。亚文化一般会基于不同的职业种类和不同种族或民族的差异而形成。

10. 社会地位

社会地位是指社会成员在其生活的社会范围内所处的不同社会层次，有高低之分。社会地位的形成受到社会政治、经济、文化等因素的影响，个人的职业、收入、对社会的贡献等也影响到个人社会地位的高低。在某些社会，个人的肤色、民族等先天性因素也会影响到其社会地位状况。社会地位有流动趋向，是随着其他因素的变化而不断变化的。社会经济地位是衡量个人社会地位状况的重要因素。虽然也存在着其他方式的地位衡量方法，但人们往往偏重于对社会经济地位的观察。

11. 角色扮演

角色扮演是指社会成员在某一社会角色中的实际表现。在社会生活中，人们往往会对不同的社会角色做出不同的定义，即有着角色期待。在现实中，角色扮演通常都不能与角色期待相匹配。

12. 角色冲突

在现实生活中，每个人都经常拥有两个或两个以上的身份，因此就会扮演不同的角色。当这些不同的角色不能形成一致而是相互对立时，就会形成角色冲突。比较典型的例子就是家庭主妇、母亲与女强人之间的冲突。当人们面临角色冲突时，必须做出一定的选择或妥协。

13. 丁克家庭

只有夫妻二人组成，并且男女双方均不想生育子女的家庭就是丁克家庭。组成丁克家庭的夫妻一般都具有较高的收入和较高的文化程度，向往美好的二人世界和自由自在的浪漫生活。他们之所以选择不要孩子，是因为他们认为抚养孩子是件很麻烦的事，唯恐对子女的抚养会影响他们完美的夫妻生活。

14. 核心家庭

核心家庭是指由两代人共同组成的家庭形式，包括夫妇和其子女。这是美国社会存在的一种典型的家庭组织形式。随着个人自由观念和经济地位独立意识的加强，核心家庭已经成为世界范围内家庭结构的发展方向。这种趋势也受到了城市化、工业化和现代化浪潮的影响。

15. 单亲家庭

单亲家庭是指由于父母离异或父母一方死亡，未成年子女和其中没有再婚的一方所组成的家庭。单亲家庭往往不利于子女性格的正常发展，导致由于缺乏父爱或母爱而造成子女心理发育不健全的现象。随着社会离婚率的提高，单亲家庭正呈现增多趋势。此外，未婚先育也是单亲家庭的形成原因之一。

16. 家庭暴力

家庭暴力是指发生在家庭成员之间的暴力殴打、禁闭以及感情折磨等现象。暴力殴打和虐待是传统家庭暴力的表现形式，如夫妻之间的暴力现象和性虐待、父母虐待子女、子女虐待父母等。家庭成员之间的感情折磨一般不存在暴力现象，往往表现为冷漠、遗弃等，故而被称为"家庭冷暴力"。

17. 社会分层

社会分层是指根据一定标准形成的不同社会地位的人们高低相形的社会等级序列。社会分层说明人类社会也像地层构造那样有着高低不同的层级之分，这是人与人之间、集团与集团之间存在的社会不平等现象的体现。人类社会之所以会出现社会分层现象，是因为人们在生活中得到的东西分配得不平等。家庭出身的高低、教育水平的不平衡、收入与财富的悬殊、权力的掌握程度等都会导致不同社会地位的形成，从而形成社会分层现象。

18. 社会流动

社会流动是对个人或群体的社会地位变化的描述，即由一种社会地位向另一种社会地位的转化。它是调节社会结构的重要机制之一。社会流动不单纯指社会地位提高的向上流动，还包括社会地位降低的向下流动以及其他形式的社会流动。社会分层体系封闭或开放的程度严重影响着社会流动的程度，如在封闭式或半封闭式的传统农业社会里，社会流动现象就非常少；而在社会分层体系呈开放式的现代工业社会里，社会流动现象就相当普遍。高频率的社会流动会引起社会结构的变化，同时社会变迁的方向也总是体现在社会流动的频率和方向中。一个社会能否创造更多的向上流动的机会是衡量该社会是否具有活力的标志。

19. 女权运动

女权运动是一项发端于美国等西方国家、旨在提高妇女社会地位的运动。一些女权运动组织为达到提高妇女地位的目的，提出了改变国家政治和经济制度的口号并为之付出了行动上的努力。在 20 世纪 70 年代，女权运动开始走向全世界。在西方女权主义运动中，有温和主义和激进主义两个派别。

20. 弱势群体

弱势群体，也称为社会脆弱群体或者社会弱者群体，它是一个用来分析现代社会经济利益和社会权力分配不公平以及社会结构不协调、不合理的社会学概念。弱势群体之所以逐渐成为社会学的主流话语，主要是由于社会弱势群体问题的日趋严重以及社会工作与社会福利的发展和普及。诸如失业和下岗职工、残疾人、灾难中的求助者、农民工等都属于弱势群体的范畴。弱势群体问题关系到社会结构的稳定以及社会系统的良性运转。

21. 社会越轨

社会越轨是指在社会中广泛存在的成员对社会行为规范和价值观念的不遵从，它是一种普遍的文化现象。对于越轨行为不能进行一概而论式的评价，即不能笼统地说越轨行为是好的还是坏的，是不可接受的还是可接受的。社会越轨行为既可以是个人实施的也可以是群体或组织实施的。它既与犯罪行为相区别，也有着重合的部分。

22. 社会控制

社会控制认为，人们之间社会联系的纽带的弱化导致了越轨和犯罪的发生，因此，要想预防越轨和犯罪的发生，就要强化人们之间社会联系的纽带。依据人们之间社会联系的四种纽带，四种具有针对性的社会控制措施形成了：(1) 强化人们对父母、同辈以及其他遵从者的依附性；(2) 强化人们的目标观念，鼓励他们为实现奋斗目标而不断努力工作；(3) 倡导人们多参加常规性活动，以减少越轨或犯罪的发生时间；(4) 引导人们树立正确的社会信仰，消除越轨或犯罪发生的意识因素。

23. 性别歧视

性别歧视是指由于男性和女性在生理上的不同而造成的男女之间社会地位的不平等，认为男性对女性的统治是天经地义和正当的。性别歧视是建立在人们对男女性别不正确的理解的基础之上的，人们往往认为男性在生理上要优于女性，其社会地位自然也要高于女性。性别歧视是一种世界现象，但往往越是贫穷的地方，性别歧视现象就越严重。

24. 社会保障

社会保障是在一国或特定社会范围内依法建立的国民生活保障系统，具有社会性、福利性、强制性等特征。社会保障的对象并非针对所有社会成员，而是主要面向贫困群体、弱势群体，如年老者、疾病者、失业者、灾害受害者、生活无法保障者等。一般情况下，社会保障包括社会保险、社会救济、社会福利、社会优抚等几个方面，其中社会保险居于社会保障的核心位置。在现代国家的制度背景下，社会保障制度已经成为一项基本的社会制度和衡量一个社会文明程度的重要标准。

25. 社会运动

社会运动是指依赖于相对非制度化的方式，并由集体成员共同推动社会变迁的努力。社会运动的发生过程一般要经过四个发展阶段：(1) 存在人们对社会的不满情绪和不安定的社会现状；(2) 社会变迁意识发展，并出现渴望领导社会运动的领袖；(3) 形成具有结构性和一定意识形态的正式组织；(4) 社会运动掀起并逐渐引起人们的重视，社会运动的目标开始制度化。社会运动的主要形式包括改革运动、革命运动、抵抗运动和表意运动。

26. 城市化

社会学意义的城市化是指由农村生活方式向城市生活方式转变的过程。城市化包括集中型城市化、分散型城市化、旧地型城市化三种基本形式。纵观发达国家的城市化进程，可以发现它大致经历了四个阶段，即集中趋向的城市化阶段、郊区城市化阶段、逆城市化阶段和再城市化阶段。20世纪中叶以后，世界城市化进程大大加速，反映了社会经济发展与社会进步的迅速。但另一方面，城市化的发展也带来了一系列的问题，如人口问题、环境问题等。

27. 文化整合

文化整合是指使不同文化类型或相同文化类型的不同文化特征形成逻辑上的高度一致性。之所以存在文化整合的现象，是因为各文化要素之间总是不可避免地存在相互矛盾的地方，即它们在逻辑上具有不一致性。而这种不一致性往往导致一些问题的发生，如社会行为规范与社会道德价值观念之间的不一致，就难免会导致人们的行为脱离于其内心的真实信念。这种矛盾也被称为理想文化与现实文化之间的冲突，即我们常说的文化冲突。文化冲突也可能发生在不同的文化类型之间，如外来文化和本土文化的冲突。消解文化冲突，使人们的行为不至于过分偏离其价值观念，就是文化整合的职责所在。

学习和研究的方法

1. 社会学的学习方法

社会学是具有代表性的社会科学，有着繁杂的概念和庞大的理论体系。能否学好社会学，能否将学到的社会学理论知识运用到实践中去，关键就在于能否理清这些繁杂的概念和这个庞大的理论系统。社会学的发展已经将近两个世纪，这期间留下了不少的学术积淀，其中就有很多介绍社会学基本理论的。学习社会学，就要从阅读这些书籍开始。

如前所述，社会学概念多如牛毛，理论庞大得让人难免心生畏惧，那么学习社会学究竟该如何下手？答案就是读者要善于总结。正如波普诺教授对莘莘学子的忠心告诫：在面对堪称宏篇巨作的社会学教科书时，你想到的不能仅仅是它那庞大的外表，而要充满对其中知识极度渴求的欲望，并身体力行地阅读它，最后把它简化成属于你自己的知识束。而这一切，都是你必须用自己的大脑和双手亲自完成的。

　　一套庞大的社会学理论体系几乎就是浓缩的社会学将近两个世纪的发展过程，更有甚者，很多社会学理论就是对历史上一些著名理论的综合研究。因此，学习社会学一定要学习社会学的发展历史，对每个时期出现的一些著名的社会学流派及其代表人物的代表观点有所掌握是学习社会学的必修课。

　　社会学是一门实践性的科学。理论研究的最终目的就是服务于社会实践，以推动人类社会的发展，因此，关注社会现实就是学习社会学的最好方法。当然，你要懂得思考。当你面对某一典型社会现象或社会事件时，你要用一个社会学学者的眼光去理解它、分析它。比如，当某个地方发生了一起恶性连环杀人案，法学家可能会思考应当怎样对犯罪嫌疑人定罪量刑，心理学家可能会分析犯罪人的心理特征，而一个社会学家则会分析案件的社会背景、该地区的社会环境以及案件的社会影响等问题。这就是不同的学科思维方式使然。而这种思维方式的培养，要求你必须进行日积月累的锻炼。

　　2.社会学的研究方法

　　从一定程度上说，不同社会学流派的形成与它们各自拥有不同的研究立足点和它们使用不同的研究方法有关。在社会学的形成发展过程中，主要形成了四种具有代表性的研究方法，即调查研究方法、实验研究方法、实地研究方法和文献研究方法。除了实地研究方法是人文主义的方法论之外，其他三种研究方法都属于实证主义的方法论范畴。

　　调查研究方法是对所需资料和数据进行广泛的收集，并对搜集到的所有信息加以综合分析，进而得出或证明某一社会现象的研究方法。这是一种建立在统计分析基础上的定量分析方法。该方法根据搜集资料的范围大小，又可以分为普遍调查和抽样调查两个子方法。前者是对研究范围内所有有关资料的调查搜集，后者则是有选择地或随机抽取其中的某些资料加以分析研究。该方法的资料搜集主要是通过统计报表、自填式问卷和结构式访问等手段予以完成。

实验研究方法也是一种建立在统计分析基础上的定量研究方法，它主要是借助一些科学实验的仪器和方法进行的，如测量量表等。该方法根据实验场所的不同，又可以分为实地实验和实验室实验两种类型。前者是指在研究对象所在场所进行现场的实验研究，后者是指在专门的实验室内进行对被测对象的分析研究。实验研究方法的通常手段主要包括自填式问卷、结构式问卷、结构式观察和量表测量等。

实地研究方法是一种建立在定性分析基础上的定性研究方法。它强调研究者的亲临现场，即在研究对象的所在地展开研究。该方法又包括参与观察和答案分析两种子研究方法。它主要是通过无结构式访问和无结构式观察两种手段进行的。

文献研究方法是对已经形成系统数据的文献资料进行分析和研究，也是一种建立在统计分析基础上的定量分析。该方法主要包括统计资料分析、二次分析和内容分析三种子方法。文献研究的资料范围一般包括官方统计资料、他人原始数据和文字声像文献等。

在实际研究中，以上四种研究方法往往都是结合运用的。它们一般都要经历确定研究课题、设计研究方案并准备研究工具、搜集资料、资料的处理与分析、结果的解释与报告五个环节。

个人阅读计划

入门阶段阅读

1. ［英］安东尼·吉登斯 著《社会学》（第 4 版）

本书的作者安东尼·吉登斯是英国著名的社会学家。本书作为原书的第 4 版，在原版的基础上做出了一定的修改，并增添了很多内容。对大量学术研究成果和专业期刊研究资料的采用使得本书具有很强的专业性，并保证了本书的前沿性；而对众多报纸和杂志上的资料的使用则使该书具有了很强的可读性和娱乐性。该版本的创新之处还在于它将互联网和信息技术的发展对人们生活的影响纳入了其中。此外，社会巨变时期的风险问题也成了本书的一个重要内容。正是由于这些特征，使得本书被誉为"权威级社会学绪论"。

通过阅读本书，读者既可以学习经典的社会学理论及其研究方法，也可以接触到全新的理论研究方法，所以将本书作为社会学的入门读物是非常合适的。本书由赵旭东等译，北京大学出版社出版。

2.［美］理查德·谢弗 著《社会学与生活》（插图第9版）

理查德·谢弗，美国著名的社会学教授，在社会学研究领域建树颇丰。正如本书的书名，作者首先向读者提出了"社会学在您的生活中扮演何种角色"的问题，继而又做出回答，他认为社会学是包罗万象的科学，内容涵盖性别、年龄、阶层、种族等众多议题，乃是人类社会生活知识化的结果。在书中，作者还对社会与就业、计算机与网络技术的普及与社会发展的关系等会对人们日常生活产生重要影响的问题展开了讨论。作者对社会学基本概念和研究方法的定义与分析是本书的理论价值所在。此外，本书还对全球化视野下的性别、年龄、族群和阶级等社会问题进行了跨文化的实例说明，并对最近几年来社会学重要议题的最新研究成果做出了评述。本书由刘鹤群、房智慧译，世界图书出版公司出版。

3.［德］马克斯·韦伯 著《社会学的基本概念》

本书是被称为社会学奠基者的社会学大师马克斯·韦伯的经典力作之一。在本书中，作者对社会学研究的任务、目标、方法和概念工具表达了自己的观点，显示了社会学大师独特的问题意识和理论思考能力。本书篇幅虽然很短，但却对后来的社会学发展产生了奠基性的深远影响。因此，本书被称为"打开韦伯思想奥秘的钥匙"，并足以与作者的《新教伦理与资本主义精神》相媲美。

通过阅读本书，相信读者一定能够对社会学的一些基本问题有所掌握。本书由顾忠华译，广西师范大学出版社出版。

4.［中］费孝通 著《社会学初探》

本书作者费孝通是中国著名的社会学家、人类学家、民族学家和社会活动家。本书虽名为"社会学初探"，但其内容安排并不是社会学的基本概念和理论体系，也没有包括比较经典的社会学理论。这本书实际上是费孝通先生自编的"社会学讲义"，是费老在追求"志在富民"的理想过程中付出的汗水甚至血泪的结晶。因此，本书有着极高的学术和思想价值。本书体现了费老重视实地调查，尤其重视社区比较研究的一贯风格。书中所集结的这些文章均是费孝通本人对社会学和人类学的理解与思考，是他对中国社会学的践行和理论思考的记录。阅读此书，读者不难发现作者那不受学科界约束、朴实深刻而又文采飞扬的为文风格。

故而，我们在此将本书介绍给读者，以使读者了解中国社会学的艰辛发展，并领略大师的为学品格。本书由鹭江出版社出版。

5. ［美］乔治·瑞泽尔等 著《古典社会学理论》（第4版）

乔治·瑞泽尔，美国著名的社会学理论家和优秀的社会学理论教材的编撰者。本书是对现代社会学理论之外的古典社会学理论的介绍，诸如孔德、斯宾塞、马克思、涂尔干、韦伯、齐美尔等古典社会学家们的理论都包括在内。此外，该版本与原版相比，还增加了一些早期女性社会学家们的理论。对米德、舒茨和帕森斯等被认为与古典社会学理论有着深厚的渊源关系的非古典社会学家们的理论的介绍也是本书的重要内容。

本书以清晰的历史线索将社会学的发展历程明白无误地呈现在广大读者面前。相信在读了本书之后，读者一定会对社会学的理论脉络有所掌握，建立现代社会学理论框架的能力也会有所提高。本书由北京大学出版社出版。

提高阶段阅读

6. ［法］涂尔干 著《社会学研究方法论》

本书是社会学大师涂尔干（又译迪尔凯姆）的经典代表作，该书的出版被称为是对西方社会学发展具有重要的里程碑意义的事件。在本书中，作者首先立足于社会现象本身所具有的特性，对实证社会学的研究对象和研究方法展开了系统的论述。作者认为，社会学与哲学是相互独立的，因此社会学不应该附属于任何哲学流派。他还认为，作为社会学研究对象的社会现象本身不是指一般的事物，而是指客观存在的社会事实；对社会事实的研究和解释，是不能通过个体主观或心理层次的解释完成的，而必须通过一些客观的社会学研究方法。纵观本书，作者的中心意旨就是对社会学的独立性和社会学研究方法的客观性进行强调。

本书作为社会学专著经典中的经典，是那些有意在社会学领域有所深入的读者不可不读的文本。本书由华夏出版社出版。

7. ［美］C.赖特·米尔斯 著《社会学的想象力》

C.赖特·米尔斯，美国著名的批判社会学家，去世后被誉为"当代美国文明最重要的批评家之一"，本书堪称其毕生学术精华的集大成之作。本书的主题是围绕着作者对美国社会学界成果的批判而展开的。作者认为，传统社会学学科存在着抽象和界限僵化的致命缺陷，并运用其知识社会学的观点和社会阶层等方面的研究经验对该问题展开了批判，最后表达了他对"社会学想象力"的重大意义的强调。

作者对社会学理论的批判性思考使得本书对于社会学理论的深入学习不无裨益，因此可读性价值较高。本书由陈强、张永强译，三联书店出版。

8. ［美］杰弗里·亚历山大 著《社会学二十讲：二战以来的理论发展》

本书是美国著名社会学家亚历山大对战后美国社会的政治和经济状况的社会学思考。在书中，作者对帕森斯结构功能主义和战后向其挑战的美国社会学理论的主要流派做出了精彩的评述。围绕着这一中心，本书内容涵盖了社会学原理、帕森斯的第一次综合论、结构功能主义、成功现代性的理论、冲突理论、交换理论、符号互动论、实用主义等重要理论。此外，本书还对文化社会学、马克思主义以及赫尔伯特·马尔库塞的批判性理论进行了评述。

本书对读者了解二战以来的社会学发展状况和发展趋势会有很大的帮助。本书由华夏出版社出版。

9. ［美］亚历山大 著《社会学的理论逻辑》

亚历山大是美国著名的社会学家，本书是其对社会学重建问题进行研究的重要成果。本书体现了作者积极参与国际社会学界的对话和致力于社会学理论的综合的努力。在书中，作者试图回到传统的社会学最基本问题，并批判式地整合古典社会学理论，以期达到社会学重建的目的。本书内容还包括对实证主义、马克思和涂尔干的社会学思想、韦伯的社会学理论以及帕森斯的理论的评述。本书获得了哈贝马斯等众多学者的高度评价，因此是深入学习社会学的必读文本。本书由商务印书馆出版。

6

心 理 学

心理学的知识结构

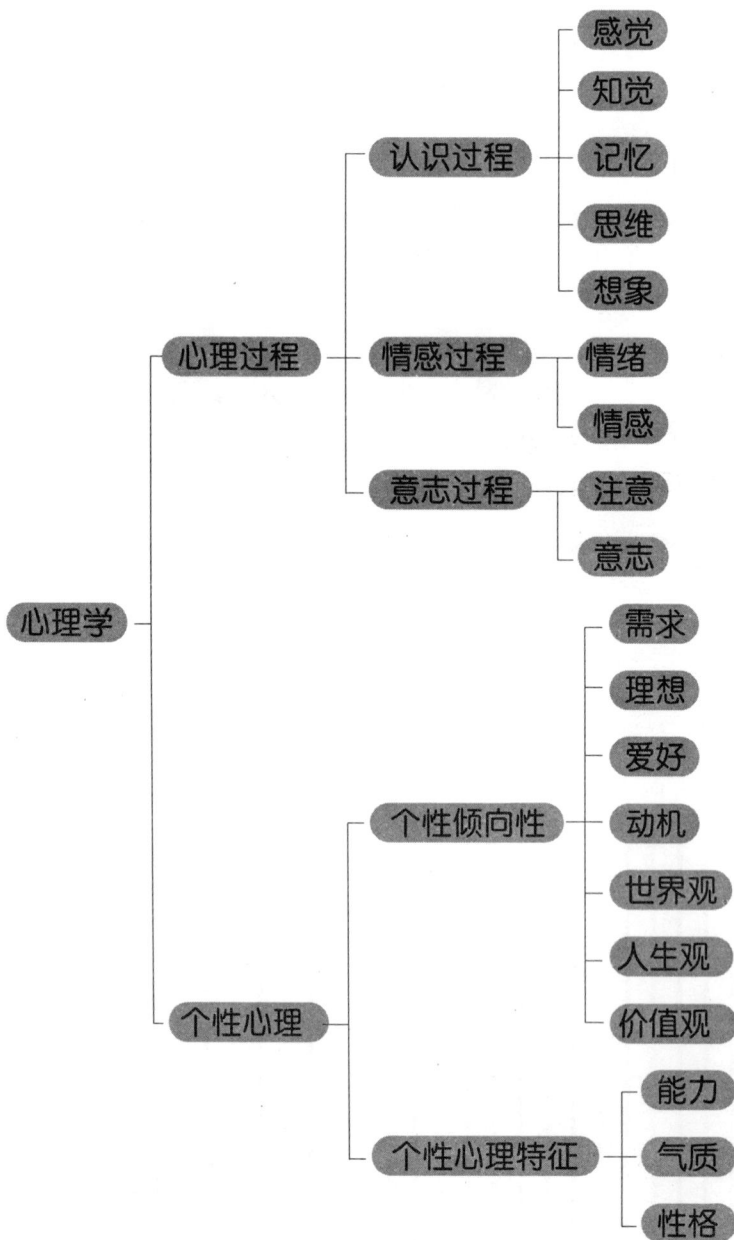

```
心理学 ─┬─ 心理过程 ─┬─ 认识过程 ─┬─ 感觉
        │            │            ├─ 知觉
        │            │            ├─ 记忆
        │            │            ├─ 思维
        │            │            └─ 想象
        │            ├─ 情感过程 ─┬─ 情绪
        │            │            └─ 情感
        │            └─ 意志过程 ─┬─ 注意
        │                         └─ 意志
        └─ 个性心理 ─┬─ 个性倾向性 ─┬─ 需求
                     │              ├─ 理想
                     │              ├─ 爱好
                     │              ├─ 动机
                     │              ├─ 世界观
                     │              ├─ 人生观
                     │              └─ 价值观
                     └─ 个性心理特征 ─┬─ 能力
                                      ├─ 气质
                                      └─ 性格
```

心理学学科分支

心理学　心理学史

　　　普通心理学：构造主义心理学、精神分析心理学、机能主
　　　　　　　　　义心理学、格式塔心理学、行为主义心理学、
　　　　　　　　　人本主义心理学、认知心理学

　　　应用心理学：社会心理学、教育心理学、法律心理学、管
　　　　　　　　　理心理学、商业心理学、经济心理学、消费
　　　　　　　　　心理学、咨询心理学、儿童心理学、青年心
　　　　　　　　　理学、成人心理学、老年心理学、劳动心理
　　　　　　　　　学、人事心理学、医学心理学。

什么是心理学

　　在经济迅速发展的当今社会，心理学也成了大家耳熟能详的名词。可是，究竟什么是心理学？它究竟是干什么的？对此，人们难免会产生一种神秘莫测的感觉。其实，心理学并不像人们想象的那样神秘而难以琢磨，也并非人们想象的那么遥不可及。相反，心理学离我们每一个人都很近，心理学的研究表现出了对人们现实生活的极度关切。

　　简而言之，心理学就是研究人的各种心理现象及其规律的一门科学。美国心理学家威廉·詹姆士（1842～1910）在其大作《心理学原理》中就已指出："心理学是研究心理生活的科学；它既研究心理生活的现象，又研究这些现象产生的条件……所说的现象就是我们称之为情感、欲望、认知、推理、决定等一类的东西。"

　　人的心理现象也就是人们所说的心理活动，对此，每一个人都不会陌生。因为在日常生活中，人们无论是清醒还是熟睡，是从事社会实践还是自发的本能活动，都会产生各种各样的心理现象。因此，心理现象作为心理学的研究对象，是人们可以实实在在感知到的精神活动。心理现象的表现形式是多种多样的，它通常包括心理过程和个性心理。心理过程是指人

脑对现实世界的反映过程，是一个人的动态心理过程。具体地说，就是大脑对客观事物作用于人这一现象所做出的反映。心理过程又可以分为认识过程、情感过程和意志过程。个性心理是指每个个体在实践过程中形成的稳定的心理现象。个性心理是显示人们个性差异的一类心理现象，它又包括个性倾向性和个性心理特征两个方面。

心理学研究对象的特殊性决定了心理学这门科学的特定性质，应当说，心理学是一门介于自然科学和社会科学之间的科学。所以，有学者称心理学为中间或交叉科学，也有学者称其为边缘科学。从心理现象产生的主体——人的角度看，人既是自然主体，又是社会主体；从心理现象产生的器官——人脑的角度看，人脑是其自然属性与社会属性的有机统一体；从心理现象所反映的内容看，它既包括自然现实，也包括社会存在；从心理现象的实质看，人的心理既是自然的客观产物，也是社会存在影响下的产物。故而，我们说心理学是一门具有综合性和边缘性的科学。

心理学的综合性和边缘性的学科性质决定了心理学的基本任务，即研究人类心理活动的发展规律，使之服务于人类实践。据此，心理学的基本任务可以分为理论任务和实践任务。心理学的理论任务是通过对人的心理现象及其规律的研究，深入揭示人的意识世界的产生原理及其与自然的客观世界的相互关系。心理学的实践任务是研究社会实践中人的心理现象的特殊规律，并结合人的心理现象的一般性和特殊性来解决具体的心理问题，服务于人类的伟大社会实践。心理学的理论任务为其实践任务的实现提供了理论准备，心理学的实践任务是其理论任务的当然结果。

对于心理学的学科地位，苏联科学分类学家凯达洛夫认为，心理学在迄今已有 2500 多门学科的整个科学系统中占据中心位置。结合心理学的独特性质和研究任务，我们也可以看出心理学在整个科学系统中确实有着相当重要的地位。

心理学发展史

学习心理学，如果不对其产生和发展的历史有所掌握，则很难从整体上把握心理学的学科特点和逻辑体系。德国心理学家艾宾浩斯曾说，心理学虽然有着长期的过去，但其历史却是短期的。也就是说，心理学是一门古老而又年轻的学科。

之所以说心理学有着长期的过去，是因为心理学的前身可以追溯到人类历史的早期。人类早期对心理学的研究具有一定程度的自发性，人们并没有明确的研究目标、指导思想和研究方法。那时的心理学研究也没有独立的地位，而是哲学和神学研究的附庸。被称为世界上第一部心理学专著的《灵魂论》，就是由古希腊著名的哲学家亚里士多德完成的。

现代意义的心理学是指科学心理学。1879 年，冯特（1832 ~ 1920 年）在德国莱比锡大学建立世界上第一个心理实验室，这标志着科学心理学的诞生。冯特也因此被公认为第一个把心理学转变成一门正式独立学科的奠基者和心理学史上第一位真正的心理学家。从此开始，心理学才正式摆脱了哲学附庸的地位，成为一门独立的科学，进而开始了其真正的历史。冯特在心理实验室里把自然科学中所使用的方法应用于心理学的研究，《生理心理学原理》一书就是他采用自然科学的实验方法研究心理现象的成果的总结，这是心理学史上第一本真正的心理学专著。从这个角度来看，心理学与其他科学相比（如物理学、生物学等），又是一门很年轻的科学，是一门正在发展中的科学。

同其他学科如法学等的发展过程相似，心理学在其发展过程中，由于人们对心理学的研究对象和理论体系的争鸣，也很难有统一的标准，故而形成了诸多不同的心理学流派。

19 世纪末，构造主义心理学在德国诞生，其代表人物有德国心理学家冯特（1832 ~ 1920 年）和他最忠诚的学生铁钦纳（1867 ~ 1927 年）。经过研究，构造主义心理学者把经验分解为感觉、意象和激情三种元素，认为通过内省来了解在不同刺激情境下三种元素的相互联系乃是心理学的目的之所在。

19 世纪末 20 世纪初，著名的奥地利精神病医生、心理学家弗洛伊德（1856 ~ 1939 年）创立了精神分析学说。弗洛伊德对心理的研究是反其道而行之，即从变态心理的角度研究正常人的心理，以达到治疗精神病的目的。弗洛伊德通过进行大量的精神病临床观察和研究后提出，个体心理障碍的根源是其童年时期的潜意识经验以及这种潜意识经验所导致的内心冲突。个体对潜意识特别是性方面的潜意识压抑过度的话，就容易导致多种心理障碍。据此，弗洛伊德提倡用精神分析方法，即通过对梦的解释和自由联想等多种手段，对精神病人加以诊断和治疗。

19 世纪末 20 世纪初，美国著名的心理学家詹姆斯（1842 ~ 1910 年）创立机能主义心理学。机能主义心理学主张心理学应当将具有适应性的心理活动作为研究对象，认为意识活动在人类的需要与环境之间有着重要的媒介作用。它代表了美国当时心理学的主流。

1912 年，格式塔心理学（也称为完形心理学）在德国诞生，后来在美国得到进一步发展，其代表人物有维特海默（1880 ~ 1943 年）、克勒（1887 ~ 1967 年）、考夫卡（1886 ~ 1941 年）。格式塔心理学主张心理学对现象的经验进行研究，也就是研究非意识非物质的中立经验。波林对格式塔心理学曾做出相当准确的总结："心理学的这一新篇章把各项经验的组织描述为可感知的客体，再把这些客体的结构描述为更大的系统，而不与'感觉'或其'属性'发生任何关系。"格式塔心理学的发展为后来认知心理学的诞生及发展奠定了基础。

20 世纪初，美国出现了行为主义心理学流派，它的诞生以美国心理学家华生（1878 ~ 1958 年）发表题为《一个行为主义者眼中的心理学》的论文为标志。行为主义心理学认为，心理学只应该以行为为研究对象，而不应该研究意识。所谓行为就是环境的变化促使个体产生的各种身体反应的组合。这些反应包括肌肉收缩和腺体分泌，它们或表现在身体外部，或隐藏在身体内部，强度大小也不同。

20 世纪 50 年代，美国心理学家马斯洛（1908 ~ 1970 年）和罗杰斯（1902 ~ 1987 年）创立了人本主义心理学。由于人本主义心理学是继精神分析学说和行为主义心理学之后诞生的，所以被称为现代心理学上的"第三势力"。人本主义心理学认为人的价值和人格发展应是心理学的研究重点，心理学不应像精神分析学说那样过分强调意识经验，也不应像行为主义心理学那样过分强调人的行为。人本主义心理学认为"人之初,性本善"，人的本性是善良的，恶是人在后天成长过程中环境影响的结果，因而人的素质是可以通过后天教育提高的。

20 世纪 50 年代中期，随着计算机技术的快速发展，一种认知心理学的思潮在西方兴起。发展到 20 世纪 60 年代，美国心理学家奈瑟的《认知心理学》一书出版，这标志着认知心理学成为一种学说。经过迅速的发展，认知心理学成为西方心理学的一个主要研究方向。认知心理学主要是以认识过程，如注意、知觉、表象、记忆、思维和语言等作为其研究对象。认知心理学的产生和发展将曾经被行为主义心理学抛弃的人的意识又带回了心理学的研究范围。

心理学基本理论

心理过程

1. 潜意识理论

弗洛伊德提出了潜意识理论。意识是指人的理性行为的精神活动，潜意识是人的意识的一部分。人脑对信息的接收包括有意识接收和无意识接收两种方式。有意识接收是人脑对四周环境的刺激所产生的信息包含认知和评价地接收；无意识接收是人脑对四周环境的刺激所产生的信息没有认知和评价地接收。无意识接收就是潜意识，潜意识具有本能、记忆、情绪、习惯、能力、想象力等六大功能。

弗罗伊德对于意识和潜意识理论的分析，有一个很形象的比喻。他把人的心灵比喻为一座冰山，包括浮出水面的一小部分和隐藏在水面之下的一大部分，前者代表意识，后者则是代表了潜意识。他认为意识控制着一小部分的语言与行为，潜意识则控制着大部分的语言与行为。潜意识对人的言行的控制是人所觉察不到的。该理论还认为，在正常状态下，潜意识的活动是难以观察的，而梦却是潜意识活动的体现。此外，该理论还认为潜意识是不分真假的，个体一旦接受了潜意识，那么它最终会以事实的状态呈现出来。

对人的潜意识的开发程度可以决定一个人能力的大小。通常，心理学认为可以通过以下方式开发人的潜意识：听觉刺激法、观赏刺激法和视觉刺激法。

2. 集体无意识理论

集体无意识理论是分析主义心理学的创始人荣格在潜意识理论基础上提出的。集体无意识并不是说个体和集体没有或不存在意识，而是指一个民族中不易被发现的一种意识不到的、精神方面的生命形态。

正如荣格所言："无意识神话学的原始意象是人类共同的遗传物，我把遗传这一领域称为'集体无意识'，用以区别于个人无意识。"

集体无意识处于人格结构的最底层，是人脑中关于一个民族或人类世世代代所积淀下来的活动方式和经验的遗传痕迹。

关于集体无意识和个人无意识的区别，荣格也有一个很形象的比喻。他把意识比喻为一个海岛，包括露出水面的部分和淹没在海水下的部分，其中前者就是人能感知到的意识；而由于大海退潮而时常显露出来的水下部分，就是个人无意识；位于最底层的海岛基床，就是集体无意识。集体无意识只是人们没有意识到，并不是被遗忘。

3. 发生认识论

发生认识论是从发生学的角度解释认识现象的心理学理论。发生认识论对认识尤其是科学认识的解释，是以认识的历史和社会根源、认识的依据、运算的心理起源等为基础的。因此，发生认识论具有以下两个基本特点：首先，它是以发生学的视角展开对人类认识的研究，并十分重视认识的心理起源和历史发展。其次，与传统的认识论相比，发生认识论是对各门科学中的认识论问题进行的综合研究，是一种跨学科的理论。

发生认识论认为，人的认识起源于活动，活动也可以内化为个体的内心活动。另外，在活动与内心认识之间存在着一个表象思维和直观思维的过渡阶段。发生认识论认为，个体的语言和思维的发展是平行的，二者在发展中是相互促进的。虽然语言并非思维的源头，但其却对智力的发展起着至关重要的作用。对于儿童思维的发展，发生认识论认为，它受到了成熟、自然经验、社会经验和平衡作用四个因素的共同影响。

4. 心理结构理论

心理结构理论认为，在个体的思维心理结构中存在着一个监控结构，这个监控结构具有三个方面的功能，即定向、控制和调节。具体而言，所谓定向，就是个体对思维课题所表达的自我意识、取向或注意。通过定向，个体可以对思维的课题或目标予以确定，进而使个体思维的自觉性和正确性得以提高。所谓控制，就是个体对思维活动外的信息量可以进行有效控制，可以将思维课题外的干扰和暗示因素予以有效排除，并清除自身思维活动中多余或错误的因素，进而使自己思维活动的独立性和批判性得到提高。所谓调节，就是个体可以对思维活动的过程予以有效调节，对思维课题或手段进行有效更改，以使思维活动的效率和速度得以提高。

5. 条件反射

条件反射是指有机体因外界环境的刺激而做出的反应。而有机体之所以会做出这种反应，是因为毫无联系的此物与彼物经常性的同时出现，从而导致了以后一旦出现此物或彼物，就促使个体联想起另外一物。例如音乐本来不会使黑猩猩产生愤怒，但是如果在每当音乐响起之时就将黑猩猩的食物拿走，经过若干次之后，黑猩猩一旦听到音乐就会表现出愤怒的情绪。这种因音乐信号对黑猩猩的刺激而发生的反应叫作条件反射，音乐叫作条件刺激。

条件反射是个体后天形成的高级神经活动的基本方式，它建立的基础是非条件反射。条件反射是人与动物共有的一种生理现象。条件反射形成的基本条件包括无关刺激与非条件刺激，二者在一定时间内的结合促成了条件反射的发生。只有通过非条件刺激对条件刺激反复地做出回应而使其得到强化，条件反射才能长期得以存在。比如，遗传就是某些条件反射得以巩固的形式。

6. 统觉团理论

该理论是著名心理学家赫尔巴特提出来的。某种观念成为一定意识的观念的统觉，而该统觉又被意识观念的整体所同化，这样的整体被赫尔巴特称为统觉团。该理论被广泛应用于教育学上。该理论认为，统觉团形成的过程包括四个阶段：首先是明了阶段，即个体对新旧观念的清晰的认识。该阶段是对众多概念的积累过程。其次是联合阶段，即个体的以往知识与新知识相结合而形成一种新的、完整的知识表象的过程。在这个阶段，个体的记忆与想象发挥着重要的作用。再次是系统阶段，即初步形成的观念团在更大范围内相互联合进而系统化的过程。其中，联合形成的系统中又存在着众多的联合因素。最后是方法阶段，即将形成的系统化的知识运用到实践中去的过程。

7. 遗忘曲线理论

遗忘曲线是德国著名心理学家艾宾浩斯绘制的用来描述人的记忆规律的曲线图。该曲线清晰地反映了遗忘变量与时间变量之间的规律性关系——人的遗忘速度与所经过的时间是不均衡的，在完成记忆后的最初时期，遗忘的速度很快，越往后遗忘的速度就越慢。

艾宾浩斯的实验揭示出，死记硬背是一种事倍功半的记忆方法，真正科学的方法是对知识进行理解式的记忆，对知识理解得越透彻，记忆也就越迅速、越牢固。艾宾浩斯遗忘曲线理论是艾宾浩斯经过大量反复的实验测试得出的带有普遍性和一般性的记忆规律。事实上，由于个体之间生理特点、生活经验的不同，这种记忆规律也是不尽相同的，所以该遗忘曲线理论对人的记忆的指导性还必须与个体的自身特点相结合。

8. 强化理论

强化理论是美国著名的心理学家斯金纳提出的。该理论主张以学习的强化原则为基础，从而对人的行为进行理解和修正。

斯金纳认为，无论是人还是动物，都会对其四周的环境实施一定的行为，以达到其自身一定的目的。如果他实施的这种行为能给他带来一定益处，那么他会反复实施该行为；反之，如果这种行为给他带来害处，该行为就会减弱或消失。个体可以采取强化的方法对其行为加以修正，进而影响行为的后果。强化指的是个体采取一定的措施，从而决定带来肯定或否定后果的行为是否重复出现。强化可以分为正强化和负强化。该理论坚持以下的方法论原则：加以强化的行为重复发生的可能性较大；对于不同的对象实施不同的强化措施；目标要明确、步骤要清晰；注重对信息的及时反馈；等等。

9. 情绪三因素理论

该理论是由美国心理学家沙赫特提出的。情绪三因素理论把情绪的产生归因于刺激因素、生理因素和认知因素的综合作用，而不认为其单纯地取决于机体的生理变化或者外界的刺激。该理论着重强调人的认知过程对情绪的调控作用，认为情绪的产生是个体对当前情境的认知、评估和对过去经验的回忆相对比的结果。比如，当个体对现实情境的认知与评估和他过去建立的经验模式相差无几时，个体就不会感觉强烈地反差，也就不会产生明显情绪；反之，当个体对现实情境的感觉和过去建立的经验模式反差太大时，个体就容易产生紧张情绪。

10. 随意注意理论

随意注意是在不随意注意的基础上发展而来的，指的是有预定的目的，并且需要做一定的意志努力的注意，是一种主动、积极的注意形式。随意注意是注意的高级形式，它服从于人类当前任务的需要。与无意注意不同的是，随意注意是人类所特有的心理现象。随意注意是由一定的条件引起并保持的，主要有深入理解活动的目的和任务、合理组织活动、培养间接兴趣、加强排除干扰的能力等。深入理解活动的目的和任务有利于加强完成一定任务的愿望，合理组织活动有利于注意力的集中，间接兴趣的培养有利于人们工作动力的形成，加强排除干扰的能力是维持随意注意的重要途径。

11. 心理整体理论

心理整体理论是格式塔心理学派的主要理论内容。心理整体理论对心理现象的研究是从整体角度的研究，它认为心理现象是一个由部分组成的有机整体，整体对部分具有决定作用，部分对整体具有依赖性。心理整体理论对感知运动与实际运动的差异的研究是通过实验的方法进行的。实验证明，个体的感知运动同实际运动是不相同的，也不是几个单一刺激的简单组合，而是一个具有交互作用的刺激网络，是一个由多个部分结合形成的有机整体。这也被称为格式塔效应。格式塔学派的创始人认为，格式塔效应具有普遍的有效性，可以广泛应用于心理学、哲学、美学以及自然科学等领域的研究。

个性心理

12. 马斯洛的需要层次理论

该理论认为人的基本需要可以分为五个层次，从低到高依次为生理需要、安全需要、社会交往的需要、尊重需要和自我实现的需要。人的五种需要呈阶梯状排列，尊重需要与自我实现的需要属于高级层次的需要，社会交往的需要属于中间层次的需要，生理需要与安全需要属于低级层次的需要。

生理需要是人的最基本需要，它能否得到满足关系到人的生命的存续，诸如吃饭、住房等都是人的基本生理需要。在人的五种需要中，生理需要是最不可或缺的，它对人们的行动起着强大的推动作用。生理需要如果无法得到满足，种族就无法存在和发展。安全需要主要表现在物质上的安全需要、心理上的安全需要、经济上的安全需要三个方面。安全需要是生理需要得到满足以后首先应当得到保障的需要，同时，安全、自由的欲望也是每个个体都会产生的心理现象。社会交往的需要是指个人对亲人、朋友、集体的关心与理解的渴望，是人对友谊、认同以及爱情的需要。社交需要包括社交欲和归属感两个方面。尊重的需要是指人的自我尊严感以及受到他人尊重的需要，还包括人的权力欲望。一般来讲，尊重的需要并不能够得到完全的满足，但是它一旦得到一定程度的满足，就将对人的行动产生巨大、持久的推动作用。自我实现的需要是人的需要的最高层次，它可以激发人的潜力，使人能够最大可能地发挥自己的能力，是人的抱负心的体现，它以对个人成就感的追求为目的。自我实现需要的实现会让人感到生活和工作的意义所在。

马斯洛认为，在人的五种需要中，越是高层次的需要得到满足的程度就越小，换言之就是不可能得到完全的满足。同时，由低层次的需要到高层次的需要不单纯是一个发展的过程，还可以是同时存在的。任何层次的需要都不会因其他需要的满足而消失。

13. 智力三元论

该理论是由美国耶鲁大学教授、著名心理学家斯腾帕格提出的。认知心理学关于信息处理的理论对智力三元论的诞生有着重大的影响。智力三元论认为，个体接受外界情境刺激时对信息处理的不同方式造成了不同个体在智力上的高低之分。智力三元论认为，人类的智力是由组合性智力、经验性智力、实用性智力三方面组合而成的智力统合体。组合性智力是指个体对所遇到的问题的分析、思考、判断和解决能力。经验性智力是指个体将过去积累的经验应用于对新问题的处理时，通过对知识的分析与整合而形成的创造能力。实用性智力是指个体运用以往所积累的知识、经验处理日常生活中遇到的问题的能力。

智力三元论与传统智力理论的区别在于，它将"智力"的范围扩大了——仅仅是智力三元论中的组合性智力就代表了传统智力测验中所测到的个体的智商。因此，智商与智力的关系问题，是智力三元论的诞生给心理学研究带来的新争议。

14. 经典测验理论

在心理测验中，实得分数一般都有其一定的可信度，或者说实得分数与真分数之间只存在一定的差距。经典测验理论就是关于如何解决实得分数与真分数之间的差异程度的理论和方法。该理论由基本假设、信度、效度、标准化等基本概念构成。基本假设是对真分数与观察分数的关系所做出的假设，它假定真分数和测量误差共同组成观察分数。信度是测验结果真实性程度。效度是指测量对象与实测结果之间的关联程度。标准化就是把测验方式、测验程序、评价方式等予以标准化。

15. 刺激－反应理论

刺激－反应理论认为，学习是因个体受到环境的刺激而引起的个体行为变化的结果。该理论对个体学习行为产生了重要影响。它认为，环境因素对个体学习行为的形成和发展具有决定作用，因此，只要弄清外界的刺激因素是什么，就能够对个体学习行为进行准确、合理的分析。在个体学习过程中，刺激－反应的条件主要包括：首先，必须对学生做出的特定反应给予快速强化；其次，应当促使刺激情境反复出现，以使得学生的学习行为在反复的刺激过程中得以精确化。其中，对学生在学习中的反应的强化速度，对其学习发生的速度有着重要影响，二者成正比关系。

16. 大脑皮层功能定位理论

大脑皮层就是大脑的表层部分。大脑皮层功能定位理论是关于大脑功能与心理活动的关系的学说。大脑皮层功能定位理论认为，大脑皮层拥有众多独立的功能区域，这些不同的功能区域分别掌管着个体不同的心理能力。其主要观点包括：首先，大脑是个体唯一的心理器官；其次，个体的基本性格和智力特征具有先天性；再次，在大脑皮层中分布着发展程度不同的功能区域，这些区域分别具有不同的心理功能；最后，头骨的外形和大脑皮层的轮廓基本无异，故而，根据头骨的外形特征就可以判断大脑皮层发展的情况，进而对个体在某一方面的能力做出判断。

心理学关键词

1. 心理现象

心理现象又可以称为心理活动，是指人在现实生活活动中对客观事物的反映活动。它包括心理过程和个性心理两个方面。心理现象是人的动态的意识过程，带有较强的主观性。但由于心理现象是对客观事实的反映，所以其主观性又不是绝对的。另外，因为心理现象还是人脑的一种运动形式，故又具有一定程度的客观性。

2. 感觉

感觉是人脑对直接作用于人体感觉器官的客观事物之个别属性的反映。触摸、看、听、闻等都可以使人产生感觉。世间万物既有其一般性，又有其特殊性，当事物的个别属性直接作用于人的眼睛、耳朵、鼻子、舌头、皮肤等感觉器官时，人的大脑就会产生具体的感觉。如黑、白、香、臭等，都是人对事物的具体感觉。

3. 知觉

知觉是人脑对直接作用于人体感觉器官的客观事物的整体地、全面地反映，它与感觉反映客观事物的个别属性相对。知觉是对客观事物的诸多属性及其相互关系的综合性反应，它与感觉有着密切的关系，在心理学上可以被统称为感知觉。

4. 记忆

记忆是人脑对过去所经历过的客观事物的反映。诸如人所经历过的事情、所感知过的事物、所见到过的人、所听到过的声音、所思考过的问题、所闻到过的气味、所体验到的情绪等等，都可以称为所经历过的事物。根据记忆内容的不同，可以将记忆分为形象记忆、逻辑记忆、情绪记忆和运动记忆；根据记忆内容在头脑中保持时间的长短，又可以将记忆分为感觉记忆、短时记忆、长时记忆。

5. 心理暗示

暗示是指个体或四周事物以某种不易被人察觉的方式向人发出信息，使人在没有任何意识的情况下接受这些信息，并受到这些信息的影响，从而产生出相应的反应的心理现象。心理暗示对个体产生影响的方式是间接的、隐蔽的，个体的心理、情感、观念往往会在无意识的情况下受到影响而发生变化。

暗示可以分为自暗示与他暗示两种。自暗示是指自己由于受某种观念或周围环境刺激的影响而对自身的心理施加某种影响，使自己的心理发生变化。

他暗示是指个体的情绪和意志发生变化是由于他人施加影响的结果。

"望梅止渴"的典故就是一个运用他暗示的恰当例子。

6. 心理健康

心理健康是指个体的生理、心理与周围环境形成了一种融洽、协调的和谐状态。心理健康主要具有智力正常、情绪愉快和稳定、行为相互协调、人际关系良好、适应能力较强等特征。

7. 思维

思维是人脑对客观事物共同的、本质的特征和内在联系的间接、概括的反映。思维是建立在感知基础上的理性认识形式，是人类认识的高级阶段。例如，通过研究发现通货膨胀、通货紧缩与货币贬值、升值之间的关系，就是人脑对客观事物的本质及其规律的认识。人们通常所说的"假想"、"思考"、"沉思"等都是思维活动的表现形式。

8. 思维定式

思维定式是指个体由于长期、反复从事某些活动而产生思维惯性，并经常用这种惯性思维来观察周围环境所形成的一种固定思维模式。思维定式的形成对个体的同类后继思维活动会产生重大影响甚至是决定性作用。

9. 测谎

测谎是指利用专门的心理测试仪器，通过对被测试者的大脑发出的脑电波的记录观察被测试者的心理活动，进而分析被测试者言语的真实性的一种心理测验方式。测谎是建立在人的生理器官与心理现象之间的关系理论的基础上的，目前主要被应用于司法领域。

10. 想象

想象是人运用思维，把头脑中已经存在的表象予以加工而建立起新表象的过程。从其概念我们可以发现，感知过的事物形象是想象的基础，人的头脑既能够产生感知过的事物形象，也能够产生未感知过的事物形象。根据是否有预定目的，可以将想象分为有意想象和无意想象。

11. 情感和情绪

情感和情绪是指个体对客观事物符合自己需要的程度产生的一种心理评价。情感和情绪是人的自我感觉，具有主观性。人对事物的需要是情感和情绪得以产生的前提。情感主要分为道德感、理智感和美感。情绪则包括心境、激情、应激三个方面。

12. 意志

意志是指人自觉地确定自己的目的，再根据这个已确定的目的支配、调节自己的行动，以克服困难、实现已确定目的的心理过程。人根据自己对外界客观事物的认识和理解，首先在大脑中确定未来行动的目的，接着用已确定的目标来支配自己的行为，以期实现已定目的，这种心理现象就是意志。如人们为了过上幸福的生活而努力工作，农民为了获得丰收而辛勤劳作等，都是意志的体现。

13. 催眠术

催眠术是指运用特殊的心理诱导方式使人形成类似睡眠而非睡眠的状态的一种技术。在催眠状态下，人的潜意识会由于意识的相对削弱而异常活跃。同时，被催眠者的心理活动，包括感觉、知觉、情绪、情感、思维等都会严格听从催眠师的命令，从而和催眠师的言行保持高度的一致。

14. 注意

注意是指个体将自己的心理活动指向和集中于一定的对象。集中性和指向性是注意的两个基本特征。集中性是指心理现象反映事物达到一定程度的完善和清晰；指向性是指人把一定的客观事物作为心理活动的对象。注意可以分为外部注意和内部注意。我们将对象为主体意识以外的一切事物的注意，称为外部注意；将对象为主体本身的情感、思维、思想等的注意称为内部注意。"专心致志"、"集中精力"、"聚精会神"等心理活动都是注意的表现形式。

15. 个性

个性是指个体带有一定倾向性的诸种心理特征的总和，它是个体整体的心理面貌。个性具有复杂性、多侧面性和多层次性，其结构由个性倾向性和个性心理特征两个部分有机结合构成，这使个性成了一个有机统一的整体。个性的基本特征主要包括整体性、稳定性、可塑性、独特性、共同性、社会性和生物性。

16. 能力测验

能力是指对个体的活动效率产生直接影响，并使活动得以顺利完成的个性心理特征。能力测验是以一定量来测量个体的能力，并将之数量化的活动，它是心理测验的重要任务之一。世界上最先发明智力量表来测量人的智力的是法国著名的心理学家比纳和医生西蒙，这种智力量表也因此被称为比纳－西蒙量表。

17. 智商

智商即智力商数，是用来表示智力的高低和智力发展水平的工具。智商包括比率智商和离差智商两种。其中，比率智商是指智力年龄与实足年龄的比值；离差智商是指在心理测验中，被测验者的测验分数与其同龄组的正常人的智力平均数的比值。

18. 气质

气质一词源于希腊的拉丁语，是指混合、掺和之意，后来被人们用于描述人高兴、激动、喜、怒、哀、乐等心理特征。现代心理学对气质的定义是，指表现在人们心理活动和行为方面的典型的、稳定的动力特征。气质是个体生来就具有的心理现象的动力特征，所以我们说气质具有天赋性。另外，气质还具有相对的稳定性和一定程度的可变性，即气质是不易改变的个性心理特征。但气质又并非绝对不可变，在一定条件的影响下可以发生一定的变化。

19. 性格

性格是指表现在个体对现实的态度以及与之相适应的、习惯化的行为方式方面的个性心理特征。性格是指一个人独特的、稳定的个性心理，是人对现实的态度和行为方式概括化与定型化的结果。在个体所有的个性特征中，性格是最具核心意义的心理特征。性格的结构一般包括性格的态度特征、性格的意志特征、性格的情绪特征、性格的理智特征四个方面。

20. 力必多

力必多是弗洛伊德精神分析理论的基石。弗氏认为它是人的精神活动的动力，它由生理上的性冲动和对性关系的渴求两方面构成。后来，弗洛伊德提出了生命本能的概念，扩大了力必多概念的范围，将所有生命的自我保存、种族繁衍和相应心理想象都包括在内。

学习和研究的方法

1. 心理学的学习方法

心理学这门学科有自己独特的学科特点，故而其学习方法也有一般方法和特殊方法之分。学习心理学，同学习其他社会科学一样，都应了解一些基本概念和理论。所以，学习心理学，尤其是对一个初学者来讲，首先应该选一本不错的心理学入门教材来读。因为教科书是一门学科最基本、最精华知识的总结，所以认真地读好一本教科书也是学习心理学必须要经历的过程。

在学习心理学的过程中，至少应该完成以下几项任务：

首先，通过阅读教科书，对心理学通行的基本理论有一个系统的、完整的理解和掌握。从整体上把握心理学的基本理论，有助于加深对心理学这门学科的理解。以此为基础，才能不断加深对心理学的学习。这是一个为学好心理学打基础的过程。

其次，要纵向把握心理学的发展过程，也就是要对心理学的历史有所了解。了解心理学的历史发展，主要是对各种理论学派的代表人物、基本观点，以及后人对它的研究与评价有一个总体的认识和把握。比如，学习心理学，你不能不知道冯特；提到精神分析学派，你不能不知道弗洛伊德。对于诸如构造主义心理学、机能主义心理学、格式塔心理学、行为主义心理学精神分析学说、认知心理学、人本主义心理学等的主要观点也都要有所把握。

再次，学习心理学应该弄清楚心理学上各个理论学派的经典实验。比如，格式塔心理学派的完形实验、行为主义心理学派的操作条件反射实验和巴甫洛夫的经典条件反射实验等等。

最后，由于从心理学的发展过程和趋势来看，心理实验对心理学的发展起到了很大的推动作用，所以学习心理学，就应该对实验设计、实验分析有一定的了解。对于非心理学专业的学习者来说，要求能够独立设计一个心理实验似乎有些苛刻，但对一些实验设计的方式、方法有所了解却是必要的。

当然，如果想更深入地学习心理学，那么接下来就要阅读世界上著名的心理学家的名著了。比如，心理学的奠基人冯特的《生理心理学原理》、精神分析学派大师弗洛伊德的《精神分析引论》和《梦的解析》、认知心理学派代表人物奈瑟的《认知心理学》等。

掌握心理学的理论，并不是学习心理学的最终目的，其目的在于学以致用、做到理论与实践相结合。对心理学知识的运用，可以从观察自己开始。观察自己的心理活动，像自己的情绪波动、自己遇到一些事情时的心理变化等，并对之加以分析，这对于理解心理学知识肯定能起到事半功倍的作用。

2. **心理学的研究方法**

心理学的研究方法主要是在现代心理学各主要流派的发展过程中形成的。心理学的研究方法有很多种，其中比较重要的有观察法、实验法、调查法、测验法和个案法。

观察法是指在日常生活条件下，对被研究行为的外在表象加以观察，以研究行为人心理现象规律的方法。观察法通常是在自然条件下采用的一种研究方法。之所以采用观察法，往往是因为所研究项目不适合于在实验室内进行。例如，对猩猩和它们的群体组织方式的研究——通过有计划的自然现场观察可以得到珍贵的资料，而这些资料是无法在实验室安排的条件下得到的。又如，研究幼儿的社会交往类型或道德行为特征，或母亲与婴儿间感情交往的发生和发展时，为了不受实验室人为条件的影响，也常常在自然生活条件下进行观察。

实验法包括自然实验法和实验室实验法。自然实验法是指在日常生活的自然条件下，研究人员通过创设或改变部分条件来引起自己所需要的某些心理现象，然后再加以研究的方法。普通心理学对于个别心理差异和各种心理过程的研究经常采用自然实验法，儿童心理学、教育心理学也经常采用自然实验法作为研究方法。实验室实验法是在实验室中通过借助各种实验仪器来进行心理研究的方法。实验室实验法多用于对个体心理过程及其生理机制的研究，如情感状态的心脑血管活动、知觉的速度、注意的范围、思维变化的过程等等。由于实验室实验法是在特殊条件下进行的，并且这种条件下的被试者难免会产生异于日常条件下的心理活动，所以这种方法所得出的结论与现实往往会有一定的差异，其对实践的指导性意义也会大打折扣。

调查法是研究者对所需要的材料加以搜集，从而间接了解个体心理活动的方法。调查的方法有很多种，如问卷法、访谈法、活动产品分析法等。问卷法是指通过调查问卷的方式获得所需材料，以研究个体心理现象的方法。访谈法是指通过访问、谈话的方式来了解被试者心理活动的方法。活动产品分析法是对被试的作品，如文章、传记、报告、绘画等加以分析，以研究被试者心理特点的方法。

测验法是借助特定的心理量表对被试者的心理品质加以测定来研究人的心理的方法。测验法作为一种心理学研究方法被广泛使用。测验法有其优点——测验量表的特定化与标准化，使之可以在所规定的人群范围内和所规定的问题上被重复使用。但由于测验是否有效或效果程度如何对测验量表有较大的依赖性，所以该方法所必需的测验量表也需要不断完善。从内容上，我们可以将测验分为智能测验、成就测验和人格测验等。

个案法是试图通过对某一个体进行详细的观察与研究来发现影响个体行为的心理现象以及二者之间关系的方法。个案法是一种比较古老也是比较常用的方法，它经常被用于对儿童心理的研究上。为了在发挥个案法的作用与优点的同时又规避其缺点，在实践中往往将其与其他方法共同使用。

事实上，由于人的心理的复杂性与多变性，试图通过某一种研究方法而获得大量准确、详尽的材料是不可能的。因此，在研究过程中，将以上方法加以综合运用是比较常见的。另外，随着科学技术的发展和心理学研究的不断深入，一些新的研究方法也会不断出现。

个人阅读计划

入门阶段阅读

1. [美] 库恩 著《心理学导论：思想与行为的认识之路》（第9版）

库恩是美国著名的心理学家，该书是美国心理学界比较有名的心理学教科书，从问世以来已经经历了九次修订。本书正是郑钢等根据最新修订的第9版翻译而来。该译本由中国轻工业出版社出版后，受到了中国广大读者的好评。

该书介绍了心理学的发展史、基本概念和理论、研究方法与应用、发展现状等问题，使广大读者可以对心理学有一个比较全面的了解和把握。本书内容涵盖了心理学的诸多分支，如性心理学、人格心理学、社会心理学、应用心理学等。对心理咨询、心理治疗和心理测量等也有精彩论述。所以，该书是一本很好的心理学入门读物。

2. [英] 朱莉娅·贝里曼等 著《心理学与你》（第2版）

本书由英国心理学家朱莉娅·贝里曼组织编写完成，是一部十分畅销的心理学科普读物。

本书将心理学的学术性与趣味性加以糅合。作者在书中列举了生活中的大量生动实例，既介绍了心理学的基本概念、基本理论和研究方法，又介绍了心理学领域的前沿问题。本书内容涵盖了体态语言、个性、情绪、知觉与记忆、学习与思维、社会心理、发展心理、动物心理、心理问题、心理测量和心理学研究方法等诸多内容。本书通俗易懂，雅俗共赏，是一本很好的心理学入门读本。本书由北京出版社出版。

3．[中] 崔丽娟等 著《心理学是什么》

崔丽娟是我国著名的心理学家。本书是一本比较不错的心理学入门读物，由北京大学出版社出版。

本书内容如其名，通过对心理学发展史以及心理学基本概念的研究，回答了"心理学是什么"这个问题。该书能使读者对心理学有耳目一新的感觉，并能引导读者去思考人生的目的和意义，从而帮助读者树立正确的人文价值观。

4．[美] 理查德·格里格、津巴多 著《心理学与生活》

理查德·格里格是美国著名的认知心理学家，美国纽约州立大学的心理学教授。《心理学与生活》是美国高校的一部经典教科书，斯坦福大学多年来一直在使用。作为 GRE 心理学专项考试的主要参考书之一，该书也被世界上许多国家高校的普通心理学课程选用为教材。该书由王垒、王甦等翻译出版后，在中国也十分畅销。

该书对心理学的基本概念和基础理论论述得十分详细。作者还联系社会环境、社会文化等因素，对人的心理现象进行了精彩的论述。因此作为一本心理学入门读物，该书也是相当合格的。本书由人民邮电出版社出版。

提高阅读阶段

5．[美] 罗伯特 著《三种心理学：弗洛伊德、斯金纳、罗杰斯的心理学理论》

作者罗伯特是美国著名的心理学家。本书分别对弗洛伊德、斯金纳、罗杰斯三位心理学大师的心理学理论进行了详细的介绍，包括弗洛伊德的精神分析学说、斯金纳的行为主义理想和罗杰斯的人文主义现象学。运用具体的例子对上述三种心理学理论进行比较和评价是本书的一大亮点。

本书对于渴望在心理学方面能够有所深入，但又对心理学大师的经典原著有所畏惧的读者不无裨益。本书由石林、袁坤合译，中国轻工业出版社出版。

6. [中] 孟昭兰 主编《普通心理学》

孟昭兰教授可以说是我国心理学界的老前辈，在心理学研究领域也是建树颇多。《普通心理学》一书是深受欢迎的国内流行的心理学教科书之一，该书由北京大学出版社出版。

本书对个体心理活动的一般规律进行了系统论述，对心理学的介绍也十分完整，且概念清晰，理论体系相当系统。与过去的教材相比，该书增加了个体毕生心理发展、人类心理演化等篇章，吸收了近年来国内外相关领域的最新成果，并且比较注重理论联系实际。本书既是一本国内较流行的学院教科书，也是一本可以对心理学知识加以拓展的十分不错的心理学读物。

7. [德] 弗洛伊德 著《梦的解析》

该书是精神分析学说创始人弗洛伊德的一部享誉全球的佳作。

在书中，作者强调梦是个体的无意识欲望经过修饰改装后的表达，梦并不是肆无忌惮、直截了当的。弗洛伊德对梦的工作原理进行了详细的解答，他通过对大量梦的例子的分析，表达了自己对梦的立体理解。

该书一经问世，立即在心理学界引起了巨大反响，成了心理学的经典名著。因此，本书实乃学习心理学的一座绕不过的大山。该书由光明时报出版社出版。

8. [英] 艾森克、[爱尔兰] 基恩 著《认知心理学》（上下第4版）

艾森克是英国著名的心理学家，在心理学研究领域建树颇丰。基恩是爱尔兰著名的心理学家，在心理学界也影响甚大。本书由华东师范大学出版社出版。

本书是一本论述认知心理学的专著，作者对认知心理学进行了详尽的论述。在本书中，作者断言，认知心理学会成为心理学的主流，并会对其他领域也有所渗透。本书是关于认知心理学的一本佳作，但由于其很强的学术性，故对于非专业人士而言并非必读。本书由华东师范大学出版社出版。

7

教 育 学

教育学的知识结构

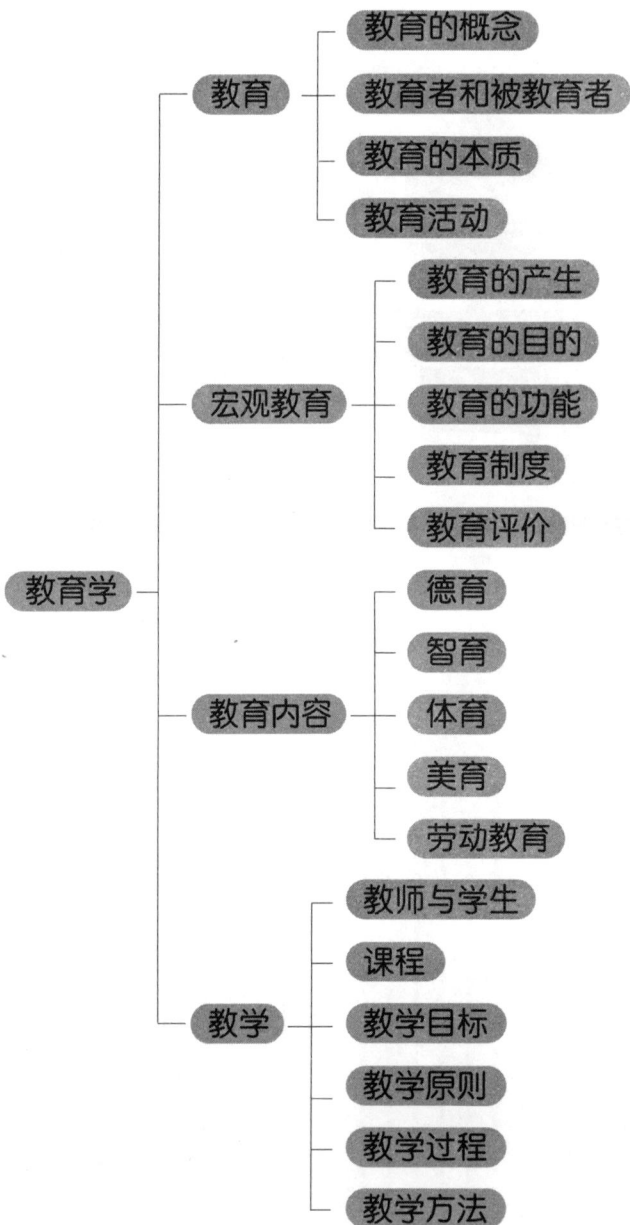

```
                    ┌─ 教育的概念
           ┌─ 教育 ─┼─ 教育者和被教育者
           │        ├─ 教育的本质
           │        └─ 教育活动
           │
           │            ┌─ 教育的产生
           │            ├─ 教育的目的
           ├─ 宏观教育 ─┼─ 教育的功能
           │            ├─ 教育制度
           │            └─ 教育评价
教育学 ────┤
           │            ┌─ 德育
           │            ├─ 智育
           ├─ 教育内容 ─┼─ 体育
           │            ├─ 美育
           │            └─ 劳动教育
           │
           │        ┌─ 教师与学生
           │        ├─ 课程
           └─ 教学 ─┼─ 教学目标
                    ├─ 教学原则
                    ├─ 教学过程
                    └─ 教学方法
```

教育学学科分支

教育学　教育史学

　　　　教育哲学：理论教育学、比较教育学

　　　　应用教育学：教育人类学、教育经济学、教育心理学、教育
　　　　　　　　　　政策学、管理教育学、教育技术学、高等教育
　　　　　　　　　　学、儿童教育学、成人教育学、特殊教育学

什么是教育学

顾名思义，教育学就是以教育现象和教育问题为研究对象，旨在揭示教育规律的科学。在教育科学体系中，教育学是一门基础学科，主要研究教育的一般原理，诸如教育的本质、教育目的、教育政策、教育制度、教育方法等都属于教育学的研究范围。

教育学是研究教育的学问。所谓教育，就是有意识、有目的地培养人的一种社会活动。教育是由教育者、受教者以及教育影响等因素构成的。教育者就是在教育活动中承担教育责任和施加教育影响的人，是教育的主体。受教育者就是在教育活动中接受教育并承担学习任务的人，是教育的对象。教育影响是发生于教育者与受教育者之间的一切影响的总和，包括所运用的教育方式和教育活动对受教育者的所有影响。在教育活动中，受教育者在接受教育者教育的过程中使自己不断发生改变。引起受教育者改变的教育活动是教育者根据一定的标准和目标实施的。

教育学是揭示教育规律的科学。教育规律具有客观性、必然性、稳定性、重复性的特点，且有一般教育规律与特殊教育规律之分。所谓一般教育规律，就是存在于一切教育活动之中，并贯穿整个教育发展过程的始终的规律。诸如教育与社会发展关系的规律、教育与受教育者之间关系的规律等都是教育学要研究的一般教育规律。而诸如教授与学习之间的关系，老师与学生之间的关系，学校教育、社会教育与家庭教育之

间的关系等则是存在于教育过程之中的特殊教育规律。研究并揭示这些规律，以明确各种教育问题并最终构建教育学的理论体系是教育学的重要任务之一。

教育学与教育经验的总结不同。对教育实践经验的总结只是对教育现象停留在表面和局部的具体经验的汇集，而教育学不仅仅是对教育实践经验的汇集，更重要的是在教育实践经验基础上进行的科学的理论概括和重新整合。当然，虽然不能简单地将教育学等同于教育经验，但也不能将二者彻底割裂，因为教育经验是教育学理论的源泉，是隐含着教育规律的教育学研究素材。

教育学是教育科学这一庞大的学科系统中的一个子系统，并占据着核心的位置。教育学产出的教育原理和教育规律对其他子系统起着基础性的作用，同时其他子系统的发展也为教育学的发展提供了土壤。

教育学发展史

教育学的发展经历了一个漫长的过程。总的来说，可以把教育学的发展历史划分为四个大的发展阶段。

第一阶段是教育学的萌芽阶段，主要是指古希腊和古罗马时期。在这一时期，并没有独立的教育学理论，只是在人类教育实践不断发展和教育经验不断积累的条件下，一些哲学家、思想家在他们的政治学、哲学著作中对教育实践中的一些教育问题和教育经验进行了附带性的论述和说明。柏拉图、亚里士多德和昆体良等人就在他们的政治学和哲学著作中对各种教育现象进行了阐述，并提出了一些教育学观点。由于人们对一些教育现象的认识还只是停留在对社会现象的整体认识上，所以教育学也只能依附于哲学或政治学，而不可能分离出来形成一门独立的学科。

17 世纪到 19 世纪，教育学才结束了对哲学等学科的依附，逐渐成为一门独立的科学。1623 年，英国哲学家培根发表了《论科学的价值与发展》一文，首次提出把教育学作为一门独立的学科。这标志着教育学从此在科学体系中有了自己独立的学科地位。1632 年，捷克教育家夸美纽斯发表了近代最早的系统论述教育问题的专著《大教学论》，他因此被誉为世界"教育史上的哥白尼"和近代教育学的鼻祖。继夸美纽斯之后，很快又有一大批论述教育学理论的专著问世，如洛克的《教育漫话》、赫尔巴特的《普通教育学》、福禄贝尔的《人的教育》、斯宾塞的《教育论》等。其中，赫尔巴特的《普通教育学》是教育学最终拥有自己完整的理论体系而成为一门独立学科的代表作。

19 世纪 50 年代到 20 世纪 50 年代期间，是教育学发展的多样化阶段，这主要体现在大量新的研究方法被广泛应用于教育学的研究。由于教育学对社会学、心理学等学科的研究方法的采用，大批教育学理论得以出现。例如，英国实证主义哲学家、教育家斯宾塞极力主张运用实证方法研究教育现象，认为教育学的任务在于描述教育现象及其内部关系，而不应当过分注重对教育本质的揭示。梅伊曼还提出了实验教育学的概念，认为传统的理论研究往往导致理论与实践的冲突，因此应当引入实验的方法研究教育现象。此外，这一时期比较重要的还有拉伊、杜威以及凯洛夫等的教育学理论。

20 世纪 50 年代至今是教育学的深入发展阶段。这一时期教育学科学化水平的提高主要是由于系统论、控制论、信息论等的出现为教育学研究提供了新的方法论基础。美国著名教育学家布卢姆是这一时期的主要代表人物之一，他认为认知、情感和动作技能是教育的三大目标，并且每一个目标又可以分为不同的层次。美国教育学家、心理学家布鲁纳提出的"结构教学论"也是这一时期教育学理论的典型代表，他在教学内容上倡导基本结构，在教学方法上倡导发现法。此外，苏联的赞可夫、苏霍姆林斯基以及瑞士的皮亚杰等提出的一些理论也产生了重大影响。

教育学基本理论

教育

1. 教育的本质

教育就是培养人的活动是人类社会所特有的一种社会现象。教育同人的发展和社会的进步有着密切的关系。教育是一个多因素、多层次的完整社会系统，主要包括教育者、受教育者和教育影响三个相互联系的基本要素。教育者与受教育者之间的关系主要表现在教育者总是根据一定的标准和目的去影响受教育者并使其发生改变，而这种关系是以一定的教育影响为媒介的。

教育是一个有目的、有计划和有组织地促进人的社会化的过程，这是教育和其他社会科学的本质区别。人的社会化过程意味着人的第二次出生，即社会人的出生。教育是自然人向社会人转变过程中的关键，是将人类积累的众多知识和经验内化为人的精神财富的工具。因此，从本质上看，教育执行着人类整体精神财富的社会遗传职能。

2. 环境决定论

环境决定论强调后天教育在个体成长过程中的重要作用，认为后天原因是儿童认知发展的主要原因，不同个体在成长过程中所形成的心理发展差异90%是由教育决定的。华生是环境决定论的最早代表人物，他曾经说："给我一打健康的婴儿，如果让我在由我所控制的环境中培养他们，不论他们的前辈的才能、爱好、倾向、能力、职业和种族情况如何，我保证能把其中任何一个人训练成我选定的任何一种专家：医生、律师、艺术家、富商，甚至乞丐和盗贼。"可见，环境决定论对后天教育以及个体成长的外部原因的强调明显过于严重，它忽视了个体自身的心理过程。

3. 人格发展理论

人格发展理论是由美国著名精神病医师埃里克森提出来的。埃里克森认为，人的自我意识发展贯穿人的一生，其形成和发展可以分为8个阶段，其顺序是由遗传因素决定的。这8个阶段分别为婴儿期、儿童期、学龄初期、学龄期、青春期、成年早期、成年期、成熟期。在婴儿期，个体存在着基本信任和不信任的心理冲突；在儿童期，个体存在着自主与害羞和怀疑的冲突；在学龄初期，个体存在着主动对内疚的冲突；在学龄期，个体存在着勤奋对自卑的冲突；在青春期，个体存在着自我同一性和角色混乱的冲突；在成年早期，个体存在着亲密对孤独的冲突；在成年期，个体存在着生育对自我专注的冲突；在成熟期，个体存在着自我调整与绝望期的冲突。

埃里克森认为，以上八个阶段是否能够顺利度过主要取决于环境的影响。这就为教育在个体成长过程中的不同阶段发挥作用提供了理论依据和教育内容。正确的教育方法乃是根据不同年龄段的个体采取不同的教育方法和教育内容。任何一个阶段的教育失误都有可能造成个体终生发展的障碍。

4. 实验教育理论

实验教育就是以可控的教育情景为背景，根据特定的理论前提，对某些教育因素（自变量）予以有目的地改变，对无关因素予以控制，并对另一些教育因素（因变量）的变化予以观察记录，一定时期后，运用统计分析手段，分析以上两种教育因素之间存在的基本联系，以验证先前的理论假设的教育方法。在实验教育中存在着自变量、因变量和无关变量三种变量。实验教育有着鲜明的特征，即主动性、实时性、可控性、有序性等。

实验教育有着清晰的步骤，主要包括提出实验课题、建立实验假说、进行实验设计、实验操作、对资料进行统计处理、实验报告、整理实验信息情报等。

宏观教育

5. 终身教育理论

德国教育学家戴夫概括提出了终身教育20条，主要包括：（1）终身教育概念的基础是生活、终身和教育三个基本术语，它们共同决定了终身教育的含义和范围；（2）教育是贯穿人的一生的漫长过程，不仅仅局限于学校教育；（3）终身教育包括学前教育、初等教育、中等教育、高等教育、成人教育等多种教育形式和教育阶段；（4）终身教育包括正规教育和非正规教育；（5）对终身教育的初期具有决定作用的是家庭教育；（6）社会贯穿于终身教育的始终；（7）学校等教育机构不享有终身教育的垄断权，它们只是众多教育机构中的一种；（8）终身教育具有连续性和一贯性；（9）教育整合是终身教育的横向追求；（10）终身教育主张教育的民主化和普遍性；（11）终身教育的受教育者在学习方法、内容、时间和技术等方面，具有多样性和灵活性；（12）终身教育强调人们随着社会的变化发展而不断调整学习内容和方法；（13）终身教育为受教育者提供多种教育方式；（14）终身教育包括专业教育和普通教育两个领域；（15）终身教育可以帮助人们提高适应和创新能力；（16）终身教育可以弥补体制内教育的不足；（17）终身教育以改善人们的生活质量为最终目标；（18）提供适当机会、加强学习动机、提供学习能力是终身教育的主要前提；（19）终身教育组织、融合了所有教育形式；（20）终身教育提供所有教育的全部体系。

6. 布卢姆教育目标理论

该理论认为，教育目标包括认知、情感和动作技能三大类。同时这三类目标又分别包括不同的几个层次，并呈由低到高的阶梯状排列。

教育的认知目标包括识记、理解、应用、分析、综合、评价六个层次，是一个由低到高的过程。识记就是对各种已有知识的回忆；理解是指个人不必联系其他材料就能够认清并使用其接受的知识材料或概念；运用是指在特定情境条件下使用理解了的抽象概念和原理；分析是指将接收到的信息剖析为各种组成要素或部分，并弄清各部分之间的联系；综合是指把接收到的知识信息整合为一个系统的整体；评价即依据一定的价值标准对已经掌握的材料和信息做出判断。

情感教育目标由低到高可以分为接受、反映、价值评价、价值组织和品格形成五个等级。接受是指受教育者对自己已经感觉到的某些现象和刺激表示出愿意接受的态度；反映是指受教育者对出现在他面前的某些刺激产生积极的动机并愿意主动采取相应行动；价值评价是指受教育者通过外在价值观念的内化而形成自己的价值观和信念；价值组织是指受教育者将其遇到的各种价值观念组成一个有机一致的体系，并确立主导价值观念；品格形成即受教育者稳定的性格特征的形成。

布卢姆本人没有对动作技能教育目标做出具体的分类，下面主要介绍辛普森的分类方法。

7. 辛普森动作技能教育目标理论

辛普森把动作技能教育目标分成知觉、定势、指导下的反映、机制、复杂的外显反映、适应和创作七个层级。知觉就是受教育者通过身体感官觉察到客体的具体状况；定势是指受教育者为某种特定的动作行为而实施的准备活动；指导下的反映是指学生在教师的指导下或根据自我标准表现出来的自身行为动作；机制是受教育者长期养成的习惯性反映；复杂的外显反映是指受教育者通过长期的学习活动而掌握的复杂的动作行为和技能；适应指根据新的情境的变化而改变自己的动作行为；创作是指创造新的动作行为或操作材料的方式。

8. 教育评价理论

教育评价是指根据一定的目标标准，通过拟定的评价方案和评价技术对教育现象及其产生的效果进行评定，从而明确目标的实现程度，以最终做出价值评判的过程。教育评价方法和评价原则是教育评价理论的重要内容。

教育评价方法是指搜集、整理和分析评价材料的方法和手段，其中对评价指标权数的确定是其关键环节。传统的教育评价方法主要包括专家意见平均法、德尔斐法和层次分析法。近年来又出现了档案袋评价法和真实性评价方法。专家意见平均法是指由具有丰富经验的教育管理工作者、教师以及教育理论工作者共同讨论确定指标权重的方法；德尔斐法强调应当最大限度地减少权威人士在决策过程中的非正常影响；层次分析法是一种多目标、多标准的统计分析方法；档案袋评价法是搜集并分析学生、教师的有关材料以评价学生学习状况的评价方法；真实性评价就是在真实的环境中评价学生的表现的评价方法。

在进行教育评价的过程中，应当坚持方向性原则、客观性原则、整体性原则和综合性原则的统一。

教学

9. 师生关系理论

师生关系是在进行教育活动的过程中形成的教师与学生之间的相互关系，主要包括道德关系、心理关系以及正式和非正式关系。师生之间的道德关系是指在教育过程中，教师与学生都应当担负的道德义务关系。在道德关系中，发挥主导作用的是教师，即教师的道德观念、信念和情感对此关系起着决定性的作用。师生之间的心理关系是指教师与学生之间的心理交往与交流，包括认知关系和情感关系。教师与学生的正式关系是指在学校教育中，围绕着教学活动所形成的教师与学生之间的关系；非正式关系是指发生在正式关系之外，教师与学生出于个人思想、感情以及业余爱好等方面的需要而结成的相互关系。

10. 教学原则

教学原则是指以教学规律为基础而制订的教学工作的基本指导要求。它服务于一定的教学目标，是进行教学活动的基本行为规范。

根据现代教育学理论和教育实践，比较常用的教学原则有以下几个：（1）科学性与思想性相统一的原则。贯彻这一原则应当作到教学内容的科学性与思想性、教学材料的科学性与思想性以及教师自身素质修养的提高。（2）理论联系实际的原则。坚持这一原则，首先要求加强基本理论和基础知识的教学；其次要恰当地联系实际以配合理论教学；最后要重视对学生基本技能的训练和培养。（3）直观性与抽象性相统一的原则。即教师运用直观的教学手段引导学生建立丰富的感性认识，进而加强学生分析、归纳与思考问题的能力，以锻炼学生的抽象理论思维。（4）统一安排与因材施教相结合的原则。该原则要求在安排教学活动时，要从学生的一般特征出发，对他们提出统一的要求，力求实现学生的全面发展；但在实际教学过程中，应当重视学生的个体差异，并根据他们的不同特点采取有针对性的教学方法。（5）启发性原则。这一原则要求教师在教学活动中应当千方百计地调动和激发学生学习的主动性和积极性，使其真正成为学习的主体。

11. 发展教学理论

发展教学理论是苏联教育学家赞可夫提出的关于学生个人发展的理论，通过最好的教学效果来实现学生最理想的发展水平是发展教学理论的核心。该理论认为，学生个人的发展包括一般发展和特殊发展，一般发展是指学生的智力以及情感、意志品质、性格和集体观念等方面的发展；特殊发展则是指学生的劳动技术等方面的发展。学生个人的一般发展是教学活动的出发点和最终归宿。

为了实现教学活动对学生发展的促进作用，赞可夫提出了应当贯穿整个教学活动的五项基本原则，即高难度、高速度、发挥理论知识的指导作用、使学生理解学习过程和坚持促进包括差生在内的全部学生的共同发展。

12. 夸美纽斯理论

认为教学过程是自然模仿的过程是该理论的核心思想。夸美纽斯认为，依据感觉论哲学，认识和教学的基础应当是感觉经验，而所有的教学活动都应当遵从自然规律的法则，尊重儿童天赋的自然力。他力反当时盛行的崇尚教师权威的教条主义教学，认为教学过程应当以外部感觉和理智为出发点，实物证据是一切知识传授行为的正当载体。他认为教学过程首先应当重视发展学生的认识能力，应当从让学生学会观察开始，而不应当从教授学生认识文字开始。为了实现和巩固这样的教学过程，夸美纽斯主张，在教学过程中应当遵守直观性、自觉性、系统性、连贯性、量力性和巩固性等原则。此外，他还主张建立班级授课制度，提出了学年制的教学概念，并主张人们重视教科书在教学过程中的作用。

13. 赫尔巴特理论

赫尔巴特对教学过程的分析是建立在心理学的基础上的，认为学生多方面的兴趣是教学过程的基础。他认为学生的兴趣是其理智的自动精神，在教学活动中，教师必须做到使学生在遇到新的知识时能够使自己内心的已有观念得到激发。后来，为了更进一步地认识学生的兴趣，他又提出了统觉的概念。所谓统觉，就是学生在原有的知识积淀的基础上理解新观念的过程。赫尔巴特试图通过统觉这一概念来揭示教学过程，并将教学过程分解为明了、联想、系统和方法四个阶段。总之，赫尔巴特的教学过程理论主要表现在对教师在教学中的领导作用和所传授知识的系统性的重视两个方面。

14. 教学过程最优化理论

该理论是苏联教育学家巴班斯基提出来的。简单而言，教学过程最优化就是指从效果和时间标准看，能够使教学质量尽可能达到最高、学生负担尽可能最小的教学过程。根据辩证系统的方法，巴班斯基把教学过程分为社会、心理和控制三个因素。为了实现最优化教学过程，他提出了最合理的课堂结构、十大教学原则以及六项指导办法等配套性理论。他认为教学过程的各个步骤应当按顺序依次进行：教师提问→教师做出讲解→学生巩固已学知识→教师检查学生新知识的掌握情况→学生复习已经学过的知识→教师帮助学生概括这些知识并使之系统化。他提出的六项指导办法是：

（1）从整体角度考察任务，注重全面发展；（2）深入了解学生，将任务具体地落实到学生；（3）以教学大纲为依据，分清教学内容的主次；（4）具体问题具体分析，确定合理、恰当的方法；（5）采取恰当方法，实施因材施教；（6）合理安排课程进度，节省教师和学生的时间。

15. 范例教学法

范例教学法是德国教育学家根舍因提出来的，它认为教学内容应当是那些真正称得上是范例的基础的、本质的知识，教师通过对这些范例内容的讲授，应该使学生掌握同类知识的学习规律，即学会举一反三。而作为范例教学内容的知识应该是最具基础性的范例，它可以使学生掌握一般的科学原理和方法。范例教学与系统教学相对，它主张实施有"缺漏"的教学，反对大而全的教学方法和填鸭式的教学，认为通过教学过程应当使学生学会独立学习的方法，而不是成为复述知识的机器。根舍因还认为，范例教学法还应当使学生学会知识的扩展，即通过对已经掌握的知识的深入来获得新的知识。

16. 结构教学论

结构教学论是美国著名的教育学家布鲁纳提出来的。布鲁纳认为，在教学内容上，教师应当教会学生对知识的基本结构，即每门学科所具有的基本原理和基本概念的掌握；在教学方法上，教师则应当在找出学科基本内容后再设计好具有鲜明特征的教具材料，以培养学生的"发现精神"，即使学生学会知识探究，拥有科学探索精神，能够从繁杂的知识系统中得出凝聚自己思考的结论，并从中归纳出科学的学习方法和规律，进而通过知识运用的迁移性将其广泛运用到对其他知识的学习中去。

教育学关键词

1. 教育者

教育者就是在教育活动中承担教授学生的责任和施加教育影响的人，是教育的主体。教育者有广义和狭义之分，广义的教育者包括学校的教师、教育管理者，其他教育机构的教育工作者以及父母和长辈等；狭义的教育者则专指具有教师资格的专职教师和兼职教师。

2. 受教育者

受教育者是教育的受体，指在教育活动中担负被教育的义务，并接受教育影响的人。从广义的角度看，几乎每一个人都可以称为受教育者；从狭义的角度看，受教育者是指在学校教育中接受教育的学生。在教育活动中，受教育者必须接受教育者的领导和一定程度的控制。

3. 教育规律

教育规律就是教育现象内部各要素之间以及教育现象与其他社会现象之间存在的内在联系与固有矛盾。教育发展与社会生产力之间的关系、教育与社会之间的关系等都是教育规律的具体体现。教育规律是教育现象本身所固有的、不以人的意志为转移的。在教育活动中，只有认识到教育规律的客观性与支配作用，才能将教育活动真正做好。

4. 应试教育

应试教育就是以升学率为最终目标的教学理念。在教学内容上，应试教育一般都只注重那些与学生升学相关的知识的传授，而不注重对学生进行人格等方面的教育。在教育对象上，应试教育往往将那些成绩较差、升学无望的学生排除在外，而只注重对那些优秀学生的培养。

5. 素质教育

素质教育就是以全面提高学生的整体素质为目标的教学理念。在教学内容上，素质教育提倡德育、智育、体育、美育和劳育的全面结合而不是因为特定目的偏重某一方面。在教育对象上，素质教育重视全体学生的全面进步而不是将所有目光都聚集在少量优秀学生的身上。实现学生德、智、体、美、劳的全面和谐发展是素质教育的根本目标。

6. 教育测量

教育测量就是根据教育活动目标的要求，按照一定的程序和规则对教育活动的实施和效果进行数量化的定量测评的过程。通过教育测量，可以发现教学管理中的一些问题，以及教师在课程教授和学生在课堂学习中存在的诸多问题。

7. 教育评价方案

教育评价方案是指根据教育活动和评价活动的目的以及一般规律，对教育评价活动的实施步骤、指导原则、方针计划、评价范围等方面进行的规范式设计和安排。教育评价方案是进行教育评价的关键，它的优劣将直接影响到教育评价活动的准确性与客观性。

8. 教育评价指标体系

教育评价指标体系是指由代表各个具体的评价目标的若干指标以及这些指标的权重和评价标准所组合构成的有机统一体。教育评价指标体系是开展教育评价活动的基础和根据，它对评价范围、评价内容、评价尺度等事项做出了具体的规定，是设计教育评价方案的核心。

9. 德育

德育就是对学生进行思想品德方面的教育，它包括思想、道德、法律、政治等方面的教育。德育有助于学生形成正确的价值观、人生观和世界观，是学生健康成长和责任意识形成的重要保证。

10. 智育

智育即教育者向受教育者有目的、有计划、有组织地传授系统的科学文化知识和技能的教育活动。智育是全面发展的素质教育的重要组成部分，它随着社会经济、政治、文化和科学技术的发展而发展。

11. 体育

体育就是对人的身体的教育，即教育者教授学生维持和发展自身身体素质的各种活动所组成的相关联的教育过程。它以身体为媒介，目的是促进学生的身体健康和全面发展。

12. 美育

美育即审美教育，它是教育者按照美的标准培养受教育者的形象化的情感教育过程。它围绕着情感这个核心，以一定的审美观念为标准，以美的形象为手段，试图推动人的全面发展。美育可以促进人的美的理想、美的情操、美的品格、美的素养的发展，并使人具有欣赏美和创造美的能力。

13. 劳动教育

劳动教育就是教育者对受教育者的劳动技能的教育。劳动是人类存在的基础和发展的动力，因此从一定程度上说，劳动教育是向受教育者传授生存的技能。劳动教育是追求学生的全面发展的素质教育的一部分。

14. 个人发展

个人发展是指个体在生理、能力、智力、心理等方面的不断成熟和发展。个人发展是指通过制订一定的计划和行为方式来实现自己的既定目标，是个体不断追求、积极进取的外显。个人发展的制约因素包括自我因素和外界因素两个方面，这两个方面在对个人发展发生制约作用的同时，自身之间也是相互制约的。

15. 职业倦怠

职业倦怠是指工作者因为感到身体十分疲惫，内心无法对自己的工作提起兴趣或对工作充满了厌倦情绪，以致工作绩效明显下降的一种长期状态。教师是职业倦怠现象的高发人群，它就像一种疾病一样困扰着教育事业的发展。教师个人的年龄、教龄、人格、角色定位、个人需要等因素与职业倦怠现象的发生都有着直接的关系。

16. 师德

师德，即教师的职业道德，是指教师在教育活动中必须遵守的教师行为规范和道德准则。教师行为规范是调解教师与学生、教师与教师、教师与学生家长之间关系的重要标准。教书育人的职业追求要求教师必须具备高尚的职业道德。教师的职业道德主要体现在教师应当如何对待教育事业、如何对待学生、如何对待教师职业以及如何对待自己的教师工作四个方面。

17. 教育机智

教育机智是指教师在教育活动中发现和处理各种新的、突发的情况的能力。教师对学生的了解程度、教师的教育经验和教育技巧、教师的个人品质和意志能力等都是影响教育机智高低的重要因素。一名教师如果没有良好的教育机智，就难以对突发事件进行正确判断和恰当解决，因此难免会造成不良后果。

18. 最近发展区

学生的发展水平中包含着现有的发展水平和潜在可能的发展水平两种，而最近发展区则是这两者之间的差距部分。学生的最近发展区应当是教学的主要着力点，教师应当以此为核心对学生进行一定的高难度教育，以尽可能大地挖掘其潜力，使其超越现有的最近发展区并形成新的最近发展区。

19. 因材施教

因材施教就是在教育活动中，对不同的学生采用不同的教育方法，以最大限度地实现对全部学生的全面教育。个体之间智力、素质等方面的个性差异是因材施教的存在基础。因材施教要求教育者必须全面、深入地了解每一个学生，发现他们的优点和缺点，从而制订不同的教育方案。

20. 精神助产术

这是苏格拉底的教育思想，他认为理想的教育方法是凭借正确的提问激发学生的思考，以促使其自己去发现潜藏在人的内心深处的真理。而不是由教育者把现成的、表面的知识直接传授给学生。这就像接生婆帮助产妇通过自己的努力分娩婴儿一样，教育者在教育活动中的身份首先应当是帮助者而不是主导者和知识的灌输者。

21. 填鸭式教学

填鸭式教学就是教师强硬地将知识灌输给学生的教学方法。该方法只是强调把知识灌输给学生，而没有任何的创新性。在填鸭式教学过程中，占据主导作用的是教师，学生只是被动地接受知识，参与程度较低。这种教学方法不利于学生的全面发展和健康成长，因此受到了广泛的批判。

22. 暗示教学

暗示教学体现了对周围环境的暗示信息以及人的可暗示性的广泛利用。它主要是基于对暗示信息和人的可暗示性特点的利用，试图通过将教学活动组织成生动、有趣的音乐和舞蹈等艺术活动，让学生置身于一个欢快、轻松的环境中，以最大限度地激发学生无意识领域的潜能，使其在不知不觉中完成学习任务。

23. 学习"五步法"

美国著名教育学家杜威提出了学生学习的五步法，即问题情境的发生、确定所发生问题的性质、解决问题的前提假设、对假设的推论、检验。该方法强调受教育者在学习过程中的主动性以及学生应当注重从个人经验中获取知识。

24. CAI346

CAI即计算机辅助教学（COMPUTER-ASSISTEDINSTRUCTION），是指教师将计算机作为教学媒体，为学生创造一种个别化的学习环境，学生在老师的指导下通过与计算机的交互进行学习的一种现代教学方式。与其他传统教学方式相比，计算机辅助教学具有交互性强、个别化教学能力突出、节约实践、教学效率高以及科学性强等特点。

25. 课件

课件是计算机辅助教学的物质载体和重要工具，对计算机辅助教学的产生具有决定作用。从教师的角度而言，课件设计的依据是教学目标，它包含了一定的教学内容并将其转化成了能够被人所控制的教学信息，反映了教师的教学策略。从学生角度而言，学生可以对课件进行交互操作，并且可以对自己的学习行为和效果做出评价。根据不同的标准，可以对课件做出不同的分类。

26. 远程教学

远程教学是一种新型的、具有交互性的远程教学方式，它打破了传统的面对面式的教学方式，突破了时间和空间的限制，学习者可以随时随地享受各种教育和学习资源。广义的远程教学包括函授教学、广播电视教学和网络教学等形式。

27. 网络教学

网络教学是远程教学的一种具体方式，它是将计算机技术、网络技术和现代教学方法等因素加以有机结合而形成的一种交互式和开放式的教学方式。通过网络教学，教师与学生可以进行实时或非实时、双向或多向的信息交流。学生可以随时进行学习、与教师进行在线或离线交流、完成作业等。教师也可以随时随地完成批改学生作业等相关教学活动。

28. 胎教

胎教就是对胎儿的产前教育，有广义和狭义之分。广义的胎教是指妇女在妊娠期间，不仅要重视自身的身体健康和营养补给，还要重视自己的生活环境对胎儿的影响，努力使自己保持积极、乐观、愉快的情绪和态度，以便对胎儿产生良好的母体影响，使他们出生后能够聪明、健康。狭义的胎教就是指对胎儿进行的早期教育，主要通过向胎儿诉说、抚摸孕妇腹部、让孕妇听柔和高雅的音乐以及进行适当的体育锻炼等方式进行。

学习和研究的方法

1. 教育学的学习方法

教育学是一门理论与实践相结合的学科，因此在学习教育学的过程中也应当紧紧把握其理论性和实践性特征，坚持贯彻两条学习主线。即，首先，应当建立起教育学的知识结构意识；其次，注重教师职业技能的训练。

教育学知识结构的建立，就是对教育学理论内容的学习。诸如教育学的基本概念、基本原理、教育实践的基本技巧和方法等都是必须学习和掌握的。这就要求读者必须完成对教育学教科书的粗读和精读。通过粗读，可以全面了解教育学基本知识的分布状况，对教育学有一个初步的框架意识。之后就要完成教育学理论的精读，从而掌握教育学的每一个基本概念和知识点，理解教育学的基本原理。此外，在学习教育学理论的过程中，应当建立起现代教育的理念，以便为以后的进一步学习和从事教育实践活动打下坚实的基础。

在学好教育学理论知识的前提下，应当适当参加一些教育实践活动。教育实践活动是理论学习的延伸，可以培养人的创新精神和实践能力，有利于个人综合素质的提高。在此，我们主要向读者推荐以下几个途径：

第一，参加教育见习活动。例如，想办法到一些大、中、小学参加观摩主题班会或者观摩课堂教学实践。有条件的话，能亲自走上课堂体验一下做老师的感觉更好。在活动结束之后，一定要认真总结，写出见习报告，以巩固自己的教育学理论知识和加深对教育实践意义的体会。

第二，进行必要的教育调研活动。在假期时间或者其他时间比较充裕的时候，深入到大、中、小学院校，开展关于学校教师队伍现状、学生素质教育现状、德育状况以及课堂教学改革等方面的实地性专题调查。在调查过程中，一定要广泛搜集资料，认真做好记录。调查结束后，则应将掌握到的所有材料进行整理、分析，并写出调查报告。

第三，开展一定的教育研究活动。例如，教育改革发展问题已经成为当今社会的一个重要议题，你可以针对教育改革发展问题中你感兴趣的一个热点、难点问题，在理论与实践的结合点上进行初步的教育研究活动。在确定好选题之后，你要认真思考，完成项目的体例安排，然后广泛搜集资料或者进行必要的调查活动。在做好这些准备工作之后，要认真完成研究论文的写作，力求能够提出自己新的具有建设性的观点。

总之，一定要认清教育学的理论性和实践性相结合的学科特征，坚持理论学习和教育实践活动两不误。只有这样，才能真正学会教育学，才能真正学好教育学。

2. 教育学的研究方法

教育学经历了漫长的发展历程，教育学研究也积累了众多的研究方法。教育学所研究的教育现象是复杂的，在研究不同性质的教育现象时，要采取不同的研究方法。在这里，主要向读者介绍几种比较常见和常用的研究方法：历史研究法、观察法、实验法和调查法。

历史研究法是集中研究教育发展的过去或者将教育发展的过去与现在结合研究的方法。该方法试图通过对教育的历史联系的研究去发现教育现象的某些规律。这一方法所要研究的媒介对象主要有历史上遗留下来的材料、文件和文物。

观察法是研究具体的教育实践的一种方法，它也是教育工作者、教师、班级辅导员常用的工作方法。观察研究的对象是通过观察积累的关于周围的教育实践现象的具体资料，观察研究是一个长期的、有计划和目的的客观感知过程。观察研究可以在整个教育过程中进行，也可以在其某一个或若干个阶段进行。根据所研究的教育现象的复杂程度，研究者可以自行决定进行一次观察或多次观察。观察研究应当以制订好研究大纲为前提。在观察过程中，研究者应当客观、完整的记录观察对象的发展全过程。应当指出的是，通过观察所获得的资料难以为教育效果的提高提供确凿和科学的根据。因此，在进行观察研究的时候，应当结合其他研究方法进行。

实验法就是研究者在人为控制的环境下对研究对象进行观察、分析，并得出结论的方法。实验法存在着大量的人为因素，故而观察结果相对准确，测量和计算也比较方便，可以清楚地查明各个要素之间的相互作用。实验研究法有三种组织形式，即单组实验、等组实验和循环实验。单组实验是对同一个组在不同时期的不同实验反应进行比较研究，从而确定两种实验因素所产生的影响。等组实验是对两个或两个以上环境相同的组进行同时实验，从而研究相同因素下的不同影响的方法。循环实验是指分别利用不同的实验因素去影响两组或者两组以上的被试者，而后将实验因素对调进行重复实验，最后对其结果进行比较研究。

调查法是对广泛的社会教育实践活动进行研究的方法。与历史法相比，调查法主要是对现实材料的调查。运用调查法，首先应当确定研究问题的范围，制订好清晰、完整的调查计划，并广泛搜集相关材料，最后整理、分析材料并得出研究结论。调查法的途径有多种，比较常用的有谈话方式、查阅相关文献资料的方式、问卷调查和测验的方式等。通过调查得来的数据，必须通过教育统计等科学方法加以处理。

在现实的教育研究中，虽然在一般情况下主要是采用一种研究方法，但在面临某一个复杂问题或多个问题时，还是多会同时采用多种研究方法。

个人阅读计划

入门阶段阅读

1. ［日］筑波大学教育学研究会 编《现代教育学基础》（中文修订版）

正如编者所言，本书是"以整理归纳教育科学研究的最新成果，着重提供教育学的基础知识，以使读者打下将来深入研究的基础为宗旨"编成的。全书共分为教育基础论和教育实践论两部分。在书中，作者根据不同的主题安排了大量的资料以形成对理论的解说。本书将教育学的基本理论知识以及最新发展成果一一呈现给读者，读者很容易就能够掌握完整系统的教育学理论的全貌。

本书不仅仅是教育学研究者和教育工作者的读本，也是所有初学教育学的读者的合适读物。本书由钟启泉译，上海教育出版社出版。

2. ［中］邵宋杰 主编《教育学》（修订第 3 版）

本书是结合我国教育改革实践的发展完成的，其中体现了对最新教育理论成果和先进教育经验的总结。随着素质教育的推进，教师的教学行为和学生的学习方式有了较大的变化，很多新的教学理论和教学模式也不断出现。这些宏观和微观的变化在本书中都有所体现。本书还对教育的社会功能与育人功能、人的发展与社会发展等教育学重大问题进行了辩证的讨论，并把教育要满足社会发展的需要与满足人的发展的需要协调统一了起来。

本书作为基础的教育学理论教材，适合作为入门读物。本书由邵宋杰主编，华东师范大学出版社出版。

3．[中] 王川 著《西方经典教育学说：从苏格拉底到蒙台梭利》

可以说，本书是一本西方教育学思想史，作者在其中详细论述了西方众多教育思想家的精彩学说和经典理论。在 21 世纪这个多元化的时代，人们对"教育家"充满怀疑和不信任的时期，作者这样做无疑是想通过历史来达到一种证明的目的。纵观大师先贤们对教育形而上的思考和形而下的实践，我们应该对教育学产生一丝理解与尊重。

通过阅读本书，相信你一定会感受到尽情领略先贤遗风的快意以及和大师对话的惬意。你会发现，所谓教育实践的金钥匙其实就在这些流传已久的深刻思想之中。本书由王川著，四川人民出版社出版。

4．[中] 单中惠、杨汉麟 主编《西方教育学名著提要》

本书集中了从柏拉图时代到 20 世纪末的 96 部西方经典教育论著，并通过编写内容提要的方式进行了逐一论述。对无意于在教育学领域有所深入而又有心领略教育学大师的学术思想和风格的人来说，本书可谓是正合其意。它可以使读者在较短的时间内概览西方教育学大师们的学术经典，诸如夸美纽斯的《美育学校》、洛克的《教育漫话》、杜威的《民主主义与教育》、罗素的《教育与美好生活》、加塞特的《大学的任务》、富尔等的《学会生存》、朗格朗的《终身教育引论》等。本书由单中惠、杨汉麟主编，江西人民出版社出版。

提高阶段阅读

5．[德] 卡尔·威特 著《卡尔·威特的教育》

本书完成于 1818 年，是世界上最早论述早期教育的教育文献，被称为"世界教育史上的奇书，改变无数孩子命运的教育圣经"。本书完整而全面地记录了卡尔·威特如何从一个有些弱智的婴儿成长为 14 岁的哲学博士的故事。早期教育是老卡尔教育理论的核心，他认为对孩子的成长与发展有着至关重要作用的不是天赋而是教育，教育尤其是早期教育是决定孩子究竟是天才还是庸才的关键因素。因此，对于儿童，应当尽可能早、尽可能多、尽可能正确地开发他的智力，这样才能将孩子培养为一个天才。这种理论已经为世界各国的众多父母对孩子的教育成功所证实。本书问世后，受到了许多教育家以及无数家长的推崇和赞誉。本书由翟文明、郝荣丽编译，光明日报出版社出版。

6. [美] 霍尔等 著《实施变革：模式、原则和困境》

《实施变革：模式、原则和困境》一书是一项历经 30 多年，横跨美、欧、亚三大洲的教育变革计划的研究成果。在书中，作者对教育变革的原则、过程、要素、模式和策略等做出了详细的论述。作者认为，教育变革的实施应当通过一种系统的、发展的和批判的变革观推进。从变革的个体和变革的组织两个不同角度，作者提出了不同的变革模式，并对绘制革新构造图、关心发展阶段、实施水平、变革的领导、现实状态与组织文化等重大问题展开了论述。

通过阅读本书，可以使我们在这样一个崇尚变革的时代更加理性地理解和研究教育变革。本书是有志于研究教育变革问题的读者的不可多得的好书。本书由吴晓玲译，浙江教育出版社出版。

7. [苏] 巴班斯基 著《论教学过程最优化》

巴班斯基是苏联著名的教育家。在本书中，他提出了享誉世界的教学过程最优化理论。作者的教学过程最优化理论是其立足于教学实践，运用唯物辩证法的观点和方法进行研究的结果。在书中，作者发表了许多关于教学过程的精辟见解，尤其是针对教学论和教学方法论。本书内容翔实，包括教学方法论问题、现代普通学校的教学原则、对现代课堂教学的若干要求、改进课堂教学的若干问题、改进课堂教学方法的若干问题、刺激学生学习活动的方法、对现代课堂教学效率的分析等十二个专题。

本书作为教育学的经典学术著作，对于教育学的深入学习不无裨益。本书由吴文侃等译，教育科学出版社出版。

8

文 学

文学的知识结构

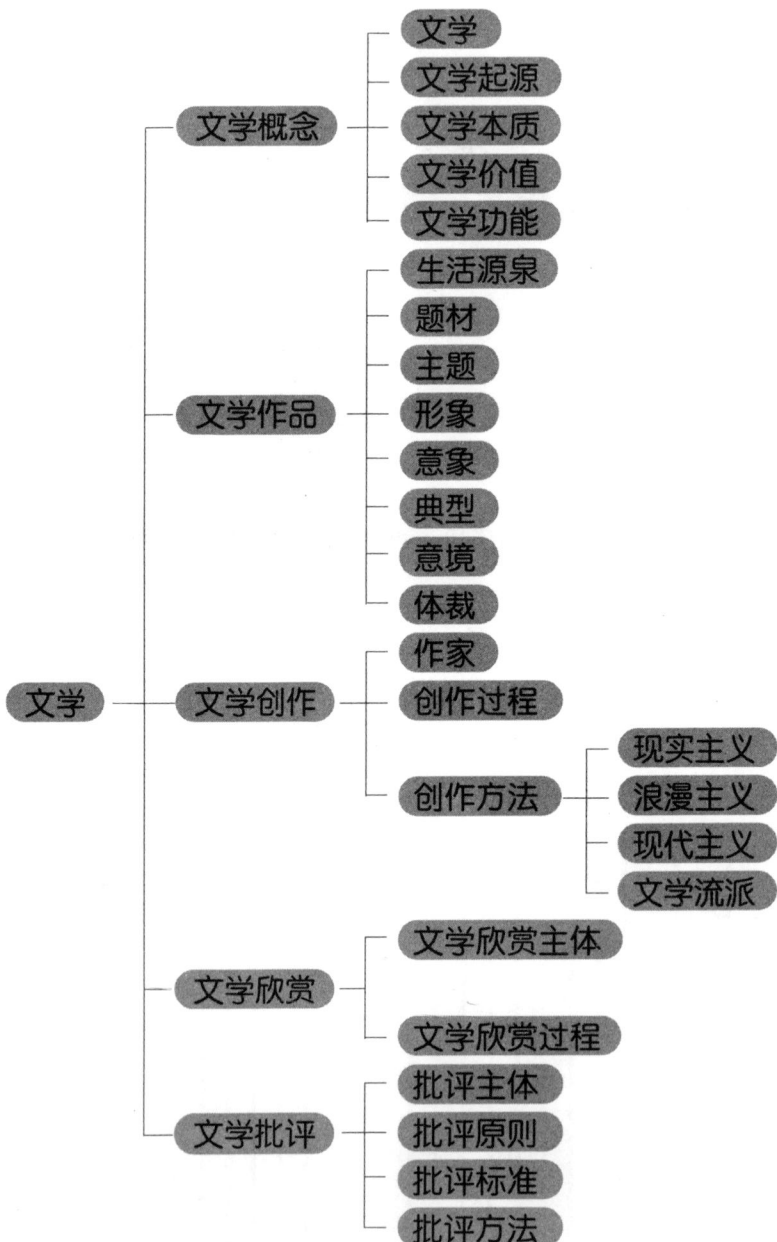

```
文学 ┬ 文学概念 ┬ 文学
     │          ├ 文学起源
     │          ├ 文学本质
     │          ├ 文学价值
     │          └ 文学功能
     │
     ├ 文学作品 ┬ 生活源泉
     │          ├ 题材
     │          ├ 主题
     │          ├ 形象
     │          ├ 意象
     │          ├ 典型
     │          ├ 意境
     │          └ 体裁
     │
     ├ 文学创作 ┬ 作家
     │          ├ 创作过程
     │          └ 创作方法 ┬ 现实主义
     │                     ├ 浪漫主义
     │                     ├ 现代主义
     │                     └ 文学流派
     │
     ├ 文学欣赏 ┬ 文学欣赏主体
     │          └ 文学欣赏过程
     │
     └ 文学批评 ┬ 批评主体
                ├ 批评原则
                ├ 批评标准
                └ 批评方法
```

文学学科分支

文学　文学史
　　　文学原理
　　　应用文学理论：古代文学、现当代文学、世界文学、比较文学

什么是文学

　　社会科学中的文学乃是指文学学，包括文学理论研究和文学史研究等，它是以人类社会发展历史中以及现实生活中的一切文学现象为研究对象的科学。具体而言，文学的性质、特征、构成、创作、发展、文学欣赏和文学批评等各方面的基本规律以及作家、文学作品、文学风格、文学流派、文学思潮、文学运动、文学欣赏、文学批评等都属于文学的研究对象范围。总之，文学研究旨在通过对各种具体文学现象的研究，总结出其中具有普遍性的规律，并形成抽象的理论，以指导文学创作、文学欣赏以及文学批评等的发展。

　　文学的本质特征是文学研究的首要也是最重要的研究范畴。对文学的本质特征的研究主要是为了说明文学在根本上是什么的问题。诸如文学与社会意识形态之间的相互关系、文学与社会生活之间的关系等，都是说明文学本质问题的重要内容。文学本质理论是研究一切文学现象和其他文学理论的指导性理论，在文学研究中占有基础性的地位。

　　文学的起源也是文学研究的重要内容。文学起源问题就是探究文学艺术是在初民们怎样的创作激情和心理条件下诞生的。文学研究家们抱着一种探疑的心理对文学的起源做出了种种推测和解释。其中，比较有代表性的有神授说、模仿说、游戏说、巫术说、心灵表现说以及劳动说。

　　文学研究与文学史之间并不是相互孤立的，而是有着密切的联系。文学史的研究总结了历史上大量的文学实践经验，这给文学理论的研究带来了丰富的素材，并不断充实着文学理论。反过来，文学理论的研究又为文学史研究提供了思想指导。而文学实践的创新与繁荣，又离不开文学理论

和文学史研究的双重作用。

有人认为，文学批评是独立于文学理论之外的一个独立分支，这是不恰当的。文学批评应当是文学理论研究的重要组成部分。因为文学批评家对文学作品的评论总是站在一定的时代和理论指导基础上的，它实质上就是对文学作品的理论评析，所以文学批评中总是包含着大量的文学理论总结和创新成果。文学批评是否繁荣也从一定程度上反映了文学理论的研究状况。因此，文学批评是文学理论研究的重要范畴。

文学发展史

文学研究有着漫长的历史，这段历史可以分为几个具有代表性的阶段。在每一个发展阶段，都会涌现出一些重要的文学研究者和影响深远的著作。

文学理论的研究最早可以追溯到古希腊和古罗马时期。公元前 4 世纪在古希腊，著名的思想家亚里士多德就发表了《诗学》这一重要文学研究著作。《诗学》主要是以悲剧和史诗为研究对象，亚里士多德对文学与社会生活的关系、文学的社会功能等问题的研究体现出他的唯物主义文学观。在接下来的很长一段时期，亚里士多德的文学理论成了西方文学理论发展的基础和依据。后来在古罗马，贺拉斯发表了他的《诗艺》，这是一部闪耀着现实主义光芒的文学理论著作。

中世纪时期，西方社会进入了最黑暗的时期，基督教伦理思想成为在整个西方社会中占据统治地位的指导思想。这一时期的社会哲学几乎是处于一个灾难时期。由于宗教意识形态主宰着整个社会，文学也成为宗教神学的附庸，因而宗教文学、英雄史诗、骑士文学、城市文学等成了这一时期文学形式的代表。

13 和 14 世纪，欧洲发生了文艺复兴和宗教改革，人文思想的复苏唤醒了文学理论的研究，文学也摆脱了宗教神学的束缚，重新回到世俗的现实世界。这一时期文学研究所面对的文学作品都具有了深刻的思想内容、高度的艺术概括、自由的结构、包罗万象的人物和生动有力的语言等诸多特点。人文主义成为这一时期文学研究的主导思想。

17 和 18 世纪，随着西方资产阶级革命的发展和理性主义思潮的传播，文学理论的研究也出现了新气象。法国古典主义文学理论家布瓦洛发表了著名的诗体论著《诗的艺术》，反映了西方理性主义在文学创作理论上的影响。法国启蒙运动的杰出代表狄德罗也发表了《论戏剧艺术》和《绘画论》两大著作。在这两篇重要著作中，狄德罗极力强调先进的思想、现实主义和民主主义在文学上的重要意义。这一时期比较著名的文学理论作品还有莱辛的《拉奥孔》、歌德的《歌德谈话录》等。这一时期的文学理论思想对19 世纪以来的西方文学理论的发展产生了很大的影响。

19 世纪，一批以苏联理论家为代表的民主主义学者把马克思主义诞生以前的西方唯物主义文学理论推向了高峰。如著名的文艺批评家别林斯基的《关于批评的话》、车尔尼雪夫斯基的《俄国文学果戈理时期概观》和杜勃罗留波夫的《论俄国文学发展中人民性渗透的程度》等一系列文学理论著作都是这一时期的典型代表。

20 世纪以来，随着全球化对人们生活和交往的影响，西方的文学理论也呈现出多元化的发展趋势。在这一时期，各种不同的文学理论相继出现，比较典型的有俄罗斯的形式主义批评、英美的新批评、结构主义文学理论、精神分析文学理论、比较文学以及接受文学等。

文学基本理论

文学概念

1. 劳动说理论

劳动说认为，文学起源于人类的物质生产劳动。该理论是众多西方学者和马克思主义文艺理论关于文学起源的重要主张。马克思的劳动起源理论是在综合了考古学、人类学、生物学、美学以及史前艺术学的研究成果的基础上，运用唯物主义研究文学现象的结果。它在众多的文学起源理论中有着较大的影响力。该理论的核心思想主要包括以下几个方面：

（1）文学产生的必要条件是人类劳动。文学作为一种社会意识形态，是社会生活在人类大脑中的反映。人类的双手、产生思维的大脑和作为文学媒介的人类语言都是人类创造文学艺术不可或缺的前提条件，而这一切的获得都源于人类的劳动。

（2）文学产生的直接动因是人类在劳动过程中产生的精神需要。正如德国经济学家毕歇尔所言，在音乐和诗歌的最初发展阶段，它们与劳动有着极其紧密的联系，并构成了一个三位一体的有机系统。在这一系统中，劳动是最基本的组成部分，音乐和诗歌都处于从属地位。这无疑是在说，劳动对音乐和诗歌的产生具有决定性的作用。

（3）原始艺术的重要表现对象和内容就是人类的劳动生活本身。在原始人的生活中，劳动是其基本内容，所以被客观条件所束缚的原始艺术的主要表现对象和内容也就是原始人的劳动。诸如原始的舞蹈等都是对各种动物的动作和人类劳动过程的模仿。

2. 文学四要素理论

文学四要素理论是美国现代著名学者艾布拉姆提出的关于文学活动完整过程的理论。艾布拉姆所谓的文学四要素就是指作品、艺术家、现实生活和欣赏者。这是因为，现实生活是一切文学作品的源泉；现实生活上升为文学艺术的有意义文本必须经过艺术家的加工改造；文学作品的意义要通过欣赏者——即读者的阅读欣赏来体现。文学四要素并不是相互孤立的，而是一个有机统一的系统整体，贯穿其间的是作家的生活体验、文学创作以及读者对文学作品的接受三个过程性因素。正是这许多因素的彼此勾连才构成了完整的文学活动。

根据对四要素的不同要素的强调，在西方相继出现了强调现实生活与作品的对应关系的再现说、强调作品与作家之间对应关系的表现说、强调读者对作品的利用关系的实用说、强调作品独一无二地位的客观说以及强调读者阅读作品的感受和再创造性的体验说。

3. 文学功能理论

文学的功能就是指文学在人们的社会生活中所起的各种作用。文学对人类社会生活需要的满足是其作为一种审美意识形态而得以存在的最重要原因，故而，文学的各种功能正是包含于人类在社会生活中的诸多需要中。

审美功能是文学艺术的最基本功能，即文学艺术对人们的审美需要的满足。文学的艺术感染力是其审美功能的重要体现，即人们的审美需要之所以能够被满足，是因为作者在作品中对艺术形象的描写与刻画以及作者丰富的感情、深邃的思想的表达能够促使人们产生赏心悦目的审美快感。文学艺术不但能够满足人的艺术享受需要，还能够培养人的艺术欣赏能力。

认识功能也是文学艺术的重要功能之一。文学作品是对彼时彼地的生活事实的描述和反映，因此，其本身就是人们了解当时社会生活状况以及风土人情的一种途径。因为文学作品中又糅合了作家极富见地的个人思想，故而可以使读者清晰地了解到作品中社会生活的本质。例如，《红楼梦》就是对中国封建社会的真实写照，其作为一部艺术巨著不知让多少人深陷其中、难以自拔。这就是它作为文学作品所具有的认识功能和审美功能所带来的结果。

教育功能也是文学的一项重要功能。文学作品是对社会生活加以反映的客观性与隐含作家个人思想、价值观念的主观性的统一。作品所反映的作者对所描写事物的评价与褒贬形成了一种艺术评价指标，而这种评价指标往往会被读者在不自觉中接受，这就体现了文学艺术的教育功能。

文学作品

4. 文学作品的构成理论

文学作品的构成主要包括文学作品的内容、形式以及二者之间的相互关系等内容。文学作品的内容是生活事实与作家个人的思想情感的统一体，是指由作者塑造的文学形象所反映的生活事实和其中的隐含意义。首先，文学作品的内容不仅仅是作家个人的内心情感和主观意志的反映。因为作品中所体现的作家个人情感与心理活动的产生都有赖于对客观生活世界的感受。作家的个人感情既是对现实世界描写的结果，又是对现实世界的主观反映。其次，文学作品的内容并不是机械地等于现实生活的世界。毕竟，作家的文学创作不是对现实生活的简单复制，而是包含了作家个人主观能动性的文学活动。文学创作对现实生活的反映是指现实生活是作家积累、提炼、糅合素材的来源，其间贯穿的是作家对生活的思考以及个人情感。最后，文学作品的内容主要包括题材、主题、人物、环境以及情节等因素。

文学作品的形式是指体现文学作品内容的内部结构和表现手法。文学作品的形式是任何文学作品都必须具备的，它以作品的内在规律和作者的创作意图为安排基础，并通过一定的方法将大量的素材加以组织，以构成完整的艺术形象和画面。文学作品的形式主要包括结构、语言、表现手法以及题材等因素。

5. 典型理论

典型理论就是关于典型形象的理论。典型形象就是指文学作品中所塑造的最成功的文学艺术形象。之所以说典型形象是最成功的文学艺术形象，是因为它体现了鲜明、独特的个性，并揭示了社会生活的本质，包含了普遍的社会意义，表现出了迷人的艺术魅力。

典型的塑造是文学创作尤其是叙事文学创作的中心任务。典型是对现实生活中的各种复杂关系的集中反映，它体现了事物或社会现象的规律性和内在特征，是共性与个性的辩证统一。所谓共性，是指一个人所扮演的某一类社会角色或所属的社会阶层中的所有人都具有的共同性格特征。例如，北方人的纯朴和豪放、南方人的温和与细腻等。所谓个性，是指纯属个人所有的、不发生重复的并难以复制的个体性格特征。人的个性如生活习惯、兴趣爱好等的形成与个人的出身背景、成长环境以及教育程度等相关。典型人物所体现的个性与共性是相互包容、相互渗透的，二者有机地结合在一起就构成了丰满的人物形象。

6. 意境理论

意境是指文学作品中所创造的情景交融的境界，是主客观的统一，体现了文学创作的共同规律。意境主要存在于抒情文学中。对于意境的美学特征究竟为何，可谓是众说纷纭，难以得出定论。其中比较流行的观点有三种，即情境交融说、象外之象说和典型说。情景交融说认为意境乃是作家的内心情感与现实生活相互交融的艺术境界；象外之象说认为意境是指具有独特个性的艺术形式所体现出的更为幽深的情感和意象；典型说认为意境是典型形象的特殊形态。

意境有两个主要特点：（1）意境虽然是作家所营造的一种情景交融的艺术氛围，但这并不意味着文学作品只要具备了情和景两个因素，就一定能够产生意境。意境的形成必须是情与景相互渗透、彼此交融，从而浑然一体构成意蕴深长的艺术氛围。（2）意蕴深长，令人遐想联翩。成功的意境能够使读者深深坠入其中而难以自拔。综合上述两点，成功的意境不仅仅是情景交融，更是与读者之间深深的共鸣。

文学创作

7. 文学创作理论

文学创作就是作家运用一定的方法创造文学作品的过程。可见，文学创作理论由文学创作过程和创作方法两大部分组成。

文学创作过程就是作家基于一定的审美观念和价值立场，能动地认识生活和再现生活的过程。文学创作立足于作家对现实生活的体验、观察和分析，作家在这一过程中会通过对所积累的素材的提炼和加工来塑造文学形象，进而创造成文学作品。文学创作过程一般包括素材积累、艺术构思和艺术表现三个阶段。素材积累阶段所强调的主要是作家必须具有广泛的生活基础，必须注重在平常的生活中多观察、多思考，从而形成丰富的生活经验。艺术构思是作家通过自己的研究和思考，将积累的素材提炼、加工成为文学形象的心理酝酿过程。一般来说，选择题材、发掘主题、提炼情节、安排结构等都是艺术构思的重要内容。艺术表现阶段就是作家的写作阶段，它是作家将已经构思好的艺术形象和文学意境予以外显化而成为文学作品的过程。这是文学创作的关键阶段，也是最有意义的一个阶段。

文学创作方法就是作家进行文学创作时所采用的手法。具体而言，它就是作家如何对复杂的生活素材作选择、提炼和加工，以及怎么样评价生活、表现生活等问题。文学创作方法与作家个人的价值观、世界观、人生观、审美观以及创作个性等都有重大关系，同时又对文学作品的文学风格、思想、内容等起着决定作用。另外，文学的创作方法也深受文学思潮的变化，文学发展的规律，当今文学创作、文学欣赏以及文学批评等的影响。现实中，文学创作方法主要包括现实主义、浪漫主义以及现代主义等几种手法。

文学欣赏

8.文学欣赏理论

文学欣赏是读者在阅读文学作品时，运用自己的想象、情感等内心因素，透过文本的语言文字投入到作者所描绘的艺术境界中，从而感悟和揣摩文学作品的一项审美活动。对于读者来说，文学欣赏是心理活动、精神活动与审美接受活动的统一。文学欣赏有着鲜明的基本特征，这些特征主要包括：(1) 文学欣赏是一种包含众多复杂因素的心理过程。(2) 文学欣赏具有自我发现的性质。读者往往会在阅读过程中发现一个一直隐藏在自己内心深处的自我，即从未发现过的自我。(3) 文学欣赏就是读者与作家之间的心理交流过程。在欣赏过程中，读者会情不自禁地进入角色体验并做出角色评价，而这其中就包含了与作者之间的情感交流与价值交流。(4) 文学欣赏能够给读者带来心理愉悦、悲愤或其他感受。作者在作品中渗透了大量的各种形式的情感，这容易使读者因思想或感情共鸣而产生相通或相似的情感体验。

文学欣赏是一个读者与作者之间、读者与文学角色之间的交流与共鸣过程。因此，可以将文学欣赏的过程划分为身入而临其境、分析体味、重建自我三个阶段。实际上，文学欣赏也就是读者对作品的接受—消化—吸收过程。在这三个阶段，因读者任务的不同，主客体之间的角色定位也不相同，但总的来看，读者在整个文学欣赏过程中是居于主导地位的。

文学批评

9.文学批评理论

文学批评是文学批评家根据一定的价值评判观念和审美标准对各种文学现象以及文学作品进行分析、研究并做出客观评价的审美活动。文学批评的对象不仅仅局限于文学作品，诸如文学风格、作家的创作倾向与审美趣味、文学思潮的变迁、文学遗产的继承以及文学成果的借鉴等都属于文学批评的范围。

文学批评有着严格的思想标准和艺术标准。文学作品具有一定的思想性，即作品通过文学形象、文学构思等所体现出来的作者对于社会、政治、道德、文化等的态度倾向。文学批评的思想标准就是衡量文学作品的思想性的尺度，它主要衡量作者的政治思想观点、道德情感倾向以及社会生活和文化影响。具体而言就是，文学批评家用来判断作品反映生活的真实性程度、作品的思想倾向性、作品是否具有健康的情感、作品的社会效应如何等问题的思想尺度。文学批评的艺术标准就是用来衡量文学作品的艺术性的尺度。具体而言就是，该标准主要用来评判文学形象的生动性和典型性、文学形式的完美性和独创性、文学作品的民族性以及艺术魅力等。

以文学欣赏为基础，以对艺术形象的分析为切入点，以作品的思想倾向为观察点，坚持全面与顾及全人全篇，坚持实事求是等是开展文学批评应当坚持的几项重要原则。文学批评的方法主要有社会学方法、心理学方法、符号学方法、形式主义方法、比较文学方法等。

文学关键词

1. 话语蕴藉

文学活动所具有的话语蕴藉性质是指语言的含蓄深厚和意义的余味深长。所谓语言的含蓄深厚，是指文学活动通过艺术的语言形式将无限的意义蕴蓄在有限的话语中，使读者可以循着作者的思想轨迹、按照自己的理解在有限的艺术语言中尽情体味无限的意义。

2. 古典文学

古典文学是中国文学理论的重要研究对象，它是现代文学得以发展的基础。古典文学具有民族性、艺术性、历史性三大特征，被称为中国文学最根本的东西。诗词歌赋以及古典小说等都是古典文学的具体形式。

3. 现代文学

现代文学是在中国出现历史性变革的大背景下出现的一种文学形式，一定程度上也是外国文学思想影响的结果。现代文学以现代语言为载体，主要传播科学民主的思想，并在艺术形式与表现手法上异于传统的文学形式。如五四时期的话剧、新诗、白话小说、杂文、散文诗和报告文学等，都属于现代文学的范畴。

4. 大众文学

大众文学是出现在商品经济社会的、以大众趣味为追求意旨的一种文学形式，如大众题材小说、传奇小说、武侠小说、冒险小说、侦探小说、政治小说、言情小说、科幻小说等。大众文学具有消遣性和娱乐性，有时会体现积极的社会意义，但有时也会以离奇、打斗、黄色等情节取悦读者。

5. 民间文学

民间文学是指由广大劳动人民口头创作的一种文学形式，主要包括神话、民间传说、民间故事、民间歌谣、长篇叙事诗、说唱文学、谚语以及谜语等。民间文学具有口头性、集体性、变异性和传承性等特点。作为一种重要的文化现象，它也是文学理论的重要研究对象。

6. 通俗文学

通俗文学是指主要面向初等教育水平的读者的文学形式，它具有通俗性、机械性和娱乐性等特点。通俗文学并没有因其通俗性而丧失作为一种文学即形式所应具有的意义，相反，它在特定的社会环境中对读者起到了很大的影响作用。

7. 先锋文学

20 世纪 80 年代，马原、洪峰、余华、苏童、叶兆言等青年作家因以独特的方式创造新的小说文体形式而被评论界冠以"先锋派"称号，先锋文学即得名于此。先锋派作家们通过文学来实现自己独特个性的行为，体现了他们激进和反叛的姿态。在小说"写什么"和"怎么写"的一体两面上，先锋派关注的仅仅是"怎么写"这一单向维度。先锋文学对于传统的小说文体模式而言，是一种文体解构。

8. 网络文学

网络文学是基于计算机以及网络技术的广泛普及而发展起来的一种文学形式。显然，网络是网络文学的主要载体，网络文学需要借助计算机网络来传播。它是典型的平民文学，所有人都可以借助网络平台发表自己的观点、抒发自己的感情。网络文学没有标准的结构与创作手法，所以创作者在创作时有很大的随意性。网络文学可以在较短的时间内得到大范围的传播，并迅速得到他人的回应。正是因为这一点，文学批评界对网络文学的文学性也是评价不一。

9. 文学语言

文学语言有广义和狭义之分，广义的文学语言即标准语，是指在一个长期共同生活的群体共操的口语基础上，经过整理和规范化形成的共同语言。狭义的文学语言仅仅是指用来塑造文学形象的文学作品中所使用的语言。属于文学理论研究范畴的文学语言即是狭义的文学语言。文学语言具有形象化、富有感情色彩、含蓄凝练和音乐性等特征。

10. 体裁

体裁就是表现文学作品内容的具体形式，它是所有文学作品都必须拥有的。文学体裁是文学作品的内容与外部形式的有机统一，是文学作品的形式因素之一。作者所运用的塑造文学形象的具体方式、组织安排文学语言的手法等因素共同构成了文学的体裁。在文学的发展过程中，出现了神话、诗歌、寓言、小说、散文、戏剧和电影等多种文学体裁。

11. 诗歌

诗歌是一种典型而普遍，也是在世界范围内出现最早的文学体裁形式，它是对社会现实的高度集中的反映。诗歌通过凝练而富有节奏的语言将诗人丰富的联想、充沛的感情、独特的思想等有机地糅合在一起。在产生初期，诗歌是和音乐、舞蹈等艺术形式紧密地联系在一起的。

12. 小说

小说是流传最广也是拥有读者最多的一种文学体裁。小说对社会生活的反映主要是通过构造完整的故事情节、描写具体的环境和塑造丰富的人物形象来实现的。小说对人物形象的塑造应该体现作家对人物性格的多方面刻画，其故事情节也应当描写得完整、生动和丰富，环境描写亦应相当灵活。

13. 散文

散文是一种与诗歌、小说、戏剧、影视文学等相并列的，叙事性、议论性和抒情性相结合的文体。散文的取材范围很广，可以是对人的描写，可以是对事的叙述，也可以写矛盾冲突，还可以抒发喜怒哀乐之情。散文具有写实的品格，即不能在所选题材的基础上进行虚构。与诗歌、小说等体裁相比，散文结构较散，形式也相当灵活，但是散而不乱。另外由于散文一般都篇幅较短，因此语言的简洁性是其另一重要特点。

14. 主题

主题即文学作品的题材中所蕴含的主要思想内容，它是指作品内容所反映的社会生活和塑造的文学形象所体现出的贯穿作品始终的中心思想与主导情感。所有的作品都必须具有主题，它是作者进行文学创作的艺术目的之所在。主题是作家的生活体验与现实世界共同作用的产物，既可能体现单意义性，也可能体现多意义性；既可能是比较明确的，也可能是比较含蓄内敛的。

15. 作家

作家就是创造文学作品的人，是文学创作的主体。能够创造出具有高度思想性和艺术性的优秀文学作品的作家，必定是有着较深刻的思想、较丰富的生活阅历和较高的艺术修养的作家。首先，生活是文学创作的源泉，所以优秀的作品必须以作家深厚的生活背景为基础；其次，文学是客观世界与作家主观性的有机统一，因此作家只有具有独特、进步的思想观点，才能创造出优秀的、富有思想性的作品；最后，作家还必须具备卓越的艺术才华和高超的写作技巧，只有这样，才能将丰富的创作素材和作家的思想有机地结合起来。

16. 创作灵感

灵感就是引发作者创作激情的主导性心理闪念，它往往会引起作家感情的冲动和对创作的狂热状态。创作灵感是人的自然本性的外露和宣扬，是人的才华在无意识的创作过程中的突然呈现。灵感具有突发性，它是不经过作家的联想、抽象思维等而在作家的头脑中的瞬间呈现；灵感具有亢奋性，它总是伴随着作家高度的情绪体验而到来，并且是理智难以控制的；灵感还具有创造性，它突破了人的常规思维定式。

17. 艺术直觉

艺术直觉就是人们在审美活动中所表现出来的对审美对象的一种不假思索的把握和领悟能力。艺术直觉是人们基于情感的一种直接判断，由人们借助艺术符号瞬间完成。从某种程度上说，艺术直觉代表了整个艺术创作和艺术欣赏活动。正如克罗齐所言，"艺术即直觉，亦即抒情表现"。艺术家的艺术创作活动在很大程度上就是其艺术直觉的体现，是其借助艺术直觉完成的对自身感情和认识的塑造。

18. 形象思维

形象思维是指主体通过对形象材料的分析与领会而得到的理解或形成

的思维。从某种角度看，形象思维就是一种信息加工活动，即主体运用表象、直觉、感觉、想象等形式，对相关对象的有关形象信息予以分析、比较、整合、转化等，从而从形象角度实现对研究对象的本质和规律的认识与把握。形象思维具有形象性、非逻辑性、粗略性、想象性等基本特点。

19. 三一律

"三一律"是古典主义戏剧创作的基本法则，即要求戏剧创作必须保持时间、地点和情节三者的一致性。具体而言，就是说戏剧所描写的故事必须发生在同一时间段之内，地点在同一个场景之内，并且所有情节都围绕着同一个主题展开。莫里哀的喜剧《伪君子》就是运用"三一律"创作手法的典型代表。

20. 文学风格

文学风格就是作品在内容与形式上所体现的、作家特殊而又相对稳定的文学创作个性，它是一种思想艺术风貌。一部将内容与形式完美融合的优秀作品，必有着与其他作品不相同的独特格调、神韵和风采，也必然贯穿了作家具有鲜明个性特征的创作特点，这种特点表现于作品的形式，根源于作品的内容。文学风格往往是通过文学作品的整体表现出来的，并且有着多种多样的表现形式。

21. 意识流

意识流在19世纪末刚出现的时候只是一种写作小说的手法，直到20世纪20年代的时候才发展成为以英国为中心、影响遍及欧美各国的文学流派。弗洛伊德的无意识和精神分析观点、詹姆斯的意识流理论以及柏格森的直觉和心理时间理论是意识流的三大理论支柱。意识流作品在叙述方式上往往采用将叙述时间倒置的手法，但这与传统文学创作中的回忆和倒叙手法并不相同，因为它的倒置片段并没有表现出与其他段落的明显联系，而是较具主观随意性。

22. 黑色幽默

黑色幽默又称为绞刑架下的幽默、大难临头时的幽默，它得名于弗里德曼编写的小说集《黑色幽默》，是20世纪60年代美国小说界最有代表性的流派之一。黑色幽默与存在主义文学、荒诞派戏剧和"垮掉的一代"文学有着基本一致的精神实质。它多描写人物周围世界的荒谬和社会对个人的压迫，并常以夸张的方式嘲讽环境与个人之间的不协调，使其更加荒诞不经、引人发笑。在创作手法上，该派则喜欢打破传统、颠倒事件的发生顺序，并常常不讲逻辑地将严肃的哲理和插科打诨混为一谈。由此来看，"黑色幽默"当属于一种带有悲剧色彩的变态喜剧式的美学形式。

23. 荒诞派

荒诞派是西方现代文学的一个重要流派，其创作手法主要应用于一系列的小说和戏剧。荒诞派认为，文学作品本身就具有荒诞性。这是因为，荒诞派作家们认为人与人、人与社会的关系等决定人类生存的重要条件本身就是没有什么规律可循，也毫无道理可言的荒诞现象。而作为对人类现实生活世界的真实反映的文学作品，其荒诞性则更为明显。既如此，揭示世界的荒诞性和表现人物的荒诞感也就成为荒诞文学的重要特征。

24. 现实主义

现实主义是一种基本的文学创作方法。它是指文学家以现实生活的具体状貌及本来特征为摹本，采用形象的描写手法，以揭示现实生活中所蕴含的深刻特征与意义。作为一种创作方法，现实主义具有鲜明的特征，即在题材上注重描写对象的现实性、在主客体的关系上注重客观性、在艺术表现上注重描写的真实性等。

25. 浪漫主义

浪漫主义也是一种基本的文学创作方法，它与现实主义共同构成了文学艺术上的两大重要思潮。与现实主义不同，浪漫主义主要从内心世界出发来反映客观现实世界。作者常常运用热情奔放的文学语言、丰富的想象、夸张的手法等来抒发对理想世界的向往与追求之情。作为一种文学思潮，浪漫主义在 18 世纪后半叶至 19 世纪上半叶的欧洲较为盛行。

26. 现代主义

现代主义是对 20 世纪以来西方文学领域所有反传统的文学流派和思潮的统称。康德、尼采、弗洛伊德、柏格森、荣格等人的哲学、心理学理论对现代主义文学产生了深远的影响。在思想内容方面，现代主义在人与社会、人与人、人与自然和人与自我之间的关系上表现出鲜明的矛盾性和脱节性，并显露了深深的精神创伤和变态心理，表达了人们内心深处的悲观、绝望和虚无。现代主义认为文学是一种创造活动，而不是简单的模仿和再现，它强调表现人们内心世界的生活与真实。在风格上，现代主义喜欢通过意象比喻、各种文体的转换、标点符号的特殊运用等来暗示人物的某一细节感受。在结构和情节上，现代主义往往变化突兀、怪诞荒谬；人物形象也常常扑朔迷离、不合常理。

27. 文学流派

文学流派是指在一定的历史时期内形成的、由具有相同或相近的文学观点、创作方法、艺术风格的作家们结合形成的文学派别。如欧洲文学史上的古典文学流派、浪漫文学流派、象征流派、未来流派，以及中国文学史上的王孟诗派、花间词派、江西诗派、桐城派、新月派、鸳鸯蝴蝶派等。值得注意的是，有的派别虽然没有提出明确的文学主张，但由于其作家的生活经历、思想倾向、艺术风格等较为相近，故而一般也被称为特定的文学流派。

28. 读者

读者就是阅读文学作品的人，是文学欣赏的主体。对读者群体的划分是文学理论研究文学欣赏主体的重要任务。根据不同的标准可以把读者划分为不同的读者群体，其中最典型的划分方法就是将读者划分为初级文化程度群体、中等文化程度群体、高等文化程度群体和文学专家群体。这些不同的读者群体又有着各自不同的基本特点。

29. 欣赏共鸣

欣赏共鸣是作为文学欣赏主体的读者所表现出的与客体之间的思想、情感交流。具体而言，欣赏共鸣就是读者在阅读过程中产生的思想感情与作家在作品中所要表达的思想感情相通、相似或基本一致。读者之所以会产生共鸣心理，主要是因为优秀的文学作品往往是对现实生活的真实再现，并灌注了作者热烈深沉的爱恨之情。

30. 文学批评家

文学批评家是指专门进行文学批评活动的人。文学批评活动对文学批评家自身的品德和修养有着较高的要求。首先，文学批评家应当具有高层次的理论修养，尤其是哲学理论修养和文学学术理论修养。其次，文学批评家还应当具备高层次的艺术修养。由于文学批评强调艺术审美性，所以文学批评家必须具备审美感受力、审美判断力和审美创造力。最后，文学评判家还应当怀有强烈的社会责任感和理论批判的勇气。

学习和研究的方法

1. 文学的学习方法

学习文学，既有一般的原则性方法，也有因个体差异而形成的各种具体方法。每个人在学习过程中，都要根据自己的情况不断探索和总结符合自身特点的具体学习方法。在这里，我们主要向读者介绍一下学习文学的一般方法和步骤。

和其他社会科学一样，文学也有其重点所在，那就是基础知识和基本原理。概念虽然枯燥，有令人索然无味的感觉，但它却是人类思维的基本单位，所以不能忽视。概念是研究文学的基础，因此首先应该弄清一些基本的概念性问题，例如文学上的真实性问题、典型问题、形象思维问题、创作方法问题以及共鸣问题等。只有在掌握了这些概念之后，才能进行下一步深入的学习。

学习文学原理和理论时，一定要注意从系统的角度去全面把握。在众多的文学理论、文学原理之间，都有着必然的内在联系。如果在学习中能够抓住这些内在联系，学习起来自然会事半功倍。比如，文学的本质和特征问题是文学理论的核心问题，几乎其他所有的文学理论和原理都是围绕着它展开的，所以，在学习其他理论之前，你一定要把这个问题弄清楚，这样才能更快、更有效地学习其他理论。

理论联系实际也是学习文学的一个重要方法。一般来说，理论联系实际的方法主要包括三个方面的内容：(1) 在学习中一定要联系古今中外的文学作品、文学创作、文学思潮、文学运动、文学欣赏以及文学批评等方面的实践活动。这一点可以通过阅读中外名著、文学史和文学批评著作来完成。(2) 在学习过程中要主动联系自己的思想现实。这一方法强调学习中的思考，强调与大师先贤的思想和学术对话。(3) 要关注当下世界文学的发展动向和趋势，诸如备受关注和争议的先锋文学和网络文学等。这些东西可能并不在主流的学术著作的讨论范围之内，所以要靠你自己去了解。

将学习教材与阅读原著相结合也是学习文学的一个基本方法。教材可能会使你掌握住一些基本的概念和原理，也可能会使你了解一些片段，但相对来说却缺乏深度。文学原著一般都很有深度，但多数却艰涩难懂。所以，二者的完美结合将弥补各自的不足。

2. 文学的研究方法

文学研究有着多种方法，比较典型和常用的有文献研究法、实证研究法以及比较研究法等。

文献研究法是文学研究中最常用的方法。因为作为文学重要研究对象的文学作品的存在总是以一定的文献为载体的。文献研究法主要就是对历史积淀下来的文学原著以及文学理论学术原著进行研究，具体方法主要就是攻读原著。在阅读原著的过程中去发现文学创作的一些基本规律和文学作品自身的结构与特征。文献研究是客观性与主观性的统一，它以客观的文献资料为对象，但又离不开研究者的主观思维和价值判断。

实证研究法是主要着眼于文学创作的实际背景和特定历史时期的生活状况的一种研究方法。文学创作总是离不开一定的社会环境和生活事实，总是以特定的历史背景为载体的，所以，对文学创作规律以及文学作品内涵的揭示就必须回复到其所处的特定历史背景中。另外请注意，实证研究方法必须以文献研究、历史研究为支撑，否则就难以获得翔实的研究资料。

历史研究法是文学研究尤其是文学史研究的重要方法。该方法是对文学的过去以及过去和现在之间的关系进行研究的方法。具体说来就是，对历史上的一些重要文学著作、材料、文件以及文物进行理论研究与分析。该研究法要求通过分析历史信息，摸索出文学发展的历史轨迹，最终得出关于文学的规律性认识。

比较研究法是指对古今中外的各种文学现象和文学理论进行比较研究的文学研究方法。古今中外虽然有着不同的文学发展路径和风格各异的文学现象，但有一点是相同的，那就是它们都产自社会的现实生活，都有着相同的规律性。因此，通过比较得来的文学规律和理论会更具有普遍性、更具深度。比较文学这一分支学科的诞生就得益于比较研究方法的应用。

个人阅读计划

入门阶段阅读

1. [中] 钱剑平 著《文学原理导论》

本书是作者为广大文学学习者所写的一本文学原理入门教材。在本书中，作者不仅论述了传统文学理论的基本原理，还对不断变化的文学思想方法、理论基础和各种文学观点表示了高度关注。在内容安排上，本书坚持了传统的文学原理构成，共论述了文学的性质特征、文学作品、文学创作和文学接受四大内容。因此，本书在结构线索上显得十分清晰，读者很容易就可以从整体上把握该学科的基本内容。

总之，本书既全面总结了传统的优秀文学理论，也大量吸收了全新的外来面孔，并摆脱了研究性文学理论的抽象性，使得本书十分适合用来作为学习文学这门学科的入门读物。本书由华东理工大学出版社出版。

2. [中] 董学文、张永刚 著《文学原理》

与其他的文学基础理论书籍不同，本书在撰写思路和体例设计上做了很大调整，既保留了传统文学理论的基础精华部分，也吸收了大量文学研究的前沿理论。所以通过阅读本书，读者既能够获得扎实的基础知识，又能够遍览文学研究的最前沿，可谓是一举两得。另外，本书还可以使读者的文学研究能力有所提高，文学的问题意识也有所增强。除此之外，将文学发展史中出现的相关新旧概念予以比较，以从中得出一些规律性认识，也是本书的一大特点。

本书是文学理论继承与创新的范本，值得一读。本书由北京大学出版社出版。

3. [英] 塞尔登 编《文学批评理论：从柏拉图到现在》

本书是一本关于文学批判思想和理论的文学史著作，共分五编。在本书的每一编中，作者都提出了文学的一些根本性问题，诸如文学的指向、文学所追求的真实类型、作者或读者的心理过程与文学文本的产生之间的关系、文学文本的自主性、文学文本的形式和结构特性、文学文本结构的确定性、文学与历史之间的关系、文学形式的道德经验性、作者的道德观念或意识形态与文学创作之间的关系等。

本书既回顾了先贤们的文学批判思想，又提出了不少创新性的理论与问题，这对于一个文学的初学者而言，是一个学习文学尤其是文学批判理论的好机会。本书由刘象愚等译，北京大学出版社出版。

4．［中］钱理群等 著《中国现代文学三十年》

本书是由钱理群等三位著名学者撰写的关于 1917～1949 年 30 余年间中国文学发展状况的专著，是一部近 60 万字的现代文学史著作。本书打破了传统文学史著作的叙事模式与体例格局，广泛吸收了前人关于作家、作品和文体研究的大量理论成果，形成了文学现代化命题背景下的新型的、品味浓厚的学术特色。在结构安排上，本书按照不同的历史时期分成了三编。在每一编中，作者都分别对相应历史时期的文学思潮和文学现象进行了详细的阐释。看来，作者是试图从文学发展演进的历史过程中去发现文学自身的特征与规律。另外，在书中作者还对各种不同文体的性质、不同文学流派的特点以及那些代表艺术高峰的作家、作品等进行了专门的论述。更值得一提的是，作者对文学流派的论述，不仅仅局限于主流文学，诸如非主流学派的京派、海派、新感觉派、先锋派等文学派别也在被论述之列，这无疑体现了本书内容的完整性。本书由北京大学出版社出版。

5．［美］弗拉基米尔·纳博科夫 著《文学讲稿》

本书作者弗拉基米尔·纳博科夫是著名的俄裔美国小说家、诗人、文学批评家、翻译家和文体家，美国国家文学金奖的获得者。纳博科夫的艺术观贯穿于整部《文学讲稿》之中。与其文学创作相比，本书在语言上更显简洁明晰，表达方式上更为深入浅出，清晰地向读者展示了他对所讨论作品的观点和看法。因此，可以毫不夸张地说，观点的鲜明与独到是这部《文学讲稿》的最鲜明特点。在写作方法与技巧上，本书从具体的文学文本出发，对作品的语言、结构、文体等创作手段进行了逐一分析，突显了其要点意识。通过具体分析，作者把相应作品的艺术性充分地揭示了出来，并点出了作品在艺术上成功的原因。另外，对文学作品原文的引用也是本书的一大特点。

字字珠玑的语言描写和深刻的理论论述使得本书显得更加意味深长和价值特殊。本书由申慧辉等译，上海三联书店出版。

提高阶段阅读

6.〔中〕范文澜 注《文心雕龙注》（上下册）

《文心雕龙》由梁朝刘勰著，是中国现存的古典文学文论著作中产生时代很早体系也最完整的一部名著。经过两汉及之前的长时期发展，我国先民已经在古典文学领域积累了丰富的创作经验，并对文学理论进行了大量探索。到了魏晋南北朝时期，先民们又进一步发展了创作理论，并开始自觉地总结有关文学的各种理论与创作经验。其实建安之后，大量的专门性文学理论著作已经开始纷纷涌现，只不过后来刘勰的《文心雕龙》是后来居上的集大成之作。《文心雕龙》全书可以分为四大部分，即总论、文体论、创作论和鉴赏论。在体例安排上全书共分为十卷，包括五十篇。

《文心雕龙》对于研究我国古典文学理论和挖掘我国优秀传统文化等都具有重要作用。本书是由范文澜先生完成的对《文心雕龙》的注解。它能使读者既领略古典文学理论的精华，又不受阅读文言文之苦，实在是作者对文学界的一大"巨型"贡献。本书由人民文学出版社出版。

7.〔中〕徐葆耕 著《西方文学十五讲》

本书通过讲座式的编排体例，对西方文学发展史中的主要文学思潮及各个时期最具代表性的作家和作品进行了剖析，从而揭示了西方文学生生不息的演进历程。本书语言简洁流畅、生动活泼，内容富于哲理，故而读者阅读本书能够既享受到优美的文字，又领略到启人深思的道理。看来，本书不仅仅想向读者灌输简单的文学知识，还意在扩展读者的胸襟和眼光。由于本书对读者的理论水平有着较高的要求，因此适合作为提高阶段的阅读文本。本书由北京大学出版社出版。

8.〔中〕钱穆 著《中国文学论丛》

本书是由我国著名学者钱穆先生完成的。作为一代文史大家，钱穆先生在谈文学理论时，多是以文化思想为切入点，高屋建瓴、融会贯通地予以论述。本书内容翔实，共包括30余篇，从古诗三百首到近代新文学都有所论述、考证和批评。在写作手法上，作者并不遵循传统的学术框架，显得十分尽情和洒脱。因此，在为读者呈上一顿思想大餐的同时，本书也向读者提出了很高的要求，大多数读者恐怕唯有通读之方能得其要义。通过与大师的对话，读者会发现，本书实则是一部中国文学演进史。在书中，作者对中国文学的特性、每个历史时期各家的成果得失等，都一一给出了论述和评判。

对于热衷中国文学史，并希望在文学理论学习上有所深入的读者而言，本书可谓是必读之作。本书由三联书店出版。

9.［美］M.H.艾布拉姆斯 著《镜与灯：浪漫主义文论及批评传统》

本书作者M.H.艾布拉姆斯是欧美现当代文学理论家中的大师级人物，在文学理论研究领域著述颇丰。本书的主要内容是对19世纪初期的40年时间里产生于英国的诗歌理论的论述，另外一少部分是对其他主要艺术形式的论述。本书强调各种不同的文学批评理论包含有共同之处，即读者应对具有普遍适用性的文学批判理论得出规律性认识。但在求同之时，作者也并未忽视存异，他对各类作家之间诸多重要的不同之处也给予了充分的关注。如果说大多数作家所表现出的是对诗歌和艺术的本质的关心，那么还有些作家表现出的是对诗歌和艺术的结构、主要准则和种类等问题的关注。本书对当时见解独特、影响持久的批评家都一一给予了评析，而对那些平庸的书评者则表示出不屑一顾的态度。本书由郦稚牛、张照进和童庆生三人合译，北京大学出版社出版。

10.［俄］库利科夫斯基 著《文学创作心理学》

本书作者库利科夫斯基是俄国著名的文艺理论家和语言学家，在文学理论研究领域取得了辉煌的成就。本书是他论述文学创作的代表性著作。库利科夫斯基是文艺心理学派的代表人物，他继承并发展了波捷布尼亚的理论。他不再局限于波捷布尼亚的智力说，而是将艺术分为了形象艺术和抒情艺术。前者包括雕塑、绘画和形象诗，后者包括音乐、建筑艺术和抒情诗。他认为在研究智力活动时，应明了智力活动的过程的重要性要大于智力活动的结果。对于人的感觉和思维，他还提出了自我中心主义和非自我中心主义问题。他将文学创作分为观察艺术和实验艺术两种类型。在上述种种理论的基础之上，作者对19世纪俄罗斯文学进行了研究，并对其中的文学创作的心理学问题进行了探讨。本书由杜海燕译，中国青年出版社出版。

扫码获取更多资源

9

史 学

史学的知识结构

史学
├─ 史学原理
│   ├─ 历史与历史学
│   ├─ 历史观
│   ├─ 历史发展理论
│   ├─ 史学认识论
│   └─ 史学的功能
├─ 史学方法论
│   ├─ 处理史料的方法
│   ├─ 研究历史的方法
│   ├─ 历史人物评价的原则与方法
│   └─ 历史著作的编撰与评价方法
└─ 史料
    ├─ 史料的性质
    ├─ 史料的作用
    └─ 史料的处理

史学学科分支

史学　史学史
　　　史学理论：史料学、历史文献学、历史编纂学、史学方法论
　　　专门史学：比较史学、口述史学、解释学史学、女权主义史学

什么是史学

　　史学就是以人类认识历史的活动，尤其是历史学家认识历史的活动为研究对象的一门科学。它与研究自然界和人类社会活动变迁过程的历史学有着不同之处。随着人类对历史的认识的深化，以及历史研究理论的多元化和方法的多样性趋向，史学也不断发展壮大，形成了内容涵盖史料学、历史文献学、历史编纂学、史学认识论、史学方法论以及史学本体论等众多内容的完整科学体系。

　　史料学、历史文献学都是史学的重要研究范畴，它们主要是考察各种史料和历史文献的产生和发展，以及对这些史料和历史文献的鉴别与利用。历史编纂学也是史学理论的重要研究内容，它主要是研究历史研究活动的成果，如史书编纂的诸种方法、体例和原则等。史学认识论主要是描述和分析历史认识活动的基本特征以及对历史认识活动的主体认识能力的评价等。史学方法论则主要是研究历史认识活动过程中所使用的各种方法，以及提高认识主体的认识能力的途径和手段。

　　史学作为一门社会科学，担负着重要的任务。史学研究的任务就是立足于历史学发展的过去与现状，通过运用现代科学成就，对人类认识历史活动的过程、基本特征、基本规律等展开研究，以探明现代史学的发展路径，进而促进历史学和人类历史研究的进一步发展。为实现这一任务，史学研究必须认真总结和分析古今中外的史学理论研究成果和史学实践经验，逐步强化史学认识论、史学方法论、史学本体论等所形成的史学整体意识。

　　应当指出的是，史学理论与历史理论在研究对象和内容上有着明显的

区别，但二者又是相互联系、相互渗透的。正如著名史学家乌瓦洛夫所言，史学理论是一种科学的思维形式，它能够在客观真实的水平上阐明并重拟已经成为过去的社会事件。从历史研究的角度看，一切科学都被包含在历史科学的范畴之内，史学也不例外。因为史学活动也是一种历史性的活动，作为一种历史现象也属于历史理论的概括范围。

史学与哲学、政治经济学、史学史、考古学、民族学、宗教学以及历史地理学等相邻学科也有着密切的关系。以史学与哲学为例，史学研究必须以一定的哲学思想、理论和方法为指导，总是在一定的哲学范畴之内活动，而对于哲学史的研究又依赖于史学方法论理论。如，女权主义史学的出现和发展就与女权主义哲学有着不可分割的关系。

随着世界发展步伐的加快，史学研究也进入了一个改革、变化、开放与发展的时代。在这种宏观环境的影响下，史学研究范畴在不断更新，史学理论体系也正逐步成为一个开放的体系。

史学发展史

史学研究最早是出现在西方，古希腊的艾奥尼亚地区被称为史学的故乡。西方史学在发展过程中，经历了古典史学、中世纪史学、文艺复兴时期史学、近代史学、现代史学等发展阶段。

古希腊罗马时期是西方史学的古典史学发展阶段。这一时期在历史研究中所广为流传的是一种道德史观，史学研究所体现的是实用主义的史学模式。希罗多德的《历史》一书的问世，标志着史学在西方成了一门独立的学科。希罗多德自称写作本书的目的在于保存人类生活的伟大成就，使其不至于因为时间的流逝而消失殆尽。正是这一史学动机发展成了对古典史学家具有约束性的史学研究宗旨，并最终形成了实用主义的史学模式，对后世的史学研究产生了重大影响。

中世纪时期，基督教思想主宰了整个西方的精神世界，以神为中心的基督教文化取代了以人为中心的世俗文化，史学理论也难逃其影响。基督徒将基督教义用来揭示历史、编写历史，最终催生了基督教史学，使得一种带有强烈神学色彩的天命史观弥漫在整个西方学界。奥古斯都所著的《上帝之城》是这一观念的集中体现。总之，在这一时期的史学理论研究中，科学的探索被宗教迷信所取代，信史实录为宗教传说所代替，宗教思想支配着世间一切事物，世俗史学成为基督教史学的附属物。在史学研究方法上，基督教纪年方法为史学家广为使用，从而为各国历史纪年的统一提供了一种可行方案，这也算是史学方法论研究的重大事件。

14 世纪伊始，文艺复兴运动在欧洲兴起，史学研究也随之发生了一次巨大的转折。人文主义在欧洲的复兴，使人们从高悬的天国世界又回到了世俗的人类社会，人也重新成为时代精神的主题，成为史学研究的主题。人文主义成为西方史学研究的指导思想。在这一时期，出现了一大批卓越的人文主义史学家，如彼德拉克、布鲁尼、马基亚弗利、奎西亚狄尼、康敏斯、莫尔、培根等。这一时期的史学家们试图用古典的史学传统来改变中世纪的传说，认为历史应当是对人以及人的事业和各种社会现象的记载，垂训才是历史的目的。总之，文艺复兴时期的人文主义史学成就是巨大的，并且为近代史学的发展开辟了道路。

近代西方史学主要是指启蒙运动以来至 19 世纪的史学研究，这是史学研究获得大发展的时期。在启蒙运动时期，史学研究的主导模式是以理性史观为指导的历史进步观史学模式。史学家们纷纷提出必须运用科学的观点和理性主义的态度解释历史。随着思辨哲学的兴起，历史发展规律探讨的模式也对史学研究产生了重大影响。历史哲学起于维克和伏尔泰，完善于康德，系统化于赫尔德。18 世纪末至 19 世纪 40 年代，浪漫主义史学理论在欧洲兴起，并形成了不同的流派。浪漫主义史学强调人的直觉和历史发生的共鸣、各民族的历史特征和民族精神以及历史主义，而反对理性主义和割断历史的非历史主义倾向。19 世纪 40 年代后期，以实证主义史学模式为理论特征的兰克学派成为西方史学的主流，其创始人兰克被称为以科学态度和方法研究历史的第一人，并被尊奉为近代史学之父。

20 世纪上半叶以来是西方史学的现代发展阶段。这一时期，史学研究受到了越来越多的关注和重视。史学研究把历史哲学分为思辨的历史哲学和分析、批判的历史哲学两大领域。思辨的历史哲学是 20 世纪以前的传统历史哲学的复兴和延续，分析、批判的历史哲学则是 20 世纪新近产生的成果。新康德主义和新黑格尔主义史学、新史学、结构主义史学等都是这一时期比较具有代表性的史学流派。这一时期的主要史学代表人物有斯宾格勒、汤因比、文德尔班、李凯尔特等人。

史学基本理论

史学原理

1．史学功能理论

史学的功能包括史学的学术功能和社会功能两种。史学的学术功能就是历史科学的研究价值和使用价值，主要通过各类史学著作、资料和实物材料予以体现。可见，史学的学术功能主要是着眼于历史科学自身的发生、发展和完善。

史学的社会功能就是史学研究对人类社会发展所起的促进作用，其主要表现如下：（1）史学研究有助于人们对历史的准确把握以及对历史发展规律的探寻，并可指导人们确定正确的社会发展方向。（2）正所谓"以史为鉴，面向未来"，史学研究对统治者的科学决策可以起到智囊和参谋作用。（3）"读史可以明智"，史学具有一定的教育功能，对于个人的发展和民族精神的培育都有着重要意义。

总之，史学的学术功能和社会功能是史学拥有的两种内在属性。一方面，史学的社会功能是其学术功能的补充和延伸；另一方面，史学的社会功能又以其学术功能为基础和前提。

2．历史认识理论

历史认识实际上是认识主体根据一定的目的，运用特定的认识结构和认识方法将已经掌握的实际历史信息进行处理的过程。历史认识是一种三极思维活动，它是历史认识的主体、客体与认识中介的有机和能动统一。所谓历史认识的主体，就是包括历史学家、社会精英以及其他社会成员在内的处于不同层次的人；客体就是包括历史事实、历史过程、历史发展规律在内的历史实际；认识中介就是包括历史文献、文物、传说和其他历史因素等在内的历史资料。

历史认识的三极思维因素虽各自具有独立性，但是其中的每一极对其他两极都有着积极的能动作用。作为历史认识客体的历史实际，既是历史资料的形成基础，也是历史认识的根源。历史资料是历史实际的主要表现形式，是认识主体把握历史真相的主要依据，其真伪将直接决定历史认识的准确性。认识主体的水平、能力、态度等也影响着其对历史资料的鉴别和历史真相的复原。

3. 马克思的历史本质理论

马克思主张在对人的自我异化的积极扬弃中认识历史的本质。所谓人的自我异化的扬弃是指，人的本质应当由异化转向人对于自己本质的真实与完全占有，实现人的本质的回归。私有制与人的自我异化的积极扬弃为人们认清历史的真正本质提供了现实基础。在这一现实基础上，马克思试图运用历史唯物主义的方法去考察历史的全面本质。马克思关于历史本质的研究，有以下几大理论贡献：

(1) 发现了生产力与生产关系之间的相互关系。生产关系是人们在生活中结成的，不以人的意志为转移的人与人之间的关系。生产关系的总和构成了社会的整体经济结构。当生产关系适应生产力的发展要求时，就会成为历史进步的动力；否则，就会成为历史发展的阻碍。

(2) 创立了社会经济形态和社会形态学说。将生产力的发展与特定生产关系的作用作为一个整体加以考察是社会经济形态的观点；社会形态理论则进一步将社会生产力的发展与特定的经济基础和上层建筑作为一个统一整体加以考察。通过社会经济形态和社会形态理论的分析，纷繁复杂的历史现象的必然性与规律性便清晰地呈现在人们面前。

(3) 发展了阶级斗争学说。马克思阶级与阶级斗争学说是以梯叶里、米涅、基佐等人的阶级斗争理论为基础发展起来的。该学说是理解生产力与生产关系之间的矛盾、经济基础与上层建筑之间的矛盾、旧的社会经济形态向新的社会经济形态的转变等问题的关键前提。

(4) 提出要运用发展的观点，在一定的历史范围内分析所有社会问题。即在分析某一社会问题时，要认清并抓住其所处的历史背景，从发展中考察该现象产生、发展、衰落、消亡的整个过程，并做出历史主义的分析与评价。

（5）认为作为历史创造主体的人民群众的群体范围是不断扩大的。物质生产活动是人类历史发展的决定性力量，这就决定了作为物质生产者的人类在历史发展中具有不可替代的作用。随着历史活动的不断深入，创造历史的群众队伍也必将不断扩大。

4. 历史发展的生存竞争理论

历史发展的生存竞争理论是社会进化论在史学研究中得以强调和运用的结果。该理论认为，小到个人或团体，大到国家与民族，都受到了社会进化论的支配。综观人类历史发展，强势文明无一不是经历了激烈的生存竞争而在历史的大浪淘沙中得以存续。而那些在历史上消失的文明又大部分都是在历史的生存竞争中渐渐被打垮，以致最终无法摆脱被淘汰的命运。因此，历史发展的生存竞争理论也成了弱小民族以及后发展民族生存与发展的警示和理论动力。

5. 实际理性理论

实际理性理论是马克思·韦伯的史学理论，其核心是理性主义。韦伯认为，实际理性概念包括三个方面的含义：首先，工具理性，即行为主体为达到一定的目的，总是试图有计划地干预客观世界的发展进程；其次，规范理性，行为主体通常会把某种价值标准与信仰力量作为自己行动的规范；最后，选择理性，即行为主体在一定价值观念和操作方法的指导下，通常会正确规定自己行动的目的。在理性主义的支配以及实证主义、新康德主义、狄尔泰思辨历史哲学的影响下，韦伯认为，近代资本主义的历史发展是由于世界历史的理性化进程的结果。在韦伯那里，社会中的所有领域，如经济领域、政治领域、法律领域、技术领域、科学领域等，都可以被予以理性化。

此外，在文化比较历史研究中，韦伯比较重视各种宗教力量和伦理力量对社会经济发展的影响。韦伯认为，理性的技术和法律以及人们所选择的某些理性生活方式决定了经济理性主义的产生。这种经济理性对经济的发展有着重要的影响。

6. 历史客观主义

历史客观主义又称客观主义史学，是兰克学派所倡导的史学理论。历史客观主义一般包括以下几个方面的内容：首先，在进行历史还原和历编纂过程中，必须坚持"如实直书"的思想指导；其次，进行历史研究必须以掌握第一手资料为条件；最后，在历史研究中，必须坚持对史料的批判，以保证研究结果的准确性。

历史客观主义所提倡的史料考证方法是在瓦拉以来到博学时代的史料考证传统的基础上发展起来的，并逐渐形成了"内证"与"外证"相结合的历史研究模式。历史客观主义对欧洲近代史学研究中的史料批判和文献考证学的规范化发展多有助益，从而有效地推动了历史研究的发展。

7. 分析批判的历史哲学

分析批判的历史哲学的集大成者是意大利哲学家克罗齐。其思想主要包括以下几个方面的内容。

首先，克罗齐提出了历史是精神发展的过程的观点。这一精神发展过程存在着多个发展阶段，这些不同阶段之间虽然存在着相异之处，但却没有矛盾，并总是做着周而复始的运动。

其次，克罗齐认为，历史就是哲学。克罗齐强调，一个优秀的历史学家，必须首先是一个优秀的哲学家。这是因为，哲学的思辨能力和分析能力是进行历史文献分析以及历史编纂的基础。

最后，一切历史都是当代史。一切历史都是当代史的观点实质上是"历史就是哲学"这一论点的逻辑推演。克罗齐认为，哲学与历史的同一是以"历史被提升为永恒的现在知识"为条件的。

8. 历史发展动力说

历史动力就是推动人类历史不断发展的力量，包括人类社会发展、变革的动因以及实现社会发展、变革的力量两层含义。历史发展动力说是马克思主义史学理论的核心内容，共包括五个相互联系的观点。

（1）从社会存在和社会意识的关系角度考察历史发展的动因。社会存在决定社会意识，物质生活是社会存在的现实基础，物质生产活动是人类社会发展的决定性力量，即物质生产活动是人类社会发展的终极动因。

（2）从生产力与生产关系的矛盾运动的角度考察历史发展的动因。生产力决定生产关系，生产关系对生产力具有反作用，生产力的总和决定着整体的社会状况。因此，人类的发展史就是社会生产发展史。

（3）从经济基础与上层建筑之间的矛盾运动的角度考察历史发展的动因。经济基础决定上层建筑，上层建筑反映经济基础。无论是政治的、文化的、宗教的等哪种社会结构，都由特定的经济基础决定。因此，经济因素也就是历史发展过程的决定性因素。

（4）从生产关系与上层建筑的变革实践的角度考察历史发展的动因。人类的社会制度与上层建筑的变革不是自发实现的，而是人们自觉实践的结果。这样，人们对生产关系与上层建筑的变革实践的过程也就成为人类历史发展的过程。

（5）从人类历史发展的现实过程的角度考察历史发展的动因。历史是追求着自己的目标的人们的活动，人类社会的一切都是人改造自然、改造社会活动的结果。因此，人的观点，人的实践的观点，也就成为历史发展动力说首要和基本的观点。

史学方法论

9.史料鉴别理论

所谓史料鉴别，就是对已经搜集、整理好的史料进行真伪性判断。对史料真伪问题的考证是保证史学认识成果正确性的坚实基础。最常用的史料鉴别方法主要有辨伪和校勘两种。辨伪就是对古书和其他史料进行真伪性辨别。对于如何辨伪，梁启超曾总结出古书辨伪十二法，颇为适用。如，梁氏认为"其书前代从未录著或绝无人征引而忽然出现者，十有九皆伪；其书虽前代有录著，然久经散佚，乃互有一异本突出，篇数及内容与旧本完全不同者，十有九皆伪；等等"。但是，伪史料也并非一无用处，只要将其恰当利用，同样可以说明很多历史问题。校勘是指通过对多种版本的古书和文献资料进行对比来校对勘误某一本书，以校订古书中存在的语句和字词上的错误。近代史学家陈垣所提出的校法四例，即对校法、本校法、他校法和理校法，是最为可取的校勘方法。

10.阶级分析法

阶级分析法是历史研究的基本方法之一，是指通过运用阶级和阶级斗争的理论和方法揭示阶级社会历史问题和历史现象的一种研究方法。根据马克思主义的观点，阶级的存在与特定历史阶段的特点有着密切的联系，阶级划分是历史发展中存在的最基本事实，阶级斗争将贯穿整个阶级社会发展的始终。阶级斗争是历史发展的基本动力，一切社会无不是在阶级对立与斗争中存在与发展的。以上观点是运用阶级分析法进行历史研究的一条指导性线索。运用阶级分析法研究历史，就应当揭示不同历史阶段的历史现象与历史问题的阶级内容和阶级实质。这就要求必须揭露阶级和阶级斗争赖以存在的经济关系以及政治思想斗争背后的物质利益。总之，阶级分析法强调运用生产力与生产关系、经济基础与上层建筑、阶级对立与阶级斗争的理论研究历史。

11．"三时段"理论

"三时段"理论是由法国年鉴学派提出的。历史时间所具有的多元性质是"三时段"理论的立足点，其所指的三时段分别是指：（1）短时段，又称个体时间，指一些突发性事件所经历的时间。短时段广泛存在于人们的各种生活形式之中，诸如经济生活形式、社会生活形式、文学生活形式、制度生活形式、宗教生活形式等等。由于历史并非仅仅是由大量的细节所构成，因此短时段观察法并不能科学、客观地说明历史。（2）中时段，又称社会时间，是指整体的局势逐步形成的时间。具体而言就是在 10 年、20 年、50 年乃至数百年中对历史发展有着重要影响作用的诸现象兴衰更替的活动周期和发生频率。在人类的历史生活中，诸如科学、技术、政治制度、精神工具、社会文明等，都有着属于其自身的生命节律和成长节奏。（3）长时段，又称地理时间，是指能够保持长期稳定、变化极为缓慢的自然和社会结构的延续和发挥作用的时间。如地理、气候、生态环境、社会组织、文化传统等都是该时段中的自然或社会结构。这些结构是各种因素的集合，是在长时期内存在和发展的特定实在。那些能够在极长时期内存在的结构是人类世代相传的稳定因素。它们对历史的发展具有决定性的作用。"三时段"理论向人们传递这样一个信息，即历史学不仅是不同时间观念的辩证法，而且是对整体意义上的社会实在的解释。正如费弗尔所言，历史学既是过去的科学，也是未来的科学。

12．"二重证据"法

"二重证据"法是我国著名史学家王国维先生首倡的历史考证方法。

利用已经存在的纸上文献资料去证明其他的纸上文献资料是中国传统史学考证史料的基本方法，而王国维提出的"二重证据"法则是利用新发现的地下材料去证明已经存在的纸上文献资料，是将考古学与文献学加以结合的史学研究方法。"二重证据"法是对乾嘉考据学的突破，其先进性主要表现在：(1)"二重证据"法将文字训释、历史现象和制度的考察进行了结合，并且还把文献记载和卜辞、金文等加以结合，对各种记载之间的关系进行文字学和音韵学角度的考察，以实现最大限度的准确性的目的。(2) 重视眼见为实，不轻信未曾目验的文献资料。这一做法事实上是将文字训释和实际事物的考察加以结合，从而追求历史考证的准确性。(3) 极力反对穿凿附会的说辞。王国维运用"二重证据"法对殷周史的信史材料的确定奠定了殷周史研究的基础，这是对该方法最好的证明。

13. "层累式"法

"层累式"法是 20 世纪 20 年代至 40 年代我国疑古派史学代表顾颉刚所首倡的历史考证方法。与信古派相信一切传说古史都是真实可靠的不同，疑古派对古史神话传说的真实性表示怀疑。顾颉刚认为，只有经过严格审查，确定史料的真实可信度之后，才能正确地释古。所谓"层累说"，就是层累式地构造中国古史的观点。该方法的基本思想和主要内容包括：(1) 时代愈是靠后，传说的古史也就越长。例如，大禹是周人心目中最古的圣贤，而孔子时代却又出现了尧舜，战国时期则又出现了黄帝和神农氏，至秦朝则又出现了三皇，汉朝以后又出现了盘古。(2) 时代愈是靠后，传说中的中心人物就越被放大。例如，舜在孔子时期是无为而治的圣君形象，而后来则成为人们心目中的齐家治国的圣人。(3) 也许我们无法知晓某种古史现象的真正状况，但却可以知道其在传说中的最早情况。"层累说"对神话古史的形成过程和原因做出了充分的阐释，同时也掀去了传统历史神话传说的神秘面纱。古史中的这些传统的神话传说，并非自古形成的定式，而是在历史的发展中不断层累的结果。这种层累式的历史考证方法被胡适称为"剥皮主义"。

14. 史书编著理论

历史意味着过去，也包含着今天。因此，史书编著是对包含着人类广泛的社会活动的过去社会的论述。史书编著的重要特征如下：

首先，史书编著具有社会性和多层次性，具有广泛的社会内容，这也是其本身固有的特点。史书编著的多层次性主要体现在编著构架的不同、内容繁简和论说深浅的不同、史著篇幅的大小以及因编著构架的不同而显示出的历史事件和历史人物等的多层次性。

其次，史书编著的构架具有多样性。所谓的史书编著构架，也称史书编著的表现形式，包括史书编著的外部样式和内部结构两层含义，就是通常所说的史书编著的体裁和体例。史书编著的多样性是内容与形式的统一，单纯的形式多样性难以推动史学研究的发展。

史书编著是一项严肃的工作，应当遵守一定的原则和要求。一般认为，真正科学的历史学必须以撰写信史为史书编著的根本指导原则。在史书编著过程中，需要历史学家做出价值判断或价值评价时，则要求历史学家应当坚持历史主义的观点和当代意识。此外，优秀的史书编著成果还应当具备语言表述的审美性。

史学关键词

1. 历史实际

历史实际作为历史认识的客体是历史认识活动的重要组成因素，它是指包括个别的历史事实、完整的历史过程以及历史的客观发展规律等不同层次内容在内的历史现象。历史实际作为已经发生了的事件和过程，是不可能再被改变的既定存在。

2. 历史规律

历史规律即历史法则，是指支配人类社会发展的、不以人的意志为转移的客观规律。历史规律是史学研究的重要内容。历史规律是对众多的历史现象内部及其外部本质联系的揭示，对于历史发展具有普遍的适用性。人们对历史规律的揭示是运用主体的抽象思考能力对无法感知的历史深层结构所做出的主观认识，有时难免会因主观的思维局限性而错认或漏认历史规律。因此，历史规律往往又必须经过规律性认识的验证。历史规律具有重复性、预见性、层次性以及开放性等基本特征。

3．英雄史观

英雄可以说就是不同的历史时期中所涌现出来的社会精英分子。英雄史观就是强调英雄尤其是大英雄在人类社会发展过程中的重要作用的历史观念。英雄史观认为，英雄与神和自然是浑然一体的，是天意的体现者，人类的整个历史是由英雄创造的，英雄之外的普通社会成员都是历史发展过程中的无知群氓。例如，尼采的超人哲学就是典型的英雄史观，它鼓吹英雄的强力统治，而视人民群众为奴隶、畜群、供实验的材料、多余的废物和瓦砾场。

4．道德史观

道德史观是古典时代的史学的支配性观念。在古典时代，史学的基本目的乃是在于垂训后世。古典历史学家认为，人们的道德活动对人类历史的发展和变化、社会的治乱兴衰有着重要的影响。因此，对人们进行道德教育和训诫以及对历史现象进行道德评判就是历史垂训的任务所在。古典历史学家还认为，统治者的道德水平和行为会给其本人带来因果报应，而不会影响到整个社会历史的发展。罗马奥古斯都时代的李维又进一步发展了道德史观，认为统治者的道德水平与道德行为不仅会给自己带来因果报应，而且对整个社会历史的发展都有着重要影响。

5．天命史观

天命史观是神学思想主宰西方精神世界而对史学产生影响的结果。天命史观认为，上帝是人类历史的支配者，是人世间万物的主宰者。它还认为，人类的一切历史都是上帝意志的体现，同时也是上帝见证人类生活的结果。史学编著就是以证明上帝存在为目的，从而赞美全知全能的上帝。此外，天命史观还认为，人类历史是永恒向前发展的，不存在中断或倒退的现象，并不断向上帝的天国世界接近。

6．人学史观

人学史观是西方文艺复兴时期人文主义复苏的结果，它认为人是世间一切的主宰者，是真正的时代精神和思想界的主题。人学史观主张，把圣经中那些荒诞无稽的传说当作历史的行为是十分荒谬的，史学应当着眼于人和人的事业，历史应当是对今生的记载，应当以探索社会历史现象之间的因果关系为己任。

7. 理性史观

理性史观的核心思想是理性与进步，认为人类的知识和经验积累过程构成了社会发展的历史，而人类的理性探索和追求则是知识和经验积累的来源。在理性史观的指导下，用科学的观点解释历史的呼声也越来越大，这促进了史学领域的不断扩大。理性史观还认为，人类社会的历史是不断向前发展的过程，历史研究应当重视对因果关系的阐述。理性史观促使历史研究者们用理智的眼光看待过去，并不断总结经验，以追求有哲学意味的历史。

8. 兰克学派

兰克学派就是以史学家兰克及其弟子为奠基人的实证主义史学学派。19 世纪后期至 20 世纪初，众多西方史学大家及其弟子，以及一些史学流派，几乎都与兰克学派有着密切的渊源。兰克学派宣扬客观主义，认为历史撰述就是如实地描述历史实际发生的现象。兰克认为，在历史研究中史料高于一切，主张"有一分史料说一分话"。兰克还认为，社会历史的发展是没有规律的，是统治者活动的结果。据此，该学派还确立了实证主义的史学模式。

9. 年鉴学派

年鉴学派是 20 世纪 30 年代开始萌芽，最终形成于 40 年代中期的一个法国史学流派，发展到 60 年代开始具有世界性的影响。该学派认为人类社会的历史不仅仅是政治史，而且是整体的社会史，是"总体史"。它主张应当将地理学、经济学、社会学、心理学、人类学、语言学等各社会科学乃至自然科学融合为一体。重理论、重解释、重综合是该学派的基本方法论观念。及至 20 世纪 70 年代，年鉴学派已经出现了四代史学家。

10. 新史学

新史学是 20 世纪 70 年代，从年鉴学派中发展出的一个新的史学流派。新史学继承了年鉴学派的"长时段学说"，而与年鉴学派不同的是它更加重视对历史人类学和精神形态学的研究。新史学反对兰克的客观主义史学观，主张应当不断开拓史学的研究领域，史学研究应当加强与社会科学、人文科学的合作，并强调史学家应当注重解释，重视史学的功能等。

11. 古史辩派

古史辩派是一个以顾颉刚为代表的中国史学流派。顾颉刚提出了层累说，认为传统的中国古史是不客观、不真实的，它是由后人一点点造出来的。为此，以顾颉刚为代表的古史辩派的史学家们把中国从先秦到西汉的大量有关古史的记载进行了系统的分析和认真的考辨，从而推翻了几千年来为人们所深信不疑的历史结论，取得了丰硕的成果。古史辩派是中国史学发展史上的一个重要流派，为中国史学发展做出了巨大贡献。

12. 实物史料

实物史料是指在人类历史的发展过程中被保留或遗留下来的体现前人历史生活痕迹的场所、有形物品和其他事物。遗址、墓葬以及遗物等都是典型的实物资料。遗址就是历史遗留下来的前人的活动场所，诸如居住遗址、古村落、游牧民族的活动遗迹、各种古人类化石的出土地、新石器时代各个时期的陶器的出土地等，都是遗址。墓葬就是埋葬古人的墓穴。墓穴之所以具有较大的史学价值，是因为墓穴中往往会有很多随葬物品，乃至大量的壁画、简册、古文献资料等。遗物即历史文物，是指历史上被保留下来或遗留下来的具有较大价值的珍贵物品。如唐三彩、北京故宫、巴黎凯旋门等都是著名的历史文物。

13. 文献资料

文献资料就是关于人类历史活动的文字记载。中国史学成就之所以能够在世界上获得举足轻重的地位，是与前人给我们留下的丰富的历史文献资料分不开的。在人类发展的历史长河中，曾经涌现出大量的、十分繁杂的历史文献资料，主要形式包括正史类文献资料，经、子、集类文献资料，地方志类文献资料，甲骨文、石刻碑文类文献资料，档案类文献资料，著述类文献资料以及口述类文献资料等等。

14. 史料不及

史料不及是指在历史研究中遇到的史料在正式的文献资料里没有被记载或涉及的情况。史料不及所涉及的一些史料往往存在于非正式的文献资料中，它对社会历史现象研究的准确性有着重要影响。在遇到史料不及的情况时，应当广泛地搜集资料，而不是武断地做出结论。

15. 伪史料

伪史料就是在历史发展中出现的、与其所代表的真实年代不符、显系后人伪造的书籍以及文献资料等。对于为什么会产生伪书，汉代的《淮南子》解释道："世俗之人，多尊古而贱近，故为道者，必托之于神农、黄帝而后能入说。"伪史料同样是时代的产物，它与真实史料一样仍有其使用价值。如果能够对伪材料进行恰当的利用，它同样可以说明很多历史问题。如，可以根据伪史料本身考证出其真正时代与作者，进而考证出该历史时期的一些问题和作者的思想等。

16. 历史学家

历史学家就是研究人类历史活动的变迁过程的职业人员。历史学研究的科学价值和社会影响要求历史学家必须具备一定的知识结构和研究能力。正所谓"凡治史者，必求博闻强识、疏通知远之士"。此外，历史学家还必须具有强烈的社会责任感和献身精神，这是历史研究主体所具有的社会性特点在认识论和实践论上的集中要求。一位优秀的历史学家还必须具有一定的忧患意识，这是他投身于历史研究和历史编著的主观动因之一。历史学家的历史研究工作既是历史学家的独断之学，也是历史学家们的群体之学。

17. 通史与断代史

通史与断代史是一对相对的概念，通史就是连贯地记述各个历史时代的史实的史书，而以朝代为断限的史书就是断代史。在中国的二十五史中，西汉司马迁的《史记》就是一部通史，因为上自黄帝，下至汉武帝时代，历时三千多年的史实都被记载在内。其他二十四史则都属于断代史，东汉班固所著的《汉书》是中国首部断代史。

18. 编年体

编年体是史书编著体裁的一种重要形式，它是按时间顺序记述历史事实的历史撰述方法。编年体可以清晰地描述相同历史时期的不同历史事件之间的相互联系。此外，编年体史书有利于对历史发展做出纵向和横向两方面的考察，便于读者把握历史发展的线索和联系。但是，编年体也存在头绪繁杂、不易掌握等缺点。

19. 纪传体

纪传体是一种综合性的史书体裁，包括本纪、世家、记载、列传、书志、表以及史论等，是一个相互联系、相互配合的整体。纪传体所记载的历史现象和历史过程具有广泛性和复杂性。能够表达包括大小史实在内的错综复杂的社会历史现象、记述范围广等是纪传体的优点所在。其缺点就是难以清晰地表现历史发展的时间顺序以及历史事件、历史人物之间的相互联系。

20. 专门史

专门史就是以某一特定历史现象为研究对象的史学研究范畴。在专门史研究中，文物史料起着至关重要的作用。例如，在农业史、畜牧业史、纺织史、陶瓷史、冶金史、建筑史、交通史、天文史、雕塑史、医药史等专门史的研究中，都必须依赖大量的文物史料，尤其是对没有文字记载的原始社会的专门史的研究，更是离不开文物史料。随着科学技术的发展，人们分析文物史料的能力和技术也越来越强，专门史的研究和编撰也随之更加便宜。

21. 类例

类例又称体例或笔法，是历史学家在历史研究成果的表述上所遵循的一些原则和规范，是历史撰述在组织结构和表述形式上的统一作法。诸如叙述的时间、空间范围、各种分类、体式以及称谓等，都是类例的重要包含部分。史书的记述内容和编著者的主观目的共同决定着史书的类例。因此，史书的具体内容和宗旨不同，其类例也不会完全一致。

学习和研究的方法

1. 史学的学习方法

史学的学习方法就是怎样学习史学的问题，包括学什么和怎么学两个方面的内容。史学是一门典型的以抽象的理论内容为主体的社会科学，因此，史学理论也就成为史学学习的重要内容。那么，怎样才能学好史学理论呢？

学习史学首先应当学习和掌握史学理论所包含的基本概念和原理。史学虽然是一个有着完整体系的庞大系统学科，但仍然是由众多的基本概念和史学原理组成的。掌握了这些基本概念和原理，就不怕攻不下史学这座"理论大山"。也许有读者会问，那么多的概念和理论，究竟应该怎么记呢？其实，这其中是有技巧可循的。首先，就是把握好史学的学科框架，按照头脑中形成的史学的整体学科框架意识去记忆其中的概念和理论。这样它就不会显得繁杂无序和无从入手了。另外，要养成做读书笔记的好习惯。读书笔记是你对所读内容的总结和再现，因此有助于知识的记忆和串联。

在掌握了基本的史学概念和史学理论之后，就要尝试着去阅读一些专业的和权威的史学理论专著。史学理论专著是对人类史学研究的精华的总结，是无数史学大师们的智慧和思想结晶。因此，阅读史学理论原著，不但可以使你学到经典的史学理论知识，还能够让你跨越历史时空实现与大师先贤们的对话，尽情领略他们的思想之伟大和知识之渊博。当然，对于大多数人来说，阅读史学理论原著会是一件很吃力的事，但只要坚持下来，你总是会有意料之中和意料之外的诸多收获。因此，在学习史学的过程中，一定不要忽视阅读史学理论原著这个环节。

攻读优秀的历史著作也是学好史学的一个重要环节。优秀的历史著作不仅记载了人类生活的历史和轨迹，而且还体现了历史研究的一些基本规律和方法，其中暗含着众多史学理论的素材和资料。因此，阅读历史著作不仅可以使你学到丰富的历史知识，还能促使你在阅读过程中去思考一些与史学理论有关的问题。比如司马迁的《史记》、班固的《汉书》、范晔的《后汉书》、恺撒的《高卢战记》、塔西陀的《编年史》、哈兰姆的《中世纪的欧洲》等都是比较优秀的历史著作。

总之，在学习史学过程中，只要你按照这些方法或其他适合你个人的一些方法认真去做，再加上你持之以恒的努力，就一定会取得事半功倍的效果。

2. 史学的研究方法

史学内容有着丰富性和多层次性的特点，因此，史学研究的方法也就具有多样性。在史学研究的发展中，诸多的史学研究方法逐渐形成了一个完整的科学化系统。在这里，我们主要向读者介绍历史文献资料方法、分析解释方法、结构分析方法、比较研究方法等几种基本的史学研究方法。

史学是研究人们认识历史的活动的学科，而人们认识历史的方法又主要是通过历史方法完成的，故而历史文献资料分析方法也就成了史学研究的一个基本方法，是进行史料研究的主要方法。诸如历史著作、考古发现等都是历史文献资料研究方法的研究对象。通过对历史文献资料的分析和研究，可以确定史料的范围、性质、作用，并对其做出分类。该方法的史料研究成果对史料的搜集与整理、史料的存真与取精等都具有重大的指导意义。在现实的研究过程中，运用历史文献资料的分析方法，往往必须与考古方法、内容分析方法等相互配合。

分析解释方法是研究历史过程的一种常用方法，即通过对历史发展过程的分析，从而揭示出历史过程的性质、特点以及发展规律。该方法包括定量分析和定性分析两种具体的方法。定量分析主要是通过一定的统计手段和计量方法等对历史过程中所表现出的各种数量关系做出分析，从而解释历史发展的规律和趋势，判断历史的性质和价值。定性分析是通过对历史的性质的确定而给历史以合理的解释，从而揭示历史的本质与规律的史学研究方法。定性分析是一种宏观分析，主要用于对历史认识的提出和历史结论的确定。

结构分析方法主要是用来揭示社会结构，尤其是社会静态横断面的联系和特点的史学研究方法，是西方现代社会科学常用的研究方法之一。结构分析方法可以使史学家对社会的各种构成因素及其之间的相互关系做出全面的分析，对同时态、非连续性历史事件的研究具有促进作用。但是，运用结构分析方法往往会受到思想认识和历史观念中的片面性和局限性的干扰。因此，在运用该方法时应当注意与其他学科的研究方法相互结合，如社会学方法、心理分析方法等。

比较研究方法就是对古今中外的不同史学理论进行比较研究的方法。处于不同社会环境和历史背景下的史学研究，会得出形式各异的不同史学理论。但是，人类历史发展规律的诸多共性又决定了各种理论之间必定存在着诸多具有普遍性的共同特征。因此，比较研究就有着显著的意义。

总之，史学研究是一项繁杂的工作，在实际研究过程中应当将各种不同的研究方法加以综合运用。

个人阅读计划

入门阶段阅读

1. [中] 翦伯赞 著《史料与史学》

本书是翦伯赞先生讲述史料学与历史学的著作，共收录了他数十年来所完成的六篇经典论文。以时间为序，有《略论中国文献学上的史料》、《论司马迁的历史学》、《论刘知几的历史学》、《略论收集史料的方法》、《考古发现与历史研究》以及《关于历史学的"三基"问题》。本书是在 1946 年的原本基础上的增订本，其间经历了数十年的风雨变故。因此，从中我们不仅可以发现中国历史的变化，也可以深深体会翦老本人生活的浮沉激荡。本书是翦老为青年学生学习和研究历史所著的一本重要的史学入门之作。本书由北京出版社出版。

2. [中] 张广智 著《西方史学史》（第 2 版）

本书对上自古希腊下至现当代的西方史学进行了系统论述，涵盖了西方古典史学、中世纪史学、近代史学和现当代史学发展的各个阶段。在书中，作者对古希腊罗马史学及其对后世的深刻影响、欧洲文艺复兴以前的基督教神学史观、西方各国史学的发展与演变、20 世纪的西方史学等，都做了详细的论述。此外，作者还分析了西方新史学的发展过程及其在当代的新趋势。本书是史学初学者学习西方史学发展历程的入门读本。本书由复旦大学出版社出版。

3. [中] 何兆武、陈启能 主编《当代西方史学理论》

本书是国内首部系统评价西方当代史学理论的专著。在内容上，本书涵盖了西方历史哲学方面的重要流派和主要代表人物，以及当代西方重要的史学流派的理论等。如新康德主义、新黑格尔主义、西方马克思主义、文化形态史观、比较史学、计量史学、心理史学、法国年鉴学派、英国马克思主义学派、美国新科学史派等都包括在本书之中。此外，作者还论述了当代自然科学与史学、苏联及中国对西方史学理论的研究等。

本书是系统学习西方当代史学理论的不错选择。该书由上海社会科学院出版社出版。

4. [美] 格奥尔格·伊格尔斯 著《二十世纪的历史学：从科学的客观性到后现代的挑战》

本书作者格奥尔格·伊格尔斯是当今美国著名的思想史家和史学史家。本书不是一本简单的历史描述性著作，而是试图对国际范围内的历史思想作一番深刻的比较考察。作者主要集中考察了英国、法国、比利时、德国、意大利、中欧以及北美等国家和地区的历史思想。在论述对象上，作者把注意力都放在了那些可以阐明历史学研究的重要趋势的历史学家们身上。本书由何兆武译，辽宁教育出版社出版。

5. [意] 贝内德托·克罗齐 著《历史学的理论和历史》

本书作者贝内德托·克罗齐是20世纪意大利著名的哲学家、美学家、文学批评家、政治家、历史学家和史学理论家。该书是其具有代表性的历史哲学著作之一。本书分为上下两编，上编探讨史学理论，下编回顾史学史。在上编中，作者对历史和编年史之间的区别和相互联系做出了分析，提出了活历史和死历史的观点。在下编中，作者回顾了从希腊罗马、中世纪、文艺复兴、启蒙运动、浪漫主义、实证主义史学，到19世纪"新史学"的整个西方史学的发展过程。本书是一本经典的史论结合性质的书籍，适合初学者作为入门读物阅读。本书由田时纲译，中国社会科学出版社出版。

提高阶段阅读

6. [意] 贝内德托·克罗齐 著《作为思想行动的历史》

本书可以视为克罗齐的《历史学的理论和历史》的续篇，收录了作者的多篇史学研究论文，体现了作者历史观的深化和史学理论的完善。此书共包括作为思想和作为行动的历史、历史主义及其历史等八个部分的内容。在书中，克罗齐对历史哲学的超验必然性和因果必然性予以否定，而对历史哲学的逻辑必然性做出了肯定。此外，克罗齐还对历史著作的特性进行了分析。本书由田时纲译，中国社会科学出版社出版。

7. [英] 汤因比 著《历史研究》

汤因比是英国著名的史学家，这本《历史研究》已为世界范围内的广大读者所熟悉。在本书中，汤因比从整体的角度对人类史加以全面考察。于是，一幅显示了诸多文明的成长、碰撞、融合历程的宏大图景便展现在读者面前了。在阅读本书过程中，读者不仅能够学得作者博大精深的历史学知识和哲学思想，还能感觉到吸收知识和思考问题的愉悦。本书由刘北成与郭小凌合译，上海人民出版社出版。

8. [美] 海登·怀特 著《元史学：19 世纪欧洲的历史想象》

海登·怀特，当代美国著名思想史家、历史哲学家、文学批评家。《元史学》是其成名作，被誉为 20 世纪下半叶最重要的历史哲学著作。作者认为，史与诗之间并不存在天然的断裂鸿沟，一切史学作品都包含了一种潜在的、诗学的和语言学的深层结构，这是一种未经批判而被接受的范式。在本书中，作者立足于形式主义的理论和方法，建构了宏大的结构主义文本分析理论体系。同时，作者也十分注重历史主义思想的贯彻。此外，作者还对 19 世纪八位有代表性的史学思想家进行了反讽式的比喻分析，试图向读者展示史学思想家们进行史学编著时所采用的主导性比喻方式和语言规则，从而对历史著作中广泛存在的诗学本质予以确证。本书由译林出版社出版。

9. [英] 彼得·伯克 著《法国史学革命：年鉴学派 (1929 ~ 1989)》

彼得·伯克，英国著名历史学家，擅长史学与社会科学理论的沟通以及文化史写作新领地的探索等，在史学研究领域著述颇丰。本书是作者对法国年鉴学派的批评史，考察了年鉴学派自《年鉴》杂志创建之日起 60 年的发展历史。伯克对年鉴学派发展过程中出现的三代学人做出了区分。如第一代的吕西安·费弗尔、马克·布洛赫与传统史学体系的论战，《年鉴》杂志的创建者以及他们的主要观点等，由布罗代尔主导的第二代的史学理论及主要影响和贡献，包括杜比、勒高夫、勒华拉杜里等在内的第三代（即当代）著名史学家等等，都在作者的评述之列。打开本书，年鉴运动的理论体系和支脉源流等均会一览无余地呈现在读者眼前。本书由刘永华译，北京大学出版社出版。

10. [英] 帕拉蕾丝 编《新史学：自白与对话》

帕拉蕾丝是巴西圣保罗大学著名的历史学教授。这是一本别开生面的书，帕拉蕾丝对所谓"新史学"的特性做出了严密的考察。作者通过与九位引领了新史学运动的学者的对话，深入探讨了历史撰述的新路径。阿萨·布里格斯、伯克、罗伯特·达恩顿、卡罗·金兹堡、杰克·古迪、丹尼尔·罗什、昆廷·斯金纳、凯斯·托马斯和纳塔莉·泽蒙·戴维斯等知名学者都在作者的访谈之列。这些学者就其主要著作以及他们与其他著名史学家和理论家之间的关系做出了解释。因此，本书清晰地展示了这些著名学者的众多深藏不露的经历和思想。故而，本书也就成为一本生动而富有启迪意义的著作。本书由彭刚译，北京大学出版社出版。

10

地理学

地理学的知识结构

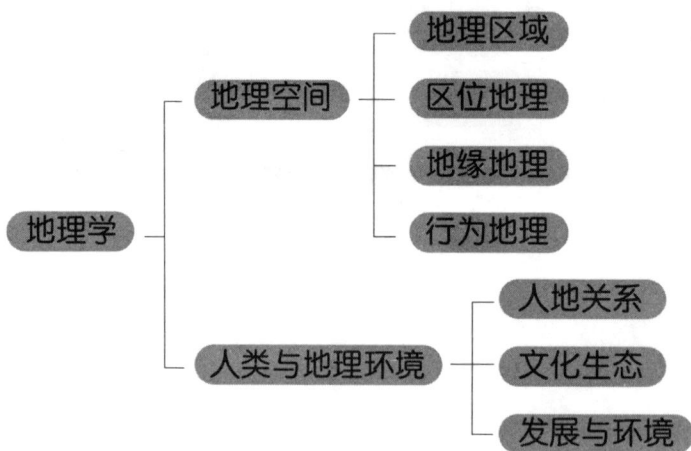

```
                                ┌── 地理区域
                    ┌── 地理空间 ──┼── 区位地理
                    │             ├── 地缘地理
                    │             └── 行为地理
          地理学 ──┤
                    │               ┌── 人地关系
                    └── 人类与地理环境 ──┼── 文化生态
                                       └── 发展与环境
```

地理学学科分支

地理学　系统地理学：自然地理学、人文地理学
　　　　理论地理学：地理哲学、元地理学、地理学思想史
　　　　应用地理学：生物地理学、水文地理学、经济地理学、旅
　　　　　　　　　　游地理学、人口地理学、聚落地理学、城市
　　　　　　　　　　地理学、乡村地理学、社会地理学、政治地
　　　　　　　　　　理学、军事地理学、地图学、地名学

什么是地理学

　　地球是人类的家园，是人类赖以生存的物质载体。人类对地球与环境的关注与研究可谓是由来已久，并提出了形形色色的地理概念。随着地理知识的积累以及人类对地理研究的深入，地理学这门独立的科学便形成了。

　　现代地理学认为，地理学就是研究地球表层地理环境以及人地关系的科学。社会科学范畴中的地理学主要侧重于对人文地理学的研究。所谓人文地理学，就是研究人类活动的空间差异、空间组织以及人类与地理环境之间关系的科学。诸如人地关系、区域地理等，都属于其研究范围。人地关系是人文地理学的基础理论，它主要是研究人地之间的相互作用、相互适应的关系及其基本规律。人文地理学研究可以为国家和地区经济社会的持续性发展提供理论动力，为人类与地球的和谐相处提供理论支持。

　　人文地理学属于社会科学的范畴，但又具有地理科学的某些特征。总体而言，人文地理学具有社会性、区域性、综合性等特点。之所以说人文地理学具有社会性，是因为社会现象的地域结构是人文地理学的具体研究领域。区域性不仅是人文地理学的特性，也是整个地理科学所具有的典型特征。任何地理现象都会呈现一定的区域分布特征，因此，地理科学对地理现象的研究离不开对不同地理区域内部结构的剖析，这样才能发现区域之间、区域内部之间的相互联系及其基本规律。区域性以及对区域差异性和相似性的重视是区分地理学与其他人文社会科学的关键。综合性也是整个地理学学科的一

个基本特征。地理科学研究的综合性主要来源于地理事物的多样性和整体性。地理现象内容繁多，联系也错综复杂，因此，只有通过对相互联系的地理现象进行综合分析，才能发现问题的关键和本质之所在。

人文地理学是一门横断学科，它与社会学、政治学、经济学、军事学、文化学、人口学、心理学等研究地球表面的人文社会现象的学科有着密切的联系。它们彼此之间不但相互影响和渗透，而且为彼此的发展提供了养料与支持。诸如社会地理学、政治地理学、军事地理学等都是由于相应两种学科之间相互交叉、相互渗透而形成的分支学科。

进入 21 世纪以来，在工业化浪潮与现代化思潮的影响下，人类对发展主义的强调与推崇可谓前所未有。这虽然促进了社会物质水平的大大提高，但却带来了一系列的环境问题，如水污染、大气污染等。在这种大背景下，人类对环境伦理的呼吁之声越来越响亮。这为人文地理学乃至整个地理科学都提出了新的理论挑战，也带来了新的发展空间。也许，在地理学这里，人们可以找到能够疏解现代化所带来的诸多困惑的突破口。因此，可以预见的是，地理学将会迎来它空前的发展机遇，并会越来越受到人们的重视。

地理学发展史

作为社会科学的地理学主要是指人文地理学，但其发展史与整个地理学的发展历程可谓是难解难分。人文地理学的发展被蕴含在地理科学的整体发展之中。西方地理科学发展至今，总共经历了古代地理学、近代地理学和现代地理学三个阶段。

西方古代地理学的发展主要体现在古希腊地理学的发展上。对地球球体的发现，即地圆说，是古希腊地理学对地理科学的最主要贡献。公元前6 世纪，毕达哥拉斯制定了天体圆周运动的数学法则。之后，柏拉图与亚里士多德又分别从演绎推理角度和实际观察角度提出地圆说的观点。这些对地理学的发展都产生了极大的影响。此外，古希腊地理学中对地球的数理性质的研究以及对气候带的研究等对地理科学的发展也都产生了重要影响。但是，古希腊地理学中的"地球中心说"却对后世地理学研究产生了极大的误导作用。这一时期地理学研究的人文性主要体现在地理学研究的哲学基础上。哲学与地理考察是古希腊地理学形成与发展的基础，而哲学又是古代人文地理学的解释论基础。

中世纪时期，科学受到了基督神学的压制，发展缓慢。在这一时期，地理学理论不仅没有得到发展，反而出现了后退现象。但是，这一时期却出现了一系列的地理实践活动，如哥伦布发现美洲新大陆、麦哲伦的环球航行等。

西方近代地理学的创立，应当归功于德国的洪堡和李特尔。洪堡的地理学思想既包含了大量的自然地理学理论，也蕴含了丰富的人文地理学理念。洪堡揭示了自然界中万事万物的因果联系，认为人与自然界是一个相互联系、不断运动的有机统一整体。他考察了植物与地形、气候之间的关系，从而创立了植物地理学；他揭示了自然现象之间的因果联系，进而创立了自然地理学。恩格斯认为，洪堡对地理学的贡献是对欧洲保守的、僵化的目的论自然观的第六大打击力量。李特尔对地理学的贡献是确立了地理学的概念体系和地理学的具体研究对象。李特尔认为，地理学的目的乃是在于要求人们将自身的活动与地理环境作为一个统一的整体，即强调人与地理环境之间的关系。因此，李特尔被称为"近代人文地理学的开山大师"。

西方近代地理学的策源地除了德国之外，还有英国、法国、美国等国家。英国的近代人文地理学发展要稍晚于德国，其主要人物是麦金德。他的"大陆腹地说"开创了政治地理学的先河。法国近代人文地理学的奠基者是维达尔·白兰士，其主要研究领域为人地关系以及区域人文地理。美国的近代人文地理思想主要源于德国，也形成了自己的特色，比较具有代表性的人物有森普尔和亨廷顿。

第二次世界大战以后，随着经济与科技的迅速发展，地理学也获得了较快的发展。体现在人文地理学上，那就是其发展重心由德国转移到美国。这与美国经济实力的增强及其世界影响的扩大是分不开的。这一时期，地理学的发展呈现出多元化的特点，各国之间也增加了学术交流的频繁程度，并出现了不断融合的现象。因此，地理科学形成了传统与创新相统一的复合体。此外，现代地理学还逐渐摆脱了地理二元论的困扰，出现了统一地理学的大地理学思潮，即将自然地理学与人文地理学合二为一。

地理学基本理论

地理空间

1. 梯度推移理论

梯度推移理论所倡导的区域发展模式表现为，先集中力量发展重点地区，然后通过重点地区发展所积蓄的力量来带动其他地区的发展。可见，这是一种试图通过不均衡发展实现整体均衡发展的模式。

梯度推移理论认为，在世界范围内的众多地域，经济发展具有不平衡性，在客观上存在着一种经济技术梯度差。梯度的存在决定了空间推移的可能。根据经济部门的兴旺部门、停滞部门、衰退部门的三分标准，当某个区域以兴旺部门为主导时，则该地区就是处于高梯度地区位置。同理，当衰退部门是该地区的主导部门时，该地区就是低梯度地区。梯度推移就是从高梯度地区向低梯度地区的推移，包括技术梯度推移与产业结构升级。技术梯度推移就是由先进技术区域到中间技术区域，再到传统技术区域的推移。首先应当让高梯度地区掌握先进技术，然后再逐渐向低梯度地区推进。此时，低梯度地区可以先采用中间技术乃至传统技术。所谓产业结构升级，就是由技术知识密集区域到资本密集区域，再到劳动力密集区域。

应当再次强调的是，虽然在梯度推移过程中允许技术差异和发展水平差异的存在，但其最终目的乃是为了消除这些差异，以实现整个区域发展水平的提高。

2. 区域增长极理论

区域增长极理论是区域发展分析的理论基础以及可以有效促进区域经济发展的政策工具。因此，区域增长极理论受到了区域经济学家、区域规划学家、地理学家以及决策者的广泛重视。

区域增长极理论认为，经济发展并非是在地理空间上均衡发生，而是呈不同强度的空间点状分布。这些点就是体现成长和空间聚集意义的多个增长极。通过不同的传播途径，这些增长极对整个区域经济的发展会产生不同的影响。发动型工业，即能够带动城市和区域经济发展的工业，是增长极存在的决定性因素。发动型工业在地理空间中的某一地区的聚集，会促成该地区的极化和扩散过程，再加上规模经济和关联产业的共同作用，该地区就会产生增长极，从而可以实现经济效益的最大化和经济的快速发展。

增长极具有三个效应。首先，支配效应，即增长极在经济单元中处于支配地位；其次，乘数效应，即通过投入与产出等方面的关联，一个部门的发展会引起其他部门产生连锁反应；最后，极化－扩散效应，即增长极通过聚集经济的形成带动周边经济的发展。

3. 区域发展波动理论

区域发展波动理论是对区域发展过程所呈现的状况的研究。该理论认为，区域发展过程呈曲折波动前进状况，而非线性前进模式。产品和生产技术的生命周期性，以及体制、政治、自然灾害等，共同决定了区域发展的波动性。区域发展的波动性是短期波动周期与长期波动周期的结合。

波动是区域演化的动态特征。技术创新和扩散是区域发展波动的众多原因中的根本原因。新技术的出现会带动新产业的迅速发展，从而促使旧产业不断衰落，并逐渐被淘汰。如果某些区域能够把握住技术创新的机会，迅速接受并消化新技术，就会顺利实现新旧产业的转化，从而促进整个区域的发展。相反，如果某些区域未能顺利消化新技术，就会使旧的产业成为区域发展的包袱和束缚，从而导致区域发展的衰落和波动。

4. 中心地理论

中心地理论是克里斯泰勒提出的关于城市空间结构的理论，主要研究城市的空间结构、城市的等级规模、城市职能等问题。中心地理论并非仅仅局限在城市结构问题上，也适用于其他具有中心辐射性的行业和事业，如商业、管理、服务、教育等。

克里斯泰勒假设所研究的区域为平原，并据此提出中心地、中心货物与服务、中心性、服务范围等作为中心地理论的核心概念。中心地就是相对于区域中的散布居民点而言的中心居民点，它聚集了周围地域日常所需的各种货物和服务；中心货物与服务就是在中心地生产的主要面向周围地域的货物与服务；中心性是指中心地职能作用的大小，也就是中心地对周围地域的相对重要性；服务范围就是中心地所提供的货物与服务的最大辐射范围。

克里斯泰勒进一步假设，中心地在平原上均匀分布，各中心地之间的距离也相等，服务范围也是相等的圆形区域。在此情况下，每一个中心地都会紧邻六个同级中心地。这样一来，圆形服务区域之间就会出现空白区域，即无法接受中心地服务的区域，从而引起相邻中心地之间的竞争。根据消费者趋向最近中心地的原则，重叠区域内的消费者会被以中心线为界一分为二。于是，每个中心地的相切部分都会被彻底瓜分，进而导致无空白的六角形蜂窝状结构的形成。这些六角形之间的结点是距离已有中心地最远的区域。由于这些区域接受到的中心地的服务最弱，因此这里就产生了次一级的中心地。依此类推，该区域就存在着若干不同等级的中心地。克里斯泰勒认为，市场、交通、行政等因素也制约着中心地在空间上的分布。

可见，中心地理论揭示了人类服务性事物在地理空间上的基本规律。这对城市规划、区域规划、行业管理等都有着重要的影响。

5. 地缘地理理论

地缘地理是用来描述国际政治与地理空间、地理背景之间的相互关系的政治地理学概念。具体而言，地缘就是指在国际地理空间范围内，对各国家之间、国际组织之间的相互政治关系、经济关系、文化关系、军事关系、外交关系、资源关系、环境关系等有着广泛影响的地理联系。与地缘相关的就是地缘政治，即国际政治战略与地理环境之间的相互关系。随着社会的发展以及国际关系的进一步复杂化，世界贫困、自然资源、生态平衡，甚至核恐怖与核扩散等，也都成了地缘政治的重要内容。

人类与地理环境

6. 行为地理理论

行为地理理论是研究人类行为与地理环境空间之间的关系的地理学理论。空间行为即人类行为在地理空间上的表现，它是行为地理理论的一个重要内容。行为地理理论对空间行为及其形成因素的研究是从人类心理特征的角度上进行的。因此，行为地理理论将心理学上的行为概念和知觉概念引入了地理学的范畴。

人类的动态规律是行为地理的研究基础，行为地理依此对主体如何反映客体以及主体如何适应客体展开了研究。在研究内容上，行为地理理论主要包括以下几个方面：人类的出行及活动规律；人类行为的地理合理性；不同主体在地理环境中所表现出的行为活动的层次结构；人类在灾害环境、文化环境等特殊环境中的行为表现等。

7. 文化景观理论

文化景观理论所研究的范畴主要是体现某一地域文化特征的地域形象，它包括物质文化与行为文化两个方面。文化景观是人类内隐文化——即文化的价值体系与技术体系的重要物质载体和外显反映。从一定程度上看，人文景观就是人类的行为活动与自然景观的结合。文化景观不同于建筑、园林等单个的个体，它是整体的区域综合文化地域现象。文化景观理论 所关注的是特定地域的物质文化与行为文化的整体特征、形成原因、变化过程以及基本规律。

文化景观理论认为，透过文化景观所反映的地域文化特征，总是可以发现不同人类群体或集团所具有的不同文化背景。也正是因此，他们所创造的文化景观才不同。通过文化景观，人们还可以学习到许多关于不同人类群体过去活动的知识。

8. 可能论

可能论也称为或然论，最早由白兰士提出，并因他的学生白吕纳得以发展。可能论所强调的是人对自然与社会环境的适应与利用能力，而不是环境决定论者所谓的环境在人地关系中的决定作用。

白兰士认为，不能用环境来解释所有的人类事实，在人地关系中，人才是积极的力量。人类的生存条件受到了自然环境的天然性规定，它使得人类的存续成为可能。但是，人们的生活与思维在很大程度上又受到了自身传统生活方式和思维方式的影响，因此不同的人对环境的反应与适应就会有所不同，而且即便相同的环境，对于具有不同生活方式与思维方式的人所产生的意义也难以相同。由此可知，对特定人群的具体人地关系选择行为具有决定作用的不是环境，而是他们的生活方式。

白吕纳对可能论进行了更加深入的研究。他认为，人类与自然环境的媒介以及人类一切行为的指导者乃是人的心理因素。心理因素会随着时代的变迁而不断变化，因此，人文现象也是没有定相的。自然是固定不变的，人文是不断变化的，因此人地关系也总是随着二者之间关系的变化而变化。

9. 环境感知论

环境感知论对人地关系的分析是借助心理学的研究成果完成的。环境感知论认为，人类对各种人地关系的选择并不是任意的、随机的、毫无规律的，而是存在着一定的客观规律。这种选择受到人类一种思想意识的支配，这种思想意识就是环境感知。

环境感知就是人类因为长期受到环境与文化因素的影响，从而形成的一种与环境有关的印象。环境感知形成之后，人们对现实环境的认识与理解就难以摆脱它的影响，因此就不可能对客观现实环境做到十分准确地把握。故而，环境感知既是在特定环境中得以形成，又对该特定环境产生着重要影响。环境感知是了解不同文化集团对环境产生的不同反映的突破口。

10. 和谐论

20 世纪 60 年代以来，随着工业化浪潮的不断推进，世界各地都普遍出现了荒漠化、水土流失、农业污染、工业污染、温室效应等环境问题，人类的生存环境受到了空前的威胁。基于此，一些地理学家提出了人地应当和谐相处的观点，即和谐论。

人地关系和谐论的指导思想主要包括两个方面。首先，人类应当尊重自然规律，对地理环境进行充分合理的利用；其次，要尽力挽救被破坏的环境，以恢复人地关系之间的和谐。

从内容上看，人地关系和谐论主要包括四个方面。首先，实现人地关系和谐的目标是包括众多具体指标的战略性综合目标。其具体目标主要包括生态目标、社会目标、环境目标等。其次，在经济发展过程中，要坚持环境与经济并重的指导思想，即保持经济领域与生态系统的和谐发展。再次，要合理利用资源，充分保护、节约资源。人类在追求经济效益的同时，必须对资源进行有效的保护，使得经济发展与自然资源和谐共生，进而实现资源的永续利用。最后，要对被破坏的生态环境进行合理整治，实现生态系统的良性循环。

11. 文化决定论

文化决定论认为，在现代技术条件下，人类不仅可以有效地利用自然，还可以按照自己的意愿来改造自然、征服自然，因此，人在人地关系中起着决定性的作用。其中，文化是人对人地关系产生决定性影响的桥梁。

文化是特定群体的生活方式，它是思想与行为模式的结合，包括价值观念、信仰体系、行为规范、群体活动等。文化对人的行为的决定作用主要表现在三个方面。首先，人类通过学习掌握的思想和行为模式是决定人的行为的主要意识形态。其次，语言是特定文化背景的反映，它在意识知觉的水平下决定着人的思想和行为。最后，文化模式对感知的构造作用也是决定人类行为的主要力量。因此，在人类按照自己的意愿改造人地关系的过程中，真正发挥作用的实际上是文化。人类对环境的改造、对资源的利用，甚至对环境的破坏等，都是由于一定文化价值观念作用的结果。因此，在处理人地关系时，人类应当发掘并利用有利于人地和谐相处的文化资源。

12．新发展理论

新发展理论是强调以"人－社会"为中心的发展模式，其发展战略以"经济－社会－政治－技术"为前提。新发展理论所关注的不仅是经济与环境之间的关系，而且较为重视国际经济政治关系，多从第三世界国家的立场分析经济问题。

新发展理论认为，自然限度问题不是发展的根本问题，社会政治问题才是发展的根本问题。所谓社会政治问题，就是国内社会存在的阶级压迫以及国际的经济差异。诸如发展中国家存在的贫富差异悬殊、政治不民主、人才与资源外流以及发达国家对发展中国家的经济剥削、生态危机转嫁等，都是典型的社会政治问题。虽然环境问题、资源问题、人口问题等在第三世界国家表现突出，但产生这种现象的主要原因并非在于这些国家人与环境之间的矛盾，而是因为人类社会自身的不合理性以及不平等的国际关系。因此，只有发展的观点才是对第三世界国家有利的。人类首先应当调整的不是人与自然的关系，而是人与人之间的关系。

新发展理论认为，先污染后治理的发展路径以及浪费性消费现象不应在发展中国家重新上演。发展中国家应当走出一条以文化价值为基础的新型发展之路。社会财富增加与社会公平程度、民主程度以及人民的精神满足程度等应当得到同等的重视。

13．可持续发展理论

可持续发展理论是一个复杂的理论系统。从不同的角度看，它就会具有不同的含义。从自然属性看，可持续发展就是使环境系统的生产与更新能力能够得到维护和发展的发展观；从社会属性看，可持续发展就是在保证生态系统容量平衡的前提下改善人类生活质量的发展观；从经济属性看，可持续发展就是实现经济效益最大化和生态系统之间和谐发展的发展观；从科技属性看，可持续发展就是废料产出最小化与污染最轻化相统一的新型工业系统。虽然不同的角度使可持续发展体现出不同的含义，但其基本原则却是统一的。可持续发展的基本原则主要包括公平原则、持续性原则、需求原则、和谐原则、高效率原则、质量升级原则等。

可持续发展理论的本质特征就是鼓励发展，它认为发展是人类社会的必然现象，但是，发展应当是全面的，即应当是经济增长、人类生活质量提高、文化水平提高、社会进步以及环境保护相统一的发展模式。

可持续发展理论认为，虽然现今的人口增长、资源消耗、环境污染等给人类的发展带来了危机，但是也应当看到，科学技术的巨大潜力与突变性在很大程度上缓解了这一危机。因此，只要人类能够处理好这些矛盾，未来的永续发展就是可能的。

地理学关键词

1. 产业区位

产业区位又称经济区位，是厂商或者经营者为了降低生产成本、实现利润的最大化而选择的进行经济活动的空间地理位置。产业区位包括以农业经济为对象的农业区位、以工业经济为对象的工业区位以及以商品市场为对象的市场区位。在知识经济时代，特定区域的知识储备、创新能力、科技水平、知识型企业的发展等是衡量产业区位的社会经济发展水平的重要标志。诸如技术、信息、劳动者的观念以及智力水平等知识型要素都是影响甚至决定产业区位经济增长的重要因素。

2. 住宅区位

住宅区位是指城市居民选择的住宅的城市地理空间。住宅区位的选择主体是城市居民，他们的区位选择行为会对房地产开发商的房地产开发区位选择产生重要影响。住宅区位受到了多种因素的影响：首先，经济因素，即居民自身的收入以及房屋的价格。经济因素是影响不同收入群体进行住宅区位选择的主要因素。其次，交通因素。该因素对居住的便利性有着重要影响，如上班、就医、购物、上学等。再次，环境因素，包括环境质量、生态水平、绿化状况、临水条件等。这是对居住的舒适性有着重要影响的因素。最后，人文因素，如住宅区位内的安全状况、文化氛围、邻人素质等。

3. 办公区位

办公区位就是商务办公与公共事业办公的空间地理位置。办公区位选择包括两大类，一类是商务办公区位选择，即公司企业的管理和服务机构对办公区位的选择。商务办公区位的选择是企业经营的一部分，必须服从于企业的整体经营目标。另一类就是城市或者区域的公共事业管理机构的办公区位选择。公共事业管理机构不以营利为目的，其区位选择主要受管理成本、公共利益等因素的影响。这类办公区位一般分布在城市或者特定区域的交通比较便利的地方，并呈相对集中的分布状况。

4. 边缘带

边缘带是指大陆腹地周边的沿海地区，是具有国际政治不稳定因素的地区。在冷战时期，两大政治集团为了扩大自己的势力范围，曾一度对边缘带进行了激烈的争夺。历史上的朝鲜战争、越南战争、柬埔寨战争等，都是发生在边缘带上。应当指出的是，在冷战结束以后，这些边缘带虽然也出现了经济迅速发展的局面，但其中仍然隐藏着众多不稳定的因素。

5. 破碎带

破碎带是指在大国势力的夹缝中生存的小国和地区，属于国际政治的不稳定地区。破碎带一般是大国势力斗争或者争夺的焦点。由于大国势力的干预，这些地区一直以来都是不安定地区。这使得这些小国无法自主决定自己的命运，只能无奈地受到大国势力的支配和控制。在破碎带地区，一般都充斥着复杂的宗教矛盾、民族矛盾以及文化矛盾等，如中东地区、巴尔干地区等。从一定程度上看，破碎带所面临问题的解决有利于世界整体局势的稳定。

6. 地理物象

地理物象就是人们通过知觉、认知过程将地理环境反映在自己大脑中的形象。地理物象的形成一般是人们对周围地理环境进行直接或者间接观察、体验和了解的结果，其中包含着个体的稳定性思维。人们的知觉判断、地理优选以及决策行为等都是以地理物象为基础的。由于受到人的主观意识的影响，地理物象一般难以与客观的地理环境完全吻合。地理物象的范围和结构一般会受到人们的思想意识、哲学观念等与环境信息变化的融合的影响；地理物象内容的变化一般则是由于人们文化知识、人生阅历等与环境信息的融合造成的。

7. 认知地图

认知地图就是以地理物象为基础，由于环境信息的刺激而在人的大脑中形成的认知图像。认知地图就是主观世界的空间，是呈现在人的内心世界的空间形象。认知地图的组成因素一般包括道路特征、显著的地貌、地面标志、区域组合等。但是，由于人与人之间在认知心理等方面的不同，即使地理物象相同，人们各自所形成的认知地图也会存在不同之处。认知地图可以对某一区域的自然环境、地域结构、社会结构等有一个清晰的反映。在现实生活中，每个人都会在自己的大脑中形成一定的认知地图。

8. 空间偏好

空间偏好就是人所表现出来的对空间环境的好恶，它对人对环境认识的客观性有着直接性的影响。例如，人们心中向往某一旅游胜地等，都是空间偏好作用的结果。空间偏好主要有乡土偏好与显示空间偏好两种。所谓乡土偏好就是对家乡、环境优越的区域、收入高的区域等的偏好，它往往还会受到历史传统的影响。所谓显示空间偏好，就是人们对比较突出或明显的区域的偏好。显示空间偏好往往受到空间的知名度、规模、声望等因素的影响。

9. 温室效应

温室效应就是太阳短波辐射透过大气层射入地表，使地表温度增加，地面温度增加后所释放的热量被大气中的二氧化碳等物质大量吸收，从而导致大气变暖的现象。可见，温室效应与大气中二氧化碳含量过高有关。温室效应会导致自然生态的严重失衡，如荒漠扩大、土地流失、气候异常、海水体积膨胀等。温室效应与臭氧层破坏、酸雨共同被称为全球性的三大环境问题，也是对人地关系不和谐现象的反映。

10. 环境容量

环境容量就是环境为维持生态平衡所具有的最大承载量，有广义和狭义之分。广义的环境容量是指，环境对人类活动造成的影响的最大承受限度，如资源承载力、土地承载力、草原载畜量、城市适度人口等。狭义的环境容量是指在保证人类正常生活以及自然环境正常存续的前提下，环境所能承受的人类最大破坏力。环境容量并非无限大的，它具有一定的上限。人类认识到环境容量的存在，说明人类也已经意识到了生态平衡的重要性以及人类能力的有限性。

11. 生态文化

所谓生态文化就是以自然环境为基础，并受到自然环境的重要影响的文化现象。生态文化是一个复杂的文化系统，包含着诸多方面。诸如经济生产形式、传统工艺技术、农业作物、畜牧产品、建筑物等物质文化，居住文化、饮食文化、生活习俗、服饰文化、礼仪文化等行为文化，以及艺术文化、宗教信仰、法律思想等精神文化都属于生态文化范畴。生态文化反映了整个地域的文化景观和文化氛围。在文化多样性的现代社会，不同自然地域所呈现的生态文化也是多种多样的。根据特定区域内生态文化的多样性，可以将该区域划分为不同的生态文化区，如中国的东北黑土文化区、华北平原文化区、黄土高原文化区等。

12. 文化迁移

文化迁移是指文化现象在地理空间上发生的位移现象，即从一个地理区域向另一个区域的转移、渗透或扩散。根据迁移方式的不同，可以将文化迁移分为扩散性迁移和移动性迁移两种不同的形式。扩散性迁移就是文化母体不发生地理空间上的变化，只是随着文化主体的移动或迁移而散播到异地的文化迁移现象。黑人文化随着贩奴运动的发展而向美洲的迁移就是典型的扩散性文化迁移。在扩散性文化迁移中，总会不可避免地发生文化冲突现象。移动性迁移就是由于某一文化主体赖以生存的地理环境出现危机或消失，该文化主体为了维持生存而被迫从原生活空间迁往另一地理空间，随之也将自己的文化转移到另一地理空间的文化迁移现象。

13. 循环经济

循环经济就是能够实现资源的循环利用的经济发展模式，是可持续发展的一种具体表现形式。循环经济摆脱了高投入低产出、高消费、高废弃的经济发展状况，实现了在生产、流通、消费等所有环节中的资源有效利用与循环利用。体现在生产环节中，循环经济就是将环境问题化解于生产过程之中，并最大可能地减少资源消耗，使生产原料最大限度地转化为有用的产品。循环经济的进展流程是从资源到产品再到再生资源，并在这整个过程中追求低投入低消耗，以有效地避免废弃物的大量产生，使得各种资源能够最大限度地发挥其效用。

14. 地理信息系统

地理信息系统，即 GIS（geographical information system），是以计算机技术为基础和手段，根据地理坐标或者空间位置将地理空间数据予以信息化处理，并能够被实践应用的技术系统。地理信息系统的主要特征就是对各种空间实体和空间关系的研究和处理。其数据处理过程首先是按照地理坐标或空间位置关系对地理数据进行编码定位，其次是予以定量化和定性化处理。具体而言，地理信息系统的生成和应用可以分解为四个部分，即数据输入系统、建立数据库、对数据进行处理和分析、传输和显示数据。

15. 全球定位系统

全球定位系统，即 GPS，是指通过卫星技术的利用，实现对地理事物的全球性定位的技术系统。全球定位系统的工作原理为：当太空中有一颗装有观测装置的人造卫星时，观测对象就必须是在以其与该人造卫星的距离为半径的球面上。当装有观测装置的人造卫星增多时，观测对象的被观测范围也就随之越来越小，观测容易度也就越大。全球定位系统具有高度的灵活性和实时性，不仅被广泛应用到地理测量、地理考察等领域，还被应用到军事、城市规划、旅游、交通、气象预测等领域。全球定位系统被称为是测量领域的革命。

16. 地理大发现

所谓地理大发现，是站在欧洲中心主义的角度上讲的，即欧洲人对距离欧洲比较遥远的地方的发现。因此，地理大发现体现了欧洲中心主义的文化史学观点。地理大发现不是偶然的，而是提前就有着较强的目的性。欧洲人进行环球航行或局部航行的主要动机包括两个，一是传教士对传播其宗教思想的热诚；另一个则是他们对世界其他地区的货物、资源的渴求——亚洲的香料、黄金乃至非洲的黑人奴隶等都大大刺激了欧洲人的出航欲望。客观而言，地理大发现作为一场规模宏大的地理实践活动，确实为近代地理学的发展提供了实践基础。

学习和研究的方法

1. 地理学的学习方法

随着环境问题的加剧，人类开始关注地理环境问题。于是，很多人开始试图接触地理学，希望能够学点地理学的知识。但是，大多数人却找不到实用的方法，因而备感苦恼。到底应该怎样学习地理学呢？学习地理学是不是就是整天看地图？显然不是，这未免太狭隘了。那么，是不是像中学时那样学习地理呢？显然也不是，那样就太肤浅了。

学习地理学，首先要对地理学有一个全新的再认识。地理学是一门综合性的科学，一定不能认为自己在中学时代学的地理就是地理学。地理学既包括自然地理学，也包括人文地理学。在认识到这一点之后，才能开始真正的学习。学习地理学，应当从基本的理论入手。虽然社会科学范畴的地理学主要侧重于人文地理学，但读者在学习时也应当适当学习一下自然地理学的知识，毕竟它与人文地理学有着密切的联系。在学习地理学理论时，一定要把握好该学科的整体知识脉络，在学习过程中树立起系统的框架意识。

地理学有着漫长的思想史，形成了大量的思想积淀，因此，读者在学习地理学时有必要认真读一下地理学思想发展史。通过对地理学思想发展史的研读，读者可以对地理学从古至今的发展有一个比较清晰的了解，可以弄清现代地理学的理论和思想渊源，进而从纵向上对地理学有一个整体的把握。当读完地理学思想史时，你一定会感觉大有收获，从而使自己的地理学理论学习事半功倍。

综观上述介绍，无论是理论学习法，还是史论结合的学习法，都是一些最基本的方法，适合于那些只是希望对地理学有所了解而不求深入的读者。但是，如果你希望能够在地理学上学有所成，或者你本身就是一位地理学的专业学习者，那就要掌握更进一步的学习方法了。

阅读是最古老也是最有效的学习方法。因此，在掌握了地理学的基本理论之后，如果希望在地理学学习上能够有所深入，就要尝试着去阅读一些比较专业化的地理学学术著作。专业化的学术著作是学者的智慧结晶，蕴含着学者理论的精华与该学科的一些规律性认识。只有通过阅读大量的原著，才能使自己的地理学学习有所深入，并最终实现质的转化。

如前所述，地理学尤其是人文地理学是一门与其他科学有着广泛联系的学科。因此，无论是从纯粹学习的角度，还是从个人爱好的角度，你都应当读一些相关学科的书，如社会学、政治学、经济学、军事学，以及它们与地理学交叉形成的社会地理学、政治地理学、经济地理学、军事地理学等。如果你对其中的某些学科有着特殊的爱好，那就更加容易，你可以完全根据自己的爱好选择一些交叉学科的书去读。

2. 地理学的研究方法

社会科学范畴的地理学一般是指人文地理学，但在实际研究过程中，其基本方法论与某些具体方法是难以分解的，这一特点在统一地理学思潮出现后显得更为明显。纵观地理学发展史，地理学的方法论主要有例外主义、逻辑实证主义、人本主义、结构主义、后现代主义、整体思想等。在具体研究方法上，地理学也有着自己的独特之处，如地图方法、地理调查方法、遥感方法、地理实验与模拟方法等。

地图方法就是利用地图来描述地理现象和表达地理思想的一种研究方法。地图不仅可以对地理事物的空间性质，如位置、距离、高度、体积、面积、坡度、深度等加以描述，而且可以表现各种地理事物之间的空间联系和动态变化过程，如人口迁移过程等。地理学家可以通过地图来表述自己的思想观点，有针对性地向人们传达一定的地理信息。地图是地理学家分析地理问题的工具，人们可以通过地图获得相关的地理信息，发现地理事物的规律性法则，体会绘制地图的人的哲学思想、观念。随着计算机技术与信息技术的进步，制图技术也发展迅速，如遥感制图与计算机制图等。此外，统一地理学的发展，也促成了景观制图与综合制图的出现与发展。

地理学是一门关于大自然和社会实践的学问，因此，地理调查理所当然地成了该学科的一项基本研究方法，并从地理学产生直到现代地理学都是如此。现代地理学中的地理调查有了新的发展，这主要表现在调查内容和方式的综合化以及调查手段的现代化方面。景观调查、土地利用调查等应用广泛，全球定位系统、地理信息系统等在地理调查中也得到了普遍应用。在地理调查中，经常应用的基本方式有野外考察、访问调查、意向调查、史籍调查以及数据统计调查等。

遥感方法就是通过电磁波、重力、磁力、震波、声波等手段，对地理事物进行远距离观察，以获知地表性质、状态和信息的方法。遥感包括五个部分，即遥感对象、传感器、信息传播媒介、遥感平台、信息处理与分析系统。遥感图像是通过遥感方法获得的主要成果，它包含着综合的地理信息，是人文因素和自然因素相互交织的景观实体影像。通过遥感成果，地理学家可以判别地表事物、分析地理规律。

地理实验是指运用各种不同的探测方法，以追踪和探索地理过程的规律的方法。地理模拟是指人为地通过各种方式将地理过程予以再现，并对实验进行对比分析，以发现地理规律的方法。可见，地理模拟是地理实验的一种特殊形式。大面积同时定点综合实验是最理想的地理实验方法，可以准确地揭示地理过程的规律。通过地理实验，可以对一定地区或者区域的资源储备状况以及人类生存条件等有一个清晰的把握，进而对地理环境以及人地关系进行合理的调整与调控。

以上这些方法只是地理学研究中比较常见和常用的一些方法，而不是全部的研究方法。随着科学技术的不断发展，一些新的地理探测手段、分析工具不断涌现，因此，新的地理学研究方法也必将随之出现。

个人阅读计划

入门阶段阅读

1. [法] 阿·德芒戎 著《人文地理学问题》

本书是一本论述人文地理学基本问题的著作，适合于入门阶段的学习者阅读。本书共分为两编，分别为通论地理学与区域地理学。在通论地理学中，作者主要论述了人文地理学的定义、人口过剩、经济、国际经济现状、农村的居住形式地理、西欧农业制度对居住形式的影响、农业经济与农村殖民等问题；在区域地理学中，作者主要论述了利穆赞地区的山地、法国的农村住宅、法国农村聚落的类型、商业地理、埃及农村生活的现实问题与新面貌、尼日尔河流域的土著殖民和整治工程等问题。通过对具体的地理事物与现象的分析来论述人文地理学问题，是本书的一大特点。本书由葛以德译，商务印书馆出版。

2. ［美］R.哈特向 著《地理学性质的透视》

本书是一本对整个地理学学科进行全面透视的地理学专著。在本书中，作者试图完整地描述出地理学的学科面貌以及学科特征。围绕着这一宗旨，作者分别论述了"地理学是地区差异的研究"意味着什么、"地理表面"意味着什么、研究复杂现象的统一是地理学的特点吗、地理学上的"重要性"如何衡量、我们必须区分人文因素和自然因素吗等问题。作者在论述中，对地理学所涉及的一些基本问题予以了一一解答。因此，通过阅读本书，读者可以对地理学的学科面貌以及性质有一个比较全面的把握。本书由黎樵译，商务印书馆出版。

3. ［英］迈克·克朗 著《文化地理学》

文化地理学是地理学的重要分支学科，它所关注的是文化对日常空间的塑造，是立足于地理角度的文化研究。在文化地理学中，文化是一个极其复杂的概念。因此，为了弄清文化的真相，本书作者进行了大量的实例研究。作者还详细论述了地区体验、地区与全球的关系、文化和经济的关系等论题，并对该学科领域一些尚未解决的问题做出了自己的阐释。此外，作者对国家、民族、商业、文学、音乐、电影等对文化的影响进行了深入考察，仔细分析了消费文化和生产文化。通过阅读本书，读者可以深深体会作者在日常生活与学术研究中的强烈问题意识，从而深受启发。本书由杨淑华等译，南京大学出版社出版。

4. ［法］梅尼埃 著《法国地理学思想史》

本书是论述法国地理学思想发展史的著作。书中从法国近代地理学的诞生到20世纪60年代末期的地理学历史部分是由梅尼埃本人亲自完成的，而从70年代至今这段历史则是由法国著名的地理学史专家克拉瓦尔续写的。在本书中，两位作者对法国地理学思想发展的全过程进行了全面详尽的阐述，并列出了大量具有说服力的论据。在论述方式上，作者采取了分段式的方法，并对各个阶段的思想特征、发展线索、主要人物的主要观点等进行了详细的解说。通过阅读本书，读者可以全面领略法兰西民族所积累的丰富的地理学思想。本书由蔡宗夏译，商务印书馆出版。

提高阶段阅读

5. ［英］大卫·哈维 著《地理学中的解释》

本书主要论述了科学的解释、理论、假说、定律和模型、人工模型语言以及地理学中描述和解释模型的运用。在论述中，作者不仅对其思想观点进行了概括式的表达，而且还探讨了具体的解释方法。首先，作者从哲学、逻辑学等角度，对各种理论、假说、定理进行了详细的阐述；其次，作者将视线转入了地理学，详细揭示了以上理论、假说、定理等在地理学解释中的应用。此外，作者还对各种流派的主要学术观点进行了仔细的梳理，使读者可以一览无余。本书由高泳源、刘立华与蔡运龙三人合译，商务印书馆出版。

6. ［英］约翰斯顿 著《哲学与人文地理学》

本书是作者另一本专著《地理学与地理学家》的姊妹篇。在本书中，作者对当代西方哲学对第二次世界大战以来人文地理学的影响，以及人文地理学为当代西方哲学做出的各种解释进行了详细的论述。作者认为，人文地理学是一门社会科学，其研究对象是人类社会生活与空间、地理之间的关系。作者认为，实证主义、人文主义和结构主义三种哲学思潮对英美当代人文地理学的发展产生了重要影响。本书被誉为介绍当代西方人文地理学思潮的权威性著作，影响较大。本书由江涛译，商务印书馆出版。

7. ［美］苏贾 著《后现代地理学》

作者认为，历史决定论对地理学的想象产生了极大的限制作用。因此，作者对以往人们对人类历史研究的偏重进行了批判。作者主张，人们应当重视历史的和地理的唯物主义，即从根本上探讨空间、时间和社会存在之间的辩证关系。为了支持自己的这一主张，作者对多位后现代地理学先驱的思想进行了评述，如福利、伯杰、吉登斯、贝尔曼、杰姆逊、亨利·勒菲弗等。本书是对地理学中的后现代主义进行深入考察的代表性著作，体现了当代地理学发展的新趋向。通过阅读本书，读者可以对后现代地理学的发展有一个准确地把握。本书由王文斌译，商务印书馆出版。

8. ［爱尔兰］基钦、［英］泰特 著《人文地理学研究方法》

本书是一本关于地理学研究的方法论与具体研究方法的著作。作者对地理学领域的项目研究进行了全面完整的论述，包括诸多研究方法和研究技术。如项目研究计划、选题聚焦、对数据的定量与定性分析、现代计算机技术在人文地理学研究中的应用等问题，都在作者的考察之列。在论述过程中，作者还对当代各种地理学理论思潮及其在人文地理学中的具体应用进行了简要的评述。通过阅读本书，读者可以很好地掌握人文地理学的一些具体研究方法和研究技术。本书由蔡建辉译，商务印书馆出版。